하나님이 지으신 그 모든 것을 보시니 보시기에 심히 좋았더라 (창 1:31)

명/품/인/생

a life of luxury goods

Dr. 김홍석 지음

한국문서선교회

독자들에게 드리는 글

"내가 가는 길을 그가 아시나니 그가 나를 단련하신 후에는 내가 순금 같이 되어 나오리라"(욥기 23:10).

'명품'이라 하면, 대단히 뛰어나거나 훌륭한 물건, 또는 명장이 만들어낸 작품이라는 이미지를 떠올리게 됩니다. 사실 명품은 브랜드 이름을 인정받은 고급품을 말합니다. '럭셔리하다'는 말은 호화스럽고 사치스러움을 표현하는 말이기도 합니다.

왜 명품을 들고 다니느냐고 물었을 때, 대부분 젊은이는 "자신감이 생긴다."라고 했습니다. 그러다 보니 '파노블리 효과'를 누리기 위해 같은 제품을 쓰면 같은 부류라고 여기는 환상에 빠져들게 되었습니다. 카드나 대출을 받아서라도 명품 가방을 들고 다니면서 신용불량자가 되어 사회에서 문제를 일으키기도 합니다. 하지만 우리가 알아야 할 것은, 아무리 비싼 명품 가방도 제품일 뿐이지 작품이 될 수 없다는 사실입니다.

진정한 명품은 나 자신이어야 합니다. 명품인생 또한 만들어지는 것입니다. 하나님과 함께 만들어 가는 작품이 명품인생이요, 하나님의 작품입니다. 창세기 1장 31절에 보면 "하나님이 지으신 그 모든 것을 보시니 보시기에 심히 좋았더라"라고 말씀하셨습니다. 진정한 명품인생은 하나님 보시기에 천하보다 귀하다고 생각할 만큼 좋아 보여야 합니다. 그야말로 진흙으로 생명 있는 사람을 만드신 분이 진정한 명장이시기 때문입니다.

명품을 부러워하는 인생이 되지 말고, 내 삶이 명품이 되게 하십시오. 명품과 같은 인생은 세상 사람들과 다른 더 나은 삶을 살고 특별한 삶을 삽니다.

내 이름 석 자가 최고의 브랜드, 명품이 되는 인생이 되십시오. 인생 자체가 귀하고 값어치 있는 명품과 같은 삶을 살아야 합니다. 당당하고, 멋있고, 매력 있는 이 시대의 명품이 되어야 합니다.

명품을 사기 위해서 목숨 거는 인생이 아니라, 옷으로, 가방으로, 신발로 치장하는 인생이 아니라 자신의 삶을 명품으로 만드는 위대한 사람이 되어야 합니다. 명품을 부러워하는 인생이 아닌 내 삶이 누가 보아도 부끄럽지 않은 최고의 명품이 되도록 본을 보이며 살아야 합니다.

천재라 불리던 알베르트 아인슈타인, 파블로 피카소, 앤드루 카네기, 지크문트 프로이트에게는 공통점이 있었습니다. 이들은 자신의 분야에서 최고 수준의 성취와 성과를 올리기 위해 수년 동안 지속적이고 정교한 훈련을 하였습니다. 집중적인 투자가 이후 지식의 성장 속도에 커다란 변화를 가져온다는 말입니다. 이것은 성공을 꿰뚫는 명쾌하고 분명한 기본 원칙입니다.

자신을 최고의 수준으로 자리매김하려면 한 분야에 집중적인 경험과 훈련, 그리고 성공에 대한 집요한 노력이 반드시 필요합니다.

성공에는 분명한 법칙이 있습니다. 그것은 도전에서부터 시작합니다. 도전하는 삶은 늘 새로운 기회를 제공하고 새로운 시도는 항상 신선한 자극을 줍니다. 적당히 사는 인생은 적당한 대우밖에 받을 수 없습니다. 평범을 단호히 거부하고, 스스로 환경을 만들어 나가고, 자신이 가진 에너지를 전부 쏟아부어 일하십시오. 내 인생을 일으켜 세우려는 강한 각오와 결의로 자신이라는 존재를 세상에 드러내는 일부터 시작하십시오.

그것은 하루아침에 이루어지지 않습니다. 짧지 않은 시간과 적지 않는 노력, 쉽지 않은 준비가 필요합니다. 두뇌를 어떻게 활용해야 '명품인생'인가? 한 분야를 탐색하는 데서 시작하며 끈기와 반복, 집요함을 요구합니다.

자기 분야에서 한 획을 긋는 인물로 자신을 세우며 남이 할 수 없는 자신만의 독특함을 개발하고 남과 차별화되는 그 무엇을 내놓아야 합니다. 그러기 위해서 먼저 자신이 집중할 수 있는 분야를 찾아내고, 재능을 발견한 후, 재미있게 일하는 법을 익히고 긍정적인 사고를 가지고 그 위에 정교한 노력을 더해야 할 것입니다.

우리에게 남은 시간은 길지 않습니다. 새로운 시대의 변화를 기꺼이 받아들이고 적응하십시오. 자신의 강점을 파악하고, 그 위에 삶을 구축하는 노력이 필요합니다. 성공과 실패를 반복하더라도 하나의 목적지를 그리며 낙심하고 포기하지 말고 모든 것 주님께 의탁하고 열정적으로 모든 상황에 맞서 명품인생으로 세상에 우뚝 서십시오. 독서는 감정을 풍부하게 만들어주고 간접적 수양을 쌓게 하기도 합니다. 책을 읽는 것보다는 읽은 내용을 잘 기억하고 실생활에 적용하고 행하는 것이 더 중요하다고 생각합니다.

야고보 사도께서 '행함이 없으면 그 믿음은 죽은 것'이라고 했습니다. 그것은 믿음이 없기 때문에 그 믿음이 행함을 이끌어내지 못한다는 것입니다. 다시 말해서 행함은 믿음의 표현이고 증거라는 것입니다. 그러니 행함이 없다면 믿음은 당연히 없는 것입니다. 사람들은 이것을 오해합니다. 그래서 사람들은 행함이 있어야 믿음이라고 합니다. 하지만 그것이 아닙니다. 믿음이 있으면 행함은 일부러 하지 않아도 자연스럽게 나오는 것임을 성경은 말씀하시는 것입니다.

끝으로 이 책의 수익금 전액을 하나님 복음사업을 위해 모두 바치게 됨을 감사드립니다. 이 책의 출판을 맡아 수고하신 한국문서선교회 대표 황성연 장로님과 편집인 민동순님께 감사를 드립니다.

그리고 항상 믿음의 동역자인 아내 변정자 권사(계명대학 음대교수)와 아들 김동수 집사(미국 회계사) 자부 김영원 집사(미국 치과의사)에게 뜨거운 감사를 드립니다. 아울러 이 책을 읽으시는 모든 분들이 성령충만하시기를 바라며 하나님 보시기에 훌륭한 명품인생 되시기를 주님의 이름으로 간절히 기원합니다.

2022년 3월 1일

대구 송현동 기도실에서 저자 김홍석 올림

차 례

Part 1. 명품인생

Part 2. 절대 믿음, 절대 감사의 신앙

Part 3. 사랑의 본질

Part 4. 하나님은 우리의 참된 축복이자 기쁨입니다

Part 5. 건강하게 오래 사는 방법

Part 6. 늙음의 미학(美學)

Part 1

명품인생

1. 명품인생

"우리가 시작할 때에 확신한 것을 끝까지 견고히 잡고 있으면 그리스도와 함께 참여한 자가 되리라"(히 3:14).

성경은 하나님을 만나 변화된 사람들과 하나님을 떠나 변질된 사람들의 이야기가 많이 나옵니다.

변화(變化)와 변질(變質)이란 말의 차이를 아십니까? 사울은 예수님을 만나 완전히 변화된 사람이 되었고, 가룟 유다는 사탄의 유혹에 변질된 사람이 되었습니다.

2년여 동안 코로나로 인한 교회 예배의 변화로 우리의 신앙생활에도 많은 변화가 일어났습니다. 우리는 이 예배의 변화로 내 믿음이 변질되지는 않았는지 돌아보아야 합니다. 더 예배를 사모하는 마음으로 변화되었는지, 비대면의 편함에 빠져 나도 모르게 내 믿음이 변질되고 있지는 않은지 말입니다.

"사람에게 보이려고 그들 앞에서 너희 의를 행하지 않도록 주의하라 그리하지 아니하면 하늘에 계신 너희 아버지께 상을 받지 못하느니라"(마 6:1).

나를 찾는 이 없으면 남에게 베풀지 않았음을 알아야 하고, 자식이 나를 돌보지 않음은 내가 부모에게 효도하지 않았음을 알아야 합니다.

상대방은 나의 거울이니 그를 통해 나를 보아야 하고, 가난한 자를 보거든 나 또한 그렇게 될 수 있음을 생각해야 하고, 부자를 보거든 베풀어야 그렇게 될 수 있음을 기억해야 합니다.

가진 자를 보거든 질투하지 말고, 없는 자를 보고 비웃지 말고, 오늘의 행복과 불행은 내가 뿌린 씨앗의 열매임을 명심해야 합니다.

좋은 씨앗을 뿌리지 않고 어찌 좋은 열매를 거둘 수 있겠습니까! 짜증내고, 미워하고, 원망하면, 그게 바로 지옥입니다. 하나님께 감사하고, 모든 사람을 사랑한다면 그게 바로 천당이고, 행복입니다. 행복과 불행은 바로 내 마음속에 있음을 항상 명심하며 살아야 할 것입니다.

그리스도인은 천국 시민입니다. 각 나라의 국민들이 그 나라의 언어로 말하듯이 천국 시민인 그리스도인은 입술로는 천국의 언어를 말하고, 귀로는 천국의 음악을 들어야 합니다. 손으로는 부지런히 천국의 일을 하고, 발로는 천국의 복음을 전하러 다녀야 합니다.

모든 순간순간이 천국의 영으로 숨 쉬며, 천국의 향기를 풍기며 살아가야 하는 것이 명품인생이 아닐까요? 내 입술의 언어는 어떤지요? 내 손과 발은 항상 천국의 일을 하고 다니는지요? 나에게서는 천국의 향기인 믿음의 향기, 삶의 향기, 축복의 향기가 풍기고 있는지요?

"모세가 그들에게 이르되 기다리라 여호와께서 너희에게 대하여 어떻게 명령하시는지 내가 들으리라"(민 9:8).

삶에는 참 다양한 일들이 일어남으로 하나님의 말씀을 바로 적용하기 어려운 때도 있습니다.

모세는 문제를 들고 온 백성들에게 바로 해결책을 제시하지 않고 "기다리라, 들으리라"라고 합니다. 결정하기 어려운 문제가 있다면, 일단 멈추어 서서 주님의 뜻을 들어야 합니다.

내 생각이나 고집이나 혹은 내가 정한 원칙을 내려놓고 하나님께 물어보아야 할 시간입니다. 기다리는 시간은 기도하는 시간이며, 분별하고 묵상하는 시간입니다. 귀를 열고 마음을 열어 듣는 시간입니다.

눈이 말합니다. 보이는 것만 보지 말고 눈을 감고 보이지 않는 것도 보라고, 귀가 말합니다. 기쁜 소리만 듣지 말고 슬픈 소리를 더 많이 들으라고, 입이 말합니다. 남을 욕하거나 비난하지 말고 위로하며 칭찬하라고, 손이 말합니다. 주먹 쥐는 손이 되지 말고 따뜻하게 잡아주는 기도하는 손이 되라고, 마음이 말합니다. 욕심이나 집착을 버리고 서로 위하며 사랑하는 마음이 되라고 말입니다.

우리는 극심한 고난을 당하면 죽음을 묵상하기도 합니다. 죽음이 고난을 끝낼 유일한 방법으로 보이기 때문입니다. 의인이라 불렸던 욥도 극심한 고난 앞에서 죽기를 호소했습니다. 하지만 그 탄식에는 자신을 구원하실 이는 오직 하나님뿐임을 인정하는 고백이 담겨 있습니다. 그렇습니다. 그리스도인은 죽을 것 같은 고난 앞에서도 예수님의 십자가를 바라보아야 합니다.

마귀는 온갖 문제로 우리의 절망을 부추기지만, 성령은 바로 그 문제를 재료 삼아 우리의 믿음을 빚으십니다. 고난 속에서 하나님의 참뜻을 발견함으로 욥처럼 귀로만 듣던 하나님을 우리의 소망이신 주님을 눈으로 보는 은혜를 누리십시다.

욥은 "내가 주께 대하여 귀로 듣기만 하였사오나 이제는 눈으로 주를 뵈옵나이다"(욥 42:5)라고 하였습니다.

명품인생이란 다른 사람들을 돕기를 좋아합니다. 그들은 다른 사람들에게 베풀 때 누군가의 삶에 변화를 일으켰다는 것을 압니다. 그리고 이는 그들의 삶에 기쁨을 가져옵니다. 인정이 없는 사람들은 주는 것의 기쁨을 알지 못합니다. 그들은 이기적이고 공감하지 못하기 때문입니다.

가장 아프게 무는 짐승은 사람입니다. 몸이 아닌 마음을 직접 물기 때문입니다. 건강은 몸을 단련해야 얻을 수 있고, 행복은 마음을 단련해야 얻을 수 있습니다. 내면보다 외모에 더 집착하는 삶은 알맹이보다 포장지가 비싼 물건과 같습니다.

기업은 분식 때문에 죽고, 인연은 가식 때문에 죽습니다. 꿀이 많을수록 벌도 많이 모이듯 정이 많을수록 사람도 많이 모입니다.

음식을 버리는 건 적게 버리는 것이요, 돈을 버리는 건 많이 버리는 것이고, 인연을 버리는 건 모두 버리는 것입니다. 입구가 좁은 병에 물을 따르기 힘들 듯 마음이 좁은 사람에겐 정을 주기도 힘듭니다. 죽지 못해 살아도 죽고, 죽지 않으려 살아도 결국엔 죽습니다. 굳이 죽으려고 살려고 아등바등 애쓰지 마십시오. 삶은 웃음과 눈물의 코바늘로 행복의 씨실과 불행의 날실을 꿰는 것과 같습니다.

내면의 힘을 기르는 데 집중하면 일상의 스트레스를 이겨나갈 단단한 몸체를 만들 수 있습니다. 나무는 바로 이 방면의 달인입니다. 나무는 바람 세찬 날에도 나뭇가지와 나뭇잎의 무게를 지탱해야 하니까 나무 몸통의 중심부를 '심재'(心材)라 부르는데 특히 검은 호두나무의 심재는 감탄할 만큼 아름답고 강철처럼 강합니다. 어느 정도로 견고한가 하면 어마어마한 힘을 가해도 훼손되지 않고 꿋꿋이 버텨낼 수 있습니다.

나무에 '심재'가 있다면 사람에게는 '심지'(心志)가 있습니다. '심지가 굳은 사람'이라 하면, 웬만한 세파에도 흔들리지 않고 자기 길을 꿋꿋이 걸어가는 사람을 일컫습니다. 그러려면 기초 체력, 기본기가 필요합니다. 여기에 꿈이 더해지고 온갖 역경을 견디어내는 정신력이 보태질 때 검은 호두나무처럼 단단한 사람이 될 수 있습니다.

꽃길을 걸을 때는 '라르고'(largo), 꽃들과 눈 맞추고 얘기하며 '매우 느리게' 걸어갑니다. 산행을 할 때는 '안단테'(andante), 하늘도 보고 바람 소리 새소리 들으며 '느리게' 한발 한발 디딥니다. 일상의 삶은 '모데라토'(moderato), 게으름과 성급함은 버리고 '보통 빠르기'로 생활합니다. 이웃에게 도움의 손길을 내밀 때는 '알레그로'(allegro), 재지 말고 멈칫하지 말고 '빠르고 경쾌하게' 내 미세요.

어쩌다 사랑의 기회가 찾아오면 '비바체'(vivace), 두려워하지 말고 '아주 빠르게' 행동하세요. 인생의 시간은 '프레스토'(presto), 바람같이 쏜살같이 '매우 빠르게' 흘러가니까요.

오늘은 '모데라토'(moderato), 보통 빠르기로 명품 미소 지으며 많은 분들의 이야기를 경청하고, 아름다운 음악 한곡 감상하시면서 주안에서 언제나 신실한 믿음의 소유자가 되어 참된 명품인생으로 행복한 삶 보내시기를 기원드립니다.

2. 성공한 인생

"또 여호와를 기뻐하라 그가 네 마음의 소원을 네게 이루어 주시리로다 네 길을 여호와께 맡기라 그를 의지하면 그가 이루시고 네 의를 빛 같이 나타내시며 네 공의를 정오의 빛 같이 하시리로다"(시 37:4~6).

누군가는 더 이상 노동하지 않아도 될 정도로 경제적 자유를 얻은 인생을 성공한 인생이라고 합니다. 누군가는 대단한 부자가 되지 않더라도 소소하게 자기가 좋아하는 일을 즐길 수 있는 삶이 성공한 인생이라고 합니다. 또 누군가는 죽을 때 곁에 많은 사람이 남아있는 삶이 성공한 인생이라고 말하기도 합니다.

일본의 오사카 고등법원 형사부 총괄 판사였던 오카모토 겐 판사가 36년 동안이나 재직했던 판사직에서 조기 퇴임했다는 뉴스가 일본 전역에 보도된 바 있습니다. 주로 큰 사건들을 맡아 처리해 오던 유명한 판사였던 그가 정년퇴임까지 5년이 더 남았는데도 판사직을 그만두자, 사람들은 추측하기를 변호사 개업을 해서 더 큰돈을 벌려는 모양이라고 생각했습니다.

그러나 그는 예상과 달리 전혀 엉뚱한 의외의 길을 찾아갔습니다.

바로 그가 살고 있는 집 근처에 있는 요리학원을 찾아 수강 등록을 하였습니다. 그는 요리사 자격증을 따서 음식점을 내겠다는 각오로 60이 다 된 나이에도 불구하고 하루도 빠지지 않고 학원을 다녔습니다. 그는 손자뻘 되는 젊은이들과 어울려 식칼을 유연하게 쓰는 법과 맛있는 양념을 만드는 법, 여러 종류의 야채를 써는 방법부터 철저히 배우기 시작했습니다.

마침내 1년 만에 그는 요리사 자격증을 따냈습니다. 그리고 자신이 36년간 일했던 오사카 고등법원 건너편에 두 평 정도의 조그마한 간이음식점을 차려 개업했습니다. 한국인은 물론 동양인의 상식으로는 이해가 되지 않는 돌출 행동 같은 모양새로 보일 수밖에 없었습니다.

개업한 손바닥만 한 작은 식당에는 유명한 판사였던 그를 알아보는 손님들이 많을 수밖에 없었습니다. 사람들은 모두 판사직을 그만두고 음식점을 낸 것을 궁금해하거나 이상하게 생각했습니다. 식당에 찾아오는 손님이 많은 만큼 손님들로부터 수많은 질문이 그에게 쏟아지기도 했습니다.

특히 판사의 위엄과 법복을 벗어던지고 주방복을 걸친 그에게, 찾아오는 손님마다 허리 굽혀 인사하는 그에게 식당 개업하던 날 언론사 기자들의 질문이 빗발치듯 쏟아졌습니다. 그럴 때마다 그는 이런 말로 손님들과 기자들에게 말해 주었습니다.

"나는 판사로 재판관이 되어 수십 년간 사람들에게 유죄를 선고할 때마다 가슴이 너무도 아팠습니다. 나는 그 일을 36년이란 긴 세월 동안 해 왔습니다. 재판관은 사람들에게 기쁨을 줄 수가 없는 가

시방석 같은 자리였습니다. 그래서 나는 남은 인생을 어떤 방법으로라도 남을 위해 즐겁게 살아갈 수 있는 직업이 없을까 생각하지 않을 수 없었습니다.

내 음성과 기능으로 좋은 음악을 세상 사람들에게 제공하고 싶었지만 본래의 자질이 부족하였고, 한때는 돈 없는 병든 사람을 치료하고 고치는 일을 하고 싶었지만, 그때는 의술을 익히기에 이미 나에게 너무 늦은 시기였습니다.

생각하고 궁리한 끝에 맛있는 음식을 제공하는 일만이 모든 사람에게 기쁨과 즐거움을 줄 수 있는 길이고, 이 나이에 빠르게 성취하는 방법이었기에 식당 주방장이 되더라도 남에게 기쁨을 줄 수만 있다면 나는 정말 행복한 인생을 살 것만 같았습니다."라고 초지일관되게 즐겁고 기쁜 얼굴로 주장하는 그였습니다.

그는 남에게 죄를 확정하고 그에게 벌을 주는 일이 너무 싫어서 남아있는 인생만큼은 사람들을 기쁘게 하면서 살고 싶다는 것이었습니다. 그리고 그는 지금이 무척 행복하다는 말을 덧붙이는 것이었습니다. 그의 작은 두 평짜리 음식점의 간판은 '친구'(親舊)였습니다.

그 '친구'라는 이름 속에는 그의 음식점을 찾는 사람들뿐만 아니라, 모든 사람들과 친구처럼 지내고 싶은 그의 오랜 소원을 담고 있다는 설명도 덧붙었습니다. 우리가 익히 알고 있는 바와 같이 인생의 친구를 많이 두는 일은 참으로 좋은 일이 아니겠습니까! 마음 나눌 수 있는 허물없는 친구 셋만 있어도 인생 성공한 사람이라고 했기 때문입니다. 그리고 그의 자그마한 식당 벽에는 다음과 같은 제목 밑에 실린 내용의 액자 하나가 걸려 있었습니다.

나의 기도

오늘 하루 '친구' 가게를 찾아오시는 손님들을 미소(微笑)로 맞이하게 하소서. 나의 언어에는 향기 넘치게 하시고, 나의 행동에는 겸손만이 있게 하시며, 나의 가치관으로 남을 판단하지 않게 하시고, 나의 마음 깊은 곳에 사람을 향한 이해와 따뜻한 동정의 마음을 주셔서 그 누구도 미워하거나 노여워하지 않게 하소서. 받으려 하기보다는 항상 주고 싶은 마음으로 살게 하시고, 받은 것은 기억하고 준 것은 곧 잊어버리며 살아가게 하소서.

오늘 하루는 '친구' 집을 찾는 목마른 이들에게 샘물 한 잔의 위로를 줄 수 있게 하시고, 마음에 상처가 있거나 또는 도움이 필요한 분들을 외면하지 않게 하소서. 외로운 분에게 친구가 되게 하시고, 건강을 잃은 분에게 행복을 찾게 하시며, 사랑이 필요한 분에게 온정(溫情)을 줄 수 있게 하소서.

'친구' 집을 찾아오는 모든 사람들을 당신이 바라보는 귀한 눈길로 바라볼 수 있게 하시고, 그들이 부족한 저를 통해서 위대하신 하나님의 은혜와 사랑을 느끼게 하소서. 영혼(靈魂) 깊은 곳에서 울려나오는 찬송 소리가 들꽃의 향기(香氣)처럼 세상으로 가득 퍼져 가게 하시고, 오늘 하루 저의 마음으로, 저의 행동으로, 저의 언어(言語)로 그려진 모든 그림들이 잠드는 시간에 아름다운 그림으로 당신께 드려질 수 있도록 도와주소서.

3. 인생이 사는 목적

"하나님이 자기 형상 곧 하나님의 형상대로 사람을 창조하시되 남자와 여자를 창조하시고 하나님이 그들에게 복을 주시며 하나님이 그들에게 이르시되 생육하고 번성하여 땅에 충만하라, 땅을 정복하라"(창 1:27~28).

인생을 사는 동안 만남은 우연이지만, 마음의 나눔은 영원입니다. 성경은 우리 삶의 목적이 무엇이어야 하는지에 대해 매우 분명합니다. 창세기 1장은 우주 만물과 이 세상이 어떻게 존재하게 되는지, 우리가 어떤 존재로 태어났는지, 내가 무엇을 위하여 어떻게 살아가야 하는지에 대한 그 해답을 제시해 주고 있습니다.

하나님이 나를 창조하신 목적과 어긋나게 살면 아무리 열심히 살아도, 아무리 성공하고 출세해도, 자신의 꿈을 이루어도 결국에는 공허감과 허무함을 깨닫게 될 것입니다. 세상의 돈과 물질과 명예는 가지면 가질수록 만족되는 것이 아니라 이상하게 더욱 배가 고파집니다. 하나님이 만드신 창조의 목적에서 벗어난 인간의 욕망은 끝이 없고, 불행한 길로 달려가고 있습니다.

이 세상에 살았던 사람들 중 가장 현명했던 솔로몬은 오직 이 세상에서만 산다고 가정할 때, 삶의 공허함과 헛됨을 발견하였습니다. 세상의 모든 권세와 능력과 지혜를 한 손에 잡고, 수많은 아름다운 여인을 1000명이나 거느리며, 모든 쾌락과 욕망과 부귀영화를 다 누리고 살아왔던 솔로몬은 나처럼 살라고 외치는 것이 아니라 자신의 인생을 헛되게 잘못 살았다고 고백하고 있습니다.

"전도자가 이르되 헛되고 헛되도다 모든 것이 헛되도다"(전 12:8).

그는 전도서에서 놀라운 고백을 하고 있습니다.

"일의 결국을 다 들었으니 하나님을 경외하고 그의 명령들을 지킬지어다 이것이 모든 사람의 본분이니라 하나님은 모든 행위와 모든 은밀한 일을 선악 간에 심판하시리라"(전 12:13~14).

솔로몬의 고백은 우리에게 매우 중요한 길잡이가 될 뿐만 아니라 후회하지 않는 인생을 살 수 있는 길을 제시하고 있습니다. 우리는 언젠가 하나님의 심판대 앞에 서게 될 것이기에 우리의 생각과 삶으로 하나님을 경외하고 그분의 계명들을 지키라고 말합니다.

우리 삶의 목적은 모든 범사에 하나님을 경외하고 그분이 주신 사명을 따라 순종하는 것입니다. 생사고락을 다 겪은 다윗은 하나님을 향하여 "하늘에서는 주 외에 누가 내게 있으리요 땅에서는 주밖에 내가 사모할 이 없나이다"라고 고백했습니다. 이삭의 삶에 있어서 하나님과의 관계가 그 다른 어떤 것보다 중요했습니다.

사도 바울은 부활하신 그리스도를 대면하기 전에 종교적으로 그가 성취한 모든 것에 대해 말하였고, 그 모든 것들이 예수 그리스도를 아는 고상함에 비해 배설물 같다는 결론을 내렸습니다. 바울은 빌립보서 3:9~10에서 말하기를 비록 고난과 죽음을 당할지라도 '그리스도를 아는 것', '그분 안에서 발견되는 것', '그분의 의를 취하는 것', '그분을 믿는 믿음으로 사는 것' 외에 다른 아무것도 원하지 않는다고 외치고 있습니다.

하나님께서 인간을 처음으로 창조하셨을 때 의도하신 목적이 무엇입니까? 그 해답을 찾는 것은 세상의 금은보화를 얻는 것보다 더 가치가 있습니다.

성경은 인간을 창조하신 목적을 몇 가지로 분명하게 선포하고 있습니다.

① 하나님을 영화롭게 하고 그분과 교제를 누리는 것,

② 다른 사람들과 좋은 관계를 가지며, 사랑을 나누는 것,

③ 하나님이 내게 주신 사명에 따라 일하는 것,

④ 생육하고 번성하여 땅을 정복하고 다스리는 것입니다.

인간이 사는 목적은 바로 창조자를 알고, 그 창조자와 더불어 즐겁고 기쁘게 사는 것과 이웃과 더불어 사랑하며, 행복하게 사는 것입니다. 하나님께서 세상을 창조하시고 사람을 만드셨을 때에 분명한 목적이 있었습니다. 그것은 하나님은 우주 만물과 인간을 자신의 목적을 이루는 데 한 동역자가 되며, 하나님이 정하신 목적을 인간과 함께 이루어가는 데 초점이 있습니다.

우리의 인생은 정말로 안개와 같이, 흐르는 물과 같이, 들에 풀과

같이 짧은 여생을 살아갑니다. 우리는 이렇게 짧은 인생을 산 후에 끝이 아니라 나의 모든 삶에 대한 하나님의 평가를 받게 됩니다.

우리가 이 세상에 왜 살아야 합니까? 도대체 무슨 목적을 가지고 살아가야 행복하며, 보람 있는 인생이 될 수 있습니까?

너무도 당연한 철학적인 질문처럼 보이지만 이 질문은 나의 인생의 패러다임을 바꾸는 엄청난 질문이며, 내가 누구인지를 발견하게 될 뿐만 아니라 하나님 앞에서 나 자신을 올바르게 알게 되는 놀라운 계기가 될 것입니다.

우리는 하나님의 형상대로 지음 받은 존재이기 때문에 하나님의 성품을 닮아가는 데 목적을 두어야 합니다. 하나님은 자신의 형상대로 지음 받은 인간을 보시고 너무도 기쁘고, 감격하셨다는 것입니다. 그리고 우리의 존재 자체가 하나님께 영광이 되며, 기쁨이 된 것입니다. 우리 신앙의 본분이 창조의 목적으로 돌아가는 것이라면 우리는 창조의 목적으로 돌아가기 위해 죄와 타협하지 않고 하나님의 백성으로 살아가는 것입니다. 하나님의 이름과 영광을 위하여 사는 그 자체가 하나님께 기쁨이 되고, 행복이 넘쳐나게 될 것입니다.

아름다운 얼굴이 초청장이라면 아름다운 마음은 신용장입니다. 초청장은 유효 기간이 있지만, 신용장은 유효기간이 없습니다. 인생은 절대 왕복표를 발행하지 않습니다. 한번 출발하면 다시는 되돌아올 수 없다는 말인가 봅니다. 그러므로 우리는 매 순간순간마다 최선을 다해 살아가야 할 것입니다. 한 번밖에 주어지지 않은 우리의 인생 지금부터라도 좀 더 인간관계를 소중히 생각하며 살아야 하겠습니다.

인간관계 다섯 가지 법칙

1) 노크의 법칙, Knock

"당신이 먼저 노크하십시오." 마음의 문을 열려면 내가 먼저 노크하십시오. 그리고 나를 공개하십시오. 내가 먼저 솔직한 모습, 인간적인 모습, 망가진 모습까지 보여주면 상대방도 편안하게 마음의 문을 열게 됩니다.

2) 거울의 법칙, Mirror

"거울은 주인이 아닙니다." 거울은 먼저 웃지 않습니다. 내가 웃어야만 거울 속의 내가 웃듯이 인간관계도 내가 먼저 웃어야 합니다. 내가 먼저 관심을 갖고 공감하고 배려하는 것이 가장 중요한 인간관계의 법칙입니다.

3) 베풂의 법칙, Give & Take

"먼저 주십시오. 그다음에 받으십시오." 다른 사람에게 호감을 얻고 싶으면 먼저 호감을 품어야 합니다. 자기를 좋아하는 사람을 싫어하는 사람은 없습니다. 인간관계에 있어서는 항상 좋은 감정을 갖고 대하도록 노력해야 합니다.

4) 짝지의 법칙, Couple

"저절로 통하는 사람이 있습니다." 짚신도 짝이 있듯이 사람마다 맞는 짝이 있기 마련입니다. 싫은 사람과 억지로 친해지려고 애쓰지 마십시오. 인간관계가 많다 보면 악연이 생기기 쉽습니다. 모든 사람을 친구로 만들려 하지 말고 나와 통하는 사람과 친해지는 것이 바람직합니다.

5) 낭만의 법칙, Romance

"당신만 낭만이 아닙니다." '내가 하면 로맨스, 남이 하면 불륜'이라는 말이 있듯이 사람은 모두 자기중심적으로 판단하고 평가합니다. 인간관계에서 좋은 관계를 만들고 싶으면 이런 이중 잣대를 버리고 상대방을 있는 그대로 인정하십시오.

우리에게 많은 바람과 그토록 많은 아쉬움을 남겨놓고 소리 없이 이렇게 속절없이 하루가 또 지나가 버립니다. 까닭 없이 뭔가 잃어버린 것만 같은 마음, 뭔가 꼭 빠져나간 것만 같은 텅 빈 가슴, 아마도 인생이 아닌지 모르겠습니다. 그러나 그럴수록 우리는 더욱더 소중히 우리의 삶을 껴안고 인간관계를 잘하며 살아야 할 것입니다. 한번 지나가면 영원히 다시는 돌아오지 않을 우리의 인생이기에 말입니다. 우리는 '하나님이 보시기에 심히 좋았더라.'라는 멋진 인생을 살아가시기 바랍니다.

4. 인생의 향기

"우리는 구원 받는 자들에게나 망하는 자들에게나 하나님 앞에서 그리스도의 향기니 이 사람에게는 사망으로부터 사망에 이르는 냄새요 저 사람에게는 생명으로부터 생명에 이르는 냄새라 누가 이 일을 감당하리요"(고후 2:15~16).

인생의 향기는 적극적인 삶, 혹은 승리하는 삶에서 나옵니다. 승리라는 말은 싸움을 전제로 합니다. 맥없이 주저앉아 뼈대가 없이 사는 일이 아니요, 자신을 싸움에 나선 투사로 인식하고 힘차게 싸워 이겨야 합니다. 정의를 위해, 진리를 위해, 자유를 위해 그리고 그 싸움에서 이기는 사람입니다. 불의를 용납하지 아니하며, 낙심이나 후퇴가 없이 전진하며 승리하는 패기에 찬 삶을 가리킵니다.

괜히 어름어름 한다든지 눈치나 슬금슬금 보고, 비겁과 아첨의 처세의 묘를 얻는 것처럼 자처하는 일은 인간의 타락을 의미합니다. 이러한 사람은 인간의 탈을 썼어도 결국 구역질나는 역한 냄새가 나올 수밖에 없습니다. 인생의 향기는 감사의 정신에서 발산됩니다. 그것은 우리의 삶이 우주적 배경과 조화를 이루는 데서 오는 반응이요, 다른 한편 그것은 다른 사람과의 인격적인 관계에서 오는 조화감입니다.

자신의 삶에서 진정한 보람을 느낄 때 거기서 감사 정신이 생겨납니다. 즉 이웃과 친구와의 인간성을 소중히 여기고 인생의 존엄성을 느낄 수 있을 때 비로소 사랑, 이해, 존경, 진실 등의 아름다운 관계에서 온갖 귀한 것들이 생겨나는 것입니다. 이러한 심정의 무수한 사람들로 하여금 자신들의 몸을 바쳐 의의 투사, 진리의 수호자가 되게 만들어 주었습니다. 또한 인생의 향기는 심화된 사색과 품성에서 찾을 수 있습니다.

가볍게 생각하거나 감각적인 자기 취향에 사로잡혀 사는 것이 아니라 깊은 사색과 명상을 통해서 얻어지는 삶의 진실을 그대로 자신의 삶에서 적용하고 실천하는 자세를 말합니다.

어느 땐 바로 가까이 피어 있는 꽃들도 그냥 지나칠 때가 많은데, 이쪽에서 먼저 눈길을 주지 않으면 꽃들은 자주 향기로 먼저 말을 건네오곤 합니다. 좋은 냄새든, 역겨운 냄새든 사람들도 그 인품만큼의 향기를 풍깁니다.

많은 말이나 요란한 소리 없이 고요한 향기로 먼저 말을 건네 오는 꽃처럼 살 수 있다면, 이웃에게도 무거운 짐이 아닌 가벼운 향기를 전하며 한 세상을 아름답게 마무리할 수 있다면 얼마나 좋겠는가? 아름다운 꽃이 피어 있거나 탐스러운 과일이 열려있는 나무 밑에는 어김없이 길이 나 있습니다. 사람들이 저절로 그 향기에 이끌려 모여들기 때문입니다.

이와 마찬가지로 아름답고 향기가 나는 사람에게 많은 사람이 따르는 것은 당연한 일이 아니겠는가? 내가 손해를 보더라도 상대를 위해 아량을 베풀 줄 아는 너그러운 사람, 자신을 해하려고 하는 사람에게도 인격을 동화시켜 그래서 언제나 은은한 향기가 풍겨져 나오는 사람, 그런 사람을 만나 함께 있고 싶어 합니다.

사람은 누구나 그 사람만이 지닌 '마음씨'가 있습니다. 없으면서도 남을 도우려고 하는 사람, 자기도 바쁘면서 순서를 양보하는 사람, 어떠한 어려움도 꿋꿋하게 이겨 내는 사람, 어려울 때 보기만 해도 위로되고 어려움을 함께 해결해 주는 사람, 나의 허물을 감싸주고, 나의 미흡한 점을 고운 눈길로 봐주는 사람, 자기의 몸을 태워 빛을 밝히는 촛불과도 같이 상대를 배려하고 도움을 주는 사람, 인연을 깨뜨리지 않는 사람, 삶을 진실하게 함께하는 사람은 '잘 익은 진한 과일 향' 나는 사람입니다.

세상 바라보는 눈이 곱고 밝은 사람, 항상 웃고 있는 사람은 마음을 상쾌하게 하는 진한 커피 향 같습니다. 향수를 아니 뿌려도, 촛불을 켜지 않아도 넉넉한 마음과 진한 과일 향 풍기는 사람입니다. 사람에게는 저마다의 향기가 있습니다. 그 향기는 스스로는 맡지 못하지만, 다른 사람에게는 쉽게 맡을 수 있습니다. 짧은 순간은 그 향기를 지울 수도 있겠지만 함께하는 시간이 길면 길어질수록 본연의 향기는 피어올라 보이지 않는 관계의 공간을 메웁니다.

자신의 삶을 잘 가꾸어 온 사람에게는 아름다운 향기가 날 겁니다. 그렇지 않은 경우에는 악취가 피어올라 스스로는 감당할 수 없게 됩니다. 그 향기는 시간에 따라 켜켜이 쌓여 만들어지기에 깨닫기가 쉽지 않습니다. 모진 바람이 불 때라야 강한 풀을 알 수 있습니다. 어렵고 위험한 처지를 겪어봐야 인간의 진가를 알 수 있는 법입니다. 인생은 난관과 역경으로 가득 차 있고, 인간 세상은 염량세태라서 잘 나갈 때는 사람들이 구름같이 몰려들지만, 몰락할 때는 썰물처럼 빠져나가기 마련입니다.

추사 김정희가 그린 '세한도'(歲寒圖)를 보면 공자의 이런 말씀이 적혀 있습니다. '세한연후'(歲寒然後) '지송백지후조야'(知松柏之後彫也), 날씨가 추워진 후라야 소나무와 잣나무가 다른 나무보다 뒤늦게 시든다는 것을 압니다. 집안이 가난할 때라야 좋은 아내가 생각나고, 세상이 어지러울 때라야 충신을 알아볼 수 있습니다. 지금 아픈 것은 아름다워지기 위함입니다. 아름다운 종소리를 더 멀리 퍼뜨리려면 '종'(鐘)이 더 아파야 합니다.

셰익스피어는 "아플 때 우는 것은 삼류이고, 아플 때 참는 것은 이류이고, 아픔을 즐기는 것이 일류 인생이다."라고 말했습니다.

그래서 이렇게 기도하여 봅니다.

서로에게 믿음 주고, 서로가 하나 되는 미래 지향적인 삶을 살게 하소서. 물질적 부자 아닌 마음의 부자로 살아가게 하시고, 물질로 얻은 행복보다 사랑으로 다져진 참 사랑으로 살게 하시고, 머리로 생각하고 가슴으로 느끼는 아름다운 사랑으로 꽃피우게 하소서. 오늘도 사랑하며 살게 하소서.

5. 주님의 참된 제자의 기준

"수많은 무리가 함께 갈새 예수께서 돌이키사 이르시되 무릇 내게 오는 자가 자기 부모와 처자와 형제와 자매와 더욱이 자기 목숨까지 미워하지 아니하면 능히 내 제자가 되지 못하고"(눅 14:25~26).

예수님의 제자가 된다는 것은 미워하고, 버리고, 죽는 것입니다. 영광스러운 하나님나라를 소유하려면 덧없는 세상의 것을 버려야 합니다. 이를 위해 예수님은 사랑의 마음으로 기꺼이 먼저 버리시고 죽으셨습니다. 이 역설적 진리는 주님의 제자인 우리가 따를 생명의 길입니다.

수많은 무리가 예수님을 따랐지만, 그들이 다 제자는 아닙니다. 설교를 듣고 은혜를 받지만, 말씀의 행함이 없이 교회만 다니는 사람은 무리가 아닐까요? 혹시 나는 무리에 섞여 예수님 팬으로 살아가고 있지는 않은지요?

"그러므로 예수께서 자기를 믿은 유대인들에게 이르시되 너희가 내 말에 거하면 참으로 내 제자가 되고 진리를 알지니 진리가 너희를 자유롭게 하리라"(요 8:31~32).

주님의 참된 제자의 기준은 무엇일까요? 예수님께서는 내 말에 거하면 참으로 내 제자가 된다고 말씀하셨습니다. 주의 말씀에 거하는 것이 그 기준이 됩니다. '거한다'라는 말은 여호와께서 거기 계신다는 뜻입니다. 이것은 그리스도의 성육신과 임마누엘로 성취된 말씀입니다(요 8:31~59).

그러면 주의 말씀에 거하는 주님의 참된 제자는 어떤 사람인가요?

첫째, 주님의 참된 제자는 진리를 알고 진리로부터 자유를 얻은 사람입니다(요 8:31~45). 예수님께서는 자기를 믿는 유대인들에게 "너희가 내 말에 거하면 참으로 내 제자가 될 것이다"라고 하십니다. '내 말에 거한다'라는 말은 주님의 말씀을 듣고 순종하는 삶을 말합니다. 말씀이 인생의 뿌리가 됩니다.

참된 주님의 제자는 예수님의 가르침을 삶의 근본으로 삼아 믿음과 행동의 원리가 됩니다. 주님께서 제자들에게 원하시는 믿음은 주님의 말씀 안에 거함으로 참된 제자가 되는 것입니다. 참된 제자란 진리를 알고 진리로 말미암아 자유롭게 된 사람을 가리킵니다.

'진리를 안다'라는 말은 진리이신 예수님이 누구신지를 안다는 말입니다. 그 결과 죄와 죄의 종속으로부터 자유롭게 된 것입니다. 우리의 자유는 방종이 아니라, 하나님이 원하시는 삶을 사는 것입니다.

둘째, 주님의 참된 제자는 하나님께 속하여 하나님의 말씀을 듣고 순종하는 사람입니다(요 8:46~59). 하나님께 속한 자는 예수님께서 진리를 말씀하실 때 하나님의 말씀을 듣습니다. 유대인들이 예수님의 말씀을 듣지 않고 믿지 않는 이유는 그들이 하나님께 속하지 않았기 때문입니다.

진리는 진리 안에 거하고, 거짓은 거짓 안에 있게 됩니다. 주의 말씀에 거하는 참된 제자는 진리이신 주님을 알고, 믿음으로 죄에서 자유를 얻은 사람입니다. 그는 하나님께 속하였기 때문에 하나님의 말씀을 듣고 순종하는 사람입니다. 예수님의 제자는 예수님과 함께 살면서 그 분의 발자취를 따르는 사람입니다. 예수님과 함께 사는 방법을 아는 것은 큰 재능이며, 예수님을 붙드는 방법을 아는 것은 큰 지혜입니다.

화평케 하는 자가 되어 화평을 가져오며, 겸손한 제자가 되십시오. 그러면 예수님이 함께하실 것입니다.

경건한 삶을 사는 제자가 되십시오. 그러면 예수님이 당신과 함께 끝까지 머무실 것입니다. 모든 소중한 일 가운데 예수님만이 당신의 특별한 사랑이 되게 하십시오. 그러면 우리는 진리이신 주님을 믿음으로 죄에서 자유를 얻습니다.

예수님께서는 "누구든지 자기 십자가를 지고 나를 따르지 않는 자는 내 제자가 되지 못한다"라고 말씀하십니다. "십자가를 지고 나를 따르라"라는 말씀은 자신이 가질 수 있는 모든 이기적인 욕망과 자신의 가치를 완전히 버리고, 세상에서 제일 강한 모욕을 각오하라는 말씀입니다.

인간의 본성을 완전히 내려놓고, 자신을 비우고, 낮추고, 자신의 욕심이 없는 단순한(Simplify) 삶을 사는 것입니다. 우리는 종종 하나님께 우리를 보호해 주시기를 간구하지만, 하나님이 정말로 원하시는 것은 우리가 참된 종으로 준비되는 것입니다. 섬김은 우리에게 주어진 최고의 소명이기 때문입니다. 결국은 예수님께서 우리를 사랑하신 것같이 다른 사람들을 사랑할 때에 예수님의 참된 제자가 될 수 있다는 것입니다.

예수님께서는 하나님의 복음을 전하고, 가난한 자와 불쌍한 자를 돕고, 그들을 치유하시고, 우리의 죄를 대속하시려고 이 세상에 오셨습니다.

> "그는 몸인 교회의 머리시라 그가 근본이시요 죽은 자들 가운데서 먼저 나신 이시니 이는 친히 만물의 으뜸이 되려 하심이요"(골 1:18).

육체의 장기에서 뇌(브레인)는 우리 몸의 컨트롤 타워로 몸이 느끼는 모든 정보를 받아들여서 처리하고 온몸을 제어하는 몸속에서 가장 중요한 기관입니다. 조직이나 공동체에도 뇌 역할을 하는, 소위 '브레인'이라 불리는 존재가 있어서 그 브레인의 생각과 제안을 중심으로 공동체가 돌아갑니다.

교회의 브레인은 예수님이십니다. 또한 주님은 우리의 브레인이십니다. 우리는 중요한 결정과 판단의 순간마다 머리이신 주님, 그분의 말씀을 의지하고 지혜의 근본이신 예수님만 의지해야 합니다. 세상의 어떤 지혜가 지혜의 근본이신 예수님을 따를 수 있겠습니까? 예수님을 따르던 제자들이 아무 조건 없이 이웃을 모두 사랑할 때가 예수님의 참된 제자가 되는 순간이며, 성령의 세례로 새로워지고 거듭나는 순간입니다. 예수님의 참되고 진실한 제자가 되려면 성령으로 거듭나야 합니다.

하나님의 뜻은 이웃에게 하나님의 복음을 전하고, 예수님의 제자들을 통하여 즉 당신과 나 같은 사람들을 통하여, 그의 뜻을 이루시며, 아무 조건 없이 우리 모두를 사랑하셨던 것입니다.

우리도 예수님처럼 화평을 가져오며 겸손한 제자가 되십시다. 그러면 예수님이 함께하실 것입니다. 경건한 삶을 사는 제자가 되십시다. 그러면 예수님이 당신과 함께 끝까지 머무실 것입니다. 모든 소중한 일 가운데 예수님만이 당신의 특별한 사랑이 되게 하십시오. 그러면 우리는 진리이신 주님을 믿음으로 죄에서 자유를 얻을 수 있습니다.

6. 주님과 동행하는 삶

"땅에 엎드러져 들으매 소리가 있어 이르시되 사울아 사울아 네가 어찌하여 나를 박해하느냐 하시거늘"(행 9:4).

바울이 다메섹 도상에서 환상 중에 예수 그리스도를 만났던 것은, 단순한 신앙적 체험이 아닌 그의 인생을 완전히 뒤바꿔 놓은 일생일대의 사건이었습니다. 바울은 그때부터 자신의 삶을 주님께 온전히 바쳤습니다. 바울처럼 극적이지는 않더라도 우리 각자에게는 주님을 만났던 자기 나름의 '다메섹 사건'의 체험이 있습니다. 참된 신앙생활이란 주님을 인격적으로 만나는 것이며, 그리스도의 십자가 사랑에 사로잡혀 주님을 믿고 사랑하며 섬기는 것입니다.

"두려워하지 말라 내가 너와 함께 함이라 놀라지 말라 나는 네 하나님이 됨이라 내가 너를 굳세게 하리라 참으로 너를 도와 주리라 참으로 나의 의로운 오른손으로 너를 붙들리라"(사 41:10).

우리가 매일 말씀 앞으로 나아가는 것은 나의 본성대로, 죄상대로 살아가는 것을 막아주고, 하나님께서 기뻐하시는 삶을 살아갈 수 있는 힘을 얻게 합니다. 십자가의 삶으로 순종할 수 있는 힘을 얻게 되는 것입니다. 말씀에 순종하다 보면 인생을 내가 사는 것이 아니라 어느덧 주님께서 살아주시는 것을 경험하게 됩니다. 이것이 주님이 함께하는 삶입니다.

신앙생활은 하나님과 동행하는 과정의 즐거움을 누리는 것입니다. 눈앞에 보이는 응답의 결과보다 여호와로 인한 기쁨이 더 큽니다.

> "예수께서 이르시되 내 말이 네가 믿으면 하나님의 영광을 보리라 하지 아니하였느냐 하시니"(요 11:40).

많은 성도들이 믿음은 있지만, 그 믿음의 세계가 마리아와 마르다처럼 하나님을 자신의 체험과 능력의 한계에 가두어두고 믿는 이들이 많습니다. 그러나 주님은 내가 생각했던 능력의 범위를 넘어서는 이 세상의 운행자이시며 죽은 자도 명하여 살리시고 풀어놓아 다니게 하시는 분이십니다.

나는 전능하신 하나님을 나의 믿음의 한계에 가두고 있지는 않았는지요? 주님을 바라볼 때 내 능력의 범주가 아닌, 주님의 범주에서 바라보고 기대하면 믿는 자는 반드시 하나님의 영광을 볼 것입니다. 세상은 금수저와 흙수저라는 부에 대한 이분법적 사고로 스스로 예민해지고 있습니다. 그러나 예수를 믿는 그리스도인은 지저스 스푼(예수님 수저)입니다.

그리스도인은 주님의 손에 들려있습니다. 아무리 금수저라도 주님의 손에 쓰임 받지 못하면 하나의 돌덩어리일 뿐입니다. 그리스도인인 우리의 목적은 주님을 기쁘시게 하는 것이며 창조주의 기쁨이 되는 것입니다. 우리의 삶은 주님의 손에 들려 사용되는 삶, 주님과 동행하는 삶, 지저스 스푼으로 사는 삶입니다.

지금 우리는 어느 시대보다 풍요로움 속에 살지만, 사람들은 그 어느 시대보다 풍요 속의 결핍으로 불행하다고 생각하는 이들이 많습니다. 인간은 이 세상이 아닌 영원을 위하여 만들어진 존재이기에 이 세상의 것으로는 우리의 어떤 갈망도 채워줄 수 없습니다. 우리의 영혼은 오로지 하나님으로만 채워질 수 있습니다.

우리는 언제 끝일지도 모를 Covid 19를 통해 지긋지긋하다는 세상적인 생각을 버리고 현재 어려운 고난이 있을지라도 감사하며, 찬송하며, 주님 가신 그 길을 따라갈 때 주님의 동행하심을 체험하게 됩니다. 하나님만이 우리의 영혼을 만족케 하시며 하나님 앞에서만 충만한 기쁨을 얻을 수 있습니다. 나는 오늘도 목마른 사슴이 시냇물을 찾기에 갈급함같이 주를 찾기에 갈급하신가요?

길가에 낙엽이 쌓여 낙엽길이 되었습니다. 인간은 누구나 쉽고 편한 길을 걷기 원합니다. 인간의 본능입니다. 그래서 흔히 "꽃길만 걸으세요!" 하는 인사를 하기도 합니다. 꽃길은 꽃이 있는 길입니다. 길이 울퉁불퉁해도, 진창길이나 오솔길이라도 꽃이 있으면 꽃길입니다.

그러나 아무리 꽃길을 걸어도 동행자가 누구냐에 따라 달라질 수 있습니다. 이 아름다운 가을 낙엽 길을 주님과 함께 걸어 보십시오. 주님만 함께하시면 가시밭길, 비바람이 몰아치는 길이라도 천국 가는 꽃길이 될 것입니다. 죽음은 의인과 악인 모두에게 똑같이 찾아오지만 모든 죽음이 같지는 않습니다. 아담의 범죄로 하나님은 모든 인간에게 죽음을 벌로 주셨지만, 영적 생명과 죽음에는 차이를 두셨습니다.

영적 죽음은 모두에게 똑같은 것은 아닙니다. 성도들의 삶이 죄인들의 삶보다 더 고달프고 비참할 수는 있지만, 죽음 너머의 삶은 영원한 생명과 영광입니다. 그 영광이 있기에 우리는 오늘도 인생의 고난을 견뎌나갈 수 있습니다.

그리스도인에게 최고의 영광은 나를 통해 주님이 영광 받는 것입니다. 나를 통해 그리스도의 존귀함이 드러날 수만 있다면 죽음인들 두렵겠습니까? 왜냐하면 내 삶은 주님의 것이기 때문입니다.

우리와 동행하시며 필요를 따라 힘이 되어주시는 하나님을 기억하며, 오늘도 주님과 함께 하루를 활기차게 시작하고 주님의 은혜 안에서 두려움 없이 큰 평안과 힘을 얻고 기쁘고 복된 삶 사시기를 기원드립니다.

7. 사람의 됨됨이

"각 사람의 공적이 나타날 터인데 그 날이 공적을 밝히리니 이는 불로 나타내고 그 불이 각 사람의 공적이 어떠한 것을 시험할 것임이라"(고전 3:13).

이 지상에 있는 모든 사람은 선하거나 악하거나 영향력을 미칩니다. 그것은 그가 말하는 것이나 행하는 것만이 아닙니다. 그것은 그 사람의 됨됨이, 곧 인격인 것입니다. 가난하다고 다 인색한 것은 아닙니다. 부자라고 모두가 후한 것도 아닙니다.

그것은 사람의 됨됨이에 따라 다릅니다. 후함으로 하여 삶이 풍성해지고 인색함으로 하여 삶이 궁색해 보이기도 하는데 생명들은 서로 나누며 소통하게 돼 있습니다. 그렇게 아니하는 존재는 길가에 굴러다니는 한낱 돌멩이와 다를 바 없습니다.

나는 인색함으로 하여 메마르고 보잘것없는 인생을 더러 보아 왔습니다. 심성이 후하여 넉넉하고 생기에 찬 인생도 더러 보아 왔습니다. 인색함은 검약이 아닙니다. 후함은 낭비가 아닙니다. 인색한 사람은 자기자신을 위해 낭비하지만, 후한 사람은 자기자신에게는 준열하게 검약합니다. 사람 됨됨이에 따라 사는 세상도 달라집니다. 후한 사람은 늘 성취감을 맛보지만, 인색한 사람은 먹어도 늘 배가 고픕니다. 천국과 지옥의 차이입니다.

황해도 해주에 한 소년이 있었습니다. 그는 상놈으로 태어나 집안 어른들이 양반들로부터 멸시와 천대를 받는 것을 보며, 과거에 급제해 양반의 콧대를 눌러주겠다는 생각을 하고 글공부에 매진하였습니다. 마침내 과거를 보러 갔으나, 소년은 크게 실망했습니다.

돈으로 관직을 사고파는 매관매직, 돈을 받고 대신 시험을 보는 등 온갖 부정이 만연했던 것입니다. 이러한 과거의 부정에 실망한 소년은 과거 응시를 포기하고 집으로 돌아와, 다시는 과거 공부를 하지 않겠다고 하였습니다.

이에 그 소년의 아버지가 말하기를, "너 그러면 풍수 공부나 관상 공부를 해 보거라. 풍수에 능해 명당에 조상을 모시면 자손이 복록을 누리게 되고, 관상을 잘 보면 선한 사람과 군자를 만날 수 있단다." 하여 그 소년은 관상서를 구해, 몇 달 동안 두문불출하고 관상 공부를 하였습니다.

그리고 열심히 익힌 관상학에 따라 자신의 관상을 분석해 보았습니다. 그러나 결과는 충격적이었습니다. 자신의 얼굴 어느 한 군데도 귀격(귀인의 상), 부경(부자의 상)의 좋은 상은 없고, 천격(천한 상), 빈격(가난할 상), 흉격(흉한 상)밖에 없는 것이었습니다.

과거장에서 받은 실망에서 벗어나기 위해 관상 공부를 시작했다가, 되레 자신의 관상이 흉한 것을 본 소년은 크게 좌절하였습니다. '아! 짐승처럼 산다면 몰라도 인간으로 태어나 더 이상 살고 싶은 마음이 없구나!' 이렇게 낙담하던 차에, 관상서에 눈에 띄는 구절을 발견합니다.

> "얼굴 좋은 것이 몸 좋은 것만 못하고(相好不如身好) 몸 좋은 것이 마음 좋은 것만 못하다(身好不如心好)."

그 소년은 이 글귀를 읽고서 머리를 망치로 세게 얻어맞은 듯한 충격을 받았습니다. 이제부터 나는 외적 수양을 할 것이 아니라, 마음을 닦는 내적 수양에 힘써 사람 구실을 해야겠다고 결심했습니다.

얼굴 좋은 사람보다 사람의 됨됨이가 좋고 마음 좋은 사람이 되기로 결심한 소년은 이후 내적 수양에 몰두하며 언젠가 나라를 위해 큰일을 하겠노라 다짐했습니다. 그 소년의 본명은 '김창수' 그가 바로 훗날의 백범 '김구' 선생입니다.

하버드대학교 도서관에 붙어 있는 名文 30訓

1) 오늘 할 일을 내일로 미루지 마라.
2) 지금 잠을 자면 꿈을 꾸지만 지금 공부하면 꿈을 이룬다.
3) 내가 헛되이 보낸 오늘은 어제 죽은 이가 갈망하던 내일이다.
4) 늦었다고 생각했을 때가 가장 빠른 때이다.
5) 공부할 때의 고통은 잠깐이지만 못 배운 고통은 평생이다.

6) 공부는 시간이 부족한 것이 아니라 노력이 부족한 것이다.

7) 행복은 성적순이 아닐지 몰라도 성공은 성적순이다.

8) 공부가 인생의 전부는 아니다. 그러나 인생의 전부도 아닌 공부 하나도 정복하지 못한다면 과연 무슨 일을 할 수 있겠는가!

9) 피할 수 없는 고통은 즐겨라.

10) 남보다 더 일찍 더 부지런히 노력해야 성공을 맛볼 수 있다.

11) 성공은 아무나 하는 것이 아니다. 철저한 자기 관리와 노력에서 비롯된다.

12) 시간은 멈추지 않고 간다.

13) 지금 흘린 침은 내일 흘릴 눈물이 된다.

14) 개같이 공부해서 정승같이 놀자.

15) 최고를 추구하라. 최대한 노력하라. 그리고 최초에는 최고를 위한 최대의 노력을 위해 기도하라.

16) 미래에 투자하는 사람은 현실에 충실한 사람이다.

17) 학벌이 돈이다.

18) 오늘 보낸 하루는 내일 다시 돌아오지 않는다.

19) 지금 이 순간에도 적들의 책장은 넘어가고 있다.

20) 고통이 없으면 얻는 것도 없다.

21) 꿈이 바로 앞에 있는데 당신은 왜 팔을 뻗지 않는가!

22) 눈이 감긴다면, 미래를 향한 눈도 감긴다.

23) 졸지 말고 자라.

24) 성적은 투자한 시간의 절대량에 비례한다.

25) 가장 위대한 일은 남들이 자고 있을 때 이뤄진다.

26) 지금 헛되이 보내는 이 시간이 시험을 코앞에 둔 시점에서 얼

마나 절실하게 느껴지겠는가!

27) 불가능이란 노력하지 않는 자의 변명이다.

28) 노력의 대가는 이유 없이 사라지지 않는다. 오늘 걷지 않으면 내일은 뛰어야 한다.

29) 한 시간 더 공부하면 남편 얼굴이 바뀐다.

30) 건강을 잃으면 모든 것을 잃는다.

8. 그리스도를 닮아가는 삶

"공회 중에 앉은 사람들이 다 스데반을 주목하여 보니 그 얼굴이 천사의 얼굴과 같더라"(행 6:15).

헨리 나우웬의 「예수님을 생각나게 하는 사람」이라는 책이 있습니다. 그리스도인은 이 책의 제목처럼 주변 사람들에게 예수님을 생각나게 하는 사람이어야 합니다.

오늘날 그리스도인들이 세상으로부터 비판을 받는 가장 큰 이유는 그리스도인으로서 거룩한 삶을 살지 않기 때문입니다. 세상은 그리스도인들이 성도답게 살기를 원합니다. 스데반을 해하려 하는 자들이 공회에 잡힌 스데반을 볼 때 그 얼굴이 천사의 얼굴과 같았다고 합니다. 우리는 어떨까요? 믿지 않는 이들이 나를 볼 때 예수님이 생각날까요?

"너희 중에 누구든지 으뜸이 되고자 하는 자는 모든 사람의 종이 되어야 하리라"(막 10:44).

16년을 재임하고 지지율 80%로 아름다운 퇴장을 한 앙겔라 메르켈 독일 총리는 독일인에게 무티(Mutti, 엄마)라고 불리었으며 독일의 리더를 넘어 현재 세계의 리더로 불리고 있습니다. 메르켈 총리는 정치 현장 속에서 기독교인이라는 사실을 잘 드러내지는 않았지만, 기독교인의 가치를 행동으로 삶으로 구현한 정치인이라는 평가를 받고 있습니다.

세상 사람처럼 권세를 놓고 다투는 제자들에게 예수님은 으뜸이 되고 싶으면 종처럼 섬김의 자리에 앉으라고 말씀하십니다. 그리스도인의 리더십은 섬김에 있습니다. 나는 언제나 섬김의 자리에 있는지요?

> "여호와 우리 하나님이시여 주 외에 다른 주들이 우리를 관할하였사오나 우리는 주만 의지하고 주의 이름을 부르리이다"(사 26:13).

우리는 날마다 주님의 은혜를 구해야 합니다. 하나님의 은혜 아래 있는 자는 매일 기도와 말씀으로 하루를 시작하며 새로운 은혜와 성령 충만함을 구하면서 어떤 어려움이 닥쳐도 넉넉히 이겨냅니다. 예수님을 주인으로 모시고 살면 항상 세상과 충돌할 수가 있습니다. 그리스도인은 이 세상의 사람들과 소속이 다르고, 생명이 다르고, 가치관이 다르기 때문입니다.

만약 우리의 삶이 세상 사람과 똑같다면 그 삶에는 생명이 없습니다. 그리스도인에겐 하나님 한 분이면 충분합니다. 그런데 하나님 외에 다른 것을 찾기 시작하면 평안을 잃어버립니다.

삶이 많이 힘드십니까? 세상과 타협하면 편하게는 살 수 있습니다. 편하게 살며 죽음의 길을 갈지, 세상과 충돌하더라도 오직 하나님만 바라며 생명의 길을 갈지의 선택은 나에게 있습니다.

> "우리가 다 실수가 많으니 만일 말에 실수가 없는 자라면 곧 온전한 사람이라 능히 온 몸도 굴레 씌우리라"(약 3:2).

우리는 누구나 혀를 절제하지 못하고 말실수를 할 때가 많습니다. 그러나 예수님은 부당한 고초를 당할 때 침묵하심으로 성자 하나님의 무한한 깊이의 온유와 겸손을 보여주셨습니다. 혀는 옛사람의 본성에 불을 질러 참을 수 없는 분노를 일으키지만, 성숙한 성도는 그러한 상황에서도 혀를 절제함으로 온유하고 겸손하신 주님의 모습을 드러냅니다. 아무도 길들일 수 없는 혀에 재갈을 물리는 힘은 오로지 십자가의 죽음에서 나옵니다. 오늘도 나의 혀를, 입술의 언어를 오직 성령님께서 다스려 주시기를 기도해야 합니다.

인생에 어려운 일이 많았다고 험악한 세월은 아닙니다. 야곱은 하나님의 은혜와 사랑에 믿음으로 반응하지 못하고 스스로 괴롭게 하는 삶을 살았습니다. 반면 야곱의 아들 요셉은 한탄하자면 끝이 없는 삶이었지만, 어려울수록 더 철저히 하나님을 믿었고 하나님께만 순종함으로 형들 앞에서 오히려 하나님의 은혜를 간증했습니다. 그리스도인의 삶은 하나님의 울타리 안에 있습니다. 모든 일에 믿음으로 반응하면 지금 있는 일도 하나님이 합력하여 선을 이루어 주실 것입니다.

중국의 대도시에서 수년간 사역을 하던 미국의 선교사 헨리 파펜이 하루는 그곳에서 멀리 떨어진 마을까지 깊숙이 들어가 보았습니다. 그가 그 마을에 도착하여 예수 그리스도에 대하여 설명하기 시작하자 마을 사람들은 관심을 갖고 그의 말을 경청해 주었습니다. 그는 그리스도의 온화하심과 신실하심 그리고 포용적인 사랑에 대하여 설명하였습니다. 그러자 마을 사람들은 고개를 끄덕였으며 미소를 지어 보이기도 하였고, 눈에 가득 눈물을 담고 선교사를 바라보기도 하였습니다.

그런데 머리가 하얗게 센 마을 영감님들은 아까부터 무언가를 알고 있다는 듯한 눈빛을 띤 채 선교사의 말을 열심히 듣고 있었습니다. 마침내 그들 중의 한 분이 "우리는 그 사람을 알고 있어요. 당신이 말하는 예수님은 여기 사셨었어요."라고 말을 했습니다.

파펜 박사는 조용히 웃으며 고개를 가로저었습니다.

그는 무엇인가 오해가 생겼다고 생각하고는 그리스도께서 실제 1806년 전에 수천 마일 밖에 사셨다는 점을 설명했습니다. 그러자 늙고 주름이 많은 영감님은 "아니오. 그렇지 않소. 그분은 여기서 살고 바로 여기서 죽으셨다."라고 완강히 주장했습니다. 그리고 그는 손을 들어 저 아래 바퀴자국이 난 길을 가리킨 후 "나를 따라오시오. 그분을 직접 보여주겠소." 하며 앞장서 걸어갔습니다.

파펜 박사는 어깨를 으쓱해 보이고는 마지못해 터벅터벅 뒤따라갔습니다. 마침내 그들이 도착한 무덤에는 한 의료 선교사의 이름이 묘비에 조각되어 있었습니다. 그 의료 선교사는 그 외딴 마을에서 동료 선교사들에게조차 전혀 알려지지 않은 채 진실된 그리스도인의 모습으로 살아갔고 또한 죽어갔던 것입니다.

영감님들이 그 선교사를 나사렛 예수로 착각할 정도로 말입니다. 모든 그리스도인들은 모든 삶의 현장에서 선교사들입니다. 우리는 자신의 학교에서, 가정에서, 직장에서 아직 그리스도를 접하지 못한 사람들을 만나게 됩니다.

이런 이유 때문에 예수님은 이 땅의 그리스도인들이 이 세상에 사는 동안 예수님의 삶을 본받으라고 말씀하신 것입니다. 예수 그리스도의 살아가신 삶을 본보기로 삼아 먼저 섬기는 종이 되라고 하십니다.

우리들의 하루하루의 삶과, 순간순간 대하는 세상의 일들 가운데서 예수님의 삶을 바라보며 신실하게 살아갈 때 이 세상의 사람들은 우리들의 삶을 통해서 예수 그리스도의 모습을 보게 될 것입니다. 이런 세상이 되기를 소망합니다.

9. 신실한 그리스도인의 삶

> "내가 진실로 진실로 너희에게 이르노니 한 알의 밀이 땅에 떨어져 죽지 아니하면 한 알 그대로 있고 죽으면 많은 열매를 맺느니라"(요 12:24).

주 예수 그리스도를 믿어 구원받고 거듭난 성도라도 '본성적 생명'을 버리기가 쉽지 않습니다. 그래서 날마다 주님의 십자가에 나의 본성인 자아를 못 박아야 합니다. 그리스도인은 복음을 위해 죽어야 합니다. 죽지 않고는 열매를 맺을 수 없기 때문입니다. 오늘 내가 있는 자리에서 말보다는 행함으로 사랑의 섬김으로 복음의 씨앗을 많이 뿌리십시다. 내가 죽으면 주님의 생명이 역사하십니다.

우리가 살아도 주를 위하여 살고 죽어도 주를 위하여 죽나니 그러므로 사나 죽으나 우리가 주의 것입니다. 남들을 비난하는 사람들은 대부분 자기 의에 사로잡혀 있습니다. 자기 의에 빠지는 순간 우리는 위선으로 떨어집니다. 믿음의 여정에서 넘어야 할 산 중 하나는 '위선'입니다. 겉모습은 매우 경건하고 하나님을 잘 섬기는 것처럼 보이는데 실제는 아니라는 것입니다. 세상에는 겉과 속이 다른 위선적 그리스도인들이 많이 있습니다.

목숨을 내놓는 체하면서 내놓지는 않고, 희생하는 체하면서 희생하지 않는 이들입니다. 위선자들은 감람산까지는 그리스도를 따라가겠지만, 갈보리 산까지는 따르지 못할 것입니다. 우리는 불의가 가득한 세상 한가운데 살아가고 있기에 모두가 당하고 있는 고난을 피해가기 어렵습니다. 그러나 모두가 어두운 그늘 아래 있다고 하여도 그리스도인들은 뭔가 달라야 합니다.

그리스도인들은 자기를 위하여 살거나 죽는 사람들이 아니기 때문입니다. 우리는 주님의 것입니다. 그러므로 살아도 주님을 위하여 살고, 죽어도 주님을 위하여 죽어야 합니다.

그런데 우리가 주님을 위하여 살고, 죽고자 한다면 나 또한 남을 위해 내어주는 삶을 살아야 하지 않을까요? 오늘을 살아가는 우리들의 문제는 가난도 질병도 실패도 아닙니다. 감사함이 없는 마음입니다. 많은 것을 누리면서도 감사함이 없으면 그것은 타락으로 이어집니다.

신실한 그리스도인의 삶은 소유를 늘리기보다 욕심을 줄이며, 있는 것에 감사해야 합니다. 있는 모든 것이 주님의 은혜임을 깨닫고 감사할 줄 아는 것이 참된 그리스도인의 삶입니다. 무엇보다 죄악에서 건져주신 구원의 은혜보다 더 큰 감사가 있을까요? 죄의 종에서 하나님의 자녀로 삼아주시고 하나님을 아바 아버지로 부르게 해주신 그 은혜에 감사로 영광 돌려야 합니다.

그리스도인답게 산다는 것은 과연 무엇일까요? 단순히 종교적인 열정을 가지고 종교적인 행위와 언변을 드러내는 것일까요? 물론 이러한 모습들 속에는 그리스도인을 그리스도인답게 만드는 요소들이 존재합니다. 그러나 그것만으로 충분하다고 생각한다면 그것은 그리스도인의 삶을 오해한 것입니다.

진정 그리스도인답게 살아간다는 것은 종교적인 행위와 언변을 넘어서는 것입니다. 다시 말해 현시대를 살아가는 그리스도인들은 종교적이지 않으면서도 신실한 그리스도인으로 살아가는 법을 배울 필요성이 있습니다. 그러나 참으로 안타까운 것은 수많은 그리스도인이 이렇게 살아가는 법을 잘 알지 못한다는 사실입니다.

그들은 이렇게 생각합니다. '종교적이지 않은데 어떻게 신실할 수 있단 말인가?' 그러나 우리가 성경을 조금만 유심히 살펴보면, 특히 예수님께서 행하신 삶의 방식과 그분의 삶을 바라보면 그분은 결코 종교적인 것에 얽매이신 분이 아니라 도리어 종교적인 것들을 일상의 삶으로 승화시켜 삶 자체의 영성 곧 삶의 경건을 우리들에게 가르치셨음을 알 수 있습니다.

한마디로 예수님께서는 종교적이지 않으면서도 신실한 그리스도인으로 살아가는 방법을 우리 그리스도인들에게 가르쳐 주셨습니다. 즉 예수님께서는 우리 그리스도인들이 깨달은 바를 실천하는 것, 바로 서로 사랑하고, 서로 섬기고, 자기를 낮추고, 남을 높이며, 구제할 자를 구제하고, 아픈 자들에게 위로자가 되어 주는 삶이 곧 경건이요, 그리스도인들의 삶이 되어야 함을 우리들에게 가르쳐 주셨습니다.

하지만 정작 우리 그리스도인들은 이와 같은 일들은 멀리한 채 언제나 종교적인 열정 곧 종교적인 행위와 언변만을 늘어놓고 있는 실정입니다. 왜일까요? 이유는 단순합니다. 이와 같은 예수님의 가르침을 실천하는 것보다는 제도적이고 율법적인 종교적 행위와 언변 등을 늘어놓는 것이 훨씬 쉽기 때문입니다.

그뿐만 아니라 우리는 종종 이와 같은 종교적인 것들이 신앙 그 자체라고 생각하기까지 합니다. 그러나 이와 같은 생각은 결코 성경이 말하는 신앙의 본질이 아님을 우리는 기억해야 할 것입니다. 익히 우리가 잘 알고 있듯이 예수님께서는 바리새인들의 외식을 철저하게 거부하셨습니다. 즉 본질은 없고 껍데기만 있는 그들의 종교성을 신랄하게 비난하셨습니다.

그 때문에 현시대를 살아가는 그리스도인들은 초두에 언급한 것처럼 무엇보다도 종교적인 열정을 넘어서서 신실한 그리스도인으로 살아가는 법을 배울 필요성이 있습니다. 그렇다면 종교적인 열정을 넘어서서 신실한 그리스도인으로 살아가기 위한 방법 곧 그 삶의 원리는 무엇일까요?

먼저는 종교적인 것들이 왜 존재하는지에 대한 우선순위의 문제를 고민할 필요성이 있습니다. 다시 말해 우리 그리스도인들은 종교적인 것들을 위해 사는 존재들이 아니라 삶을 위해 종교적인 것들이 존재함을 인식할 수 있어야 합니다. 이는 곧 종교적인 것들은 삶을 위해 주어진 하나의 다리일 뿐 그것 자체가 삶, 곧 신앙은 아닙니다.

그러나 예수님 당시의 바리새인들과 오늘날 현시대를 살아가는 상당수의 그리스도인들은 이와 같은 문제에 있어서 그 우선순위가 뒤바뀐 채 살아가고 있습니다. 어쩌면 이와 같은 사고방식 때문에 자기들 스스로는 그리스도인이라고 말하는 이들은 많으나 실제적으로 그리스도인처럼 살아가는 이들은 적은 것입니다. 즉 삶을 통해서 자신의 신앙을 증명할 수 있는 그리스도인들이 적은 이유입니다. 다시 한 번 말하지만 종교적인 것들은 결국 삶을 위해 존재할 뿐 그 자체로는 아무런 효력도 발휘할 수 없는 것입니다.

다음으로 우리는 성경적 세계관으로 이 세상을 바라봤을 때 특별히 그리스도인의 입장에서 이 세상을 바라보았을 때에 종교적인 것과 비종교적인 것이 서로 구분되지 않음을 기억해야 합니다. 이는 동시에 세상의 존재하는 모든 것이 종교적일 수 있음을 우리 그리스도인들에게 시사합니다.

쉽게 말하면 먼저 상대방에게 인사하기, 공공장소에서 질서 지키기, 직장의 상사에게 예의를 갖추는 태도, 상대방을 칭찬하기 등과 같은 일상적인 삶 그 자체가 사실은 종교적인 차원에 속한다는 것입니다.

그러나 지금까지 우리 그리스도인들은 이와 같은 삶은 종교적인 것과는 전혀 상관이 없는 것들로 치부해 왔습니다. 하지만 결코 그렇지 않음을 우리 그리스도인들은 깊이 숙고해야만 합니다.

바로 이와 같은 삶의 원리만이라도 우리 그리스도인들이 숙고하고, 나아가 이를 실천한다면 우리는 신실한 그리스도인들로 살아갈 수 있습니다.

현시대를 살아가는 우리 그리스도인들은 그리스도인으로 이 세상을 살아간다는 것이 무엇인지를 깊이 있게 묵상하고 또 묵상해야 할 것입니다. 그리고 이를 실천할 수 있는 상식과 교양을 갖춘 멋진 신앙인들이 되어야 할 것입니다.

비록 구원받은 그리스도인이지만 육을 가진 인간은 성령과 육체 사이의 싸움과 긴장이 늘 있습니다(롬 8:12~14, 갈 5:13~26). '성령 안의 삶'은 그리스도 안에 있는 삶이요 그리스도인의 기초입니다. 성령을 소유하는 것은 그리스도의 소유가 되는 것이요, '성령 안에서' 사는 것은 '그리스도 안에서' 사는 것입니다. 이는 그리스도처럼 되는 과정이요 그리스도의 죽음이 죽을 육체 안에 완전히 반영될 때에만, 성숙한 그리스도인으로 성장하는 것을 뜻합니다.

물론 그 과정은 고통스러운 것이요, 인간이 육체를 가지고 살고 있는 한 영적인 승리나 완전보다는 좌절이 영성생활의 표식입니다. 따라서 그리스도인의 영성은 이미 이루어졌으면서도 아직 이루어지지 않은 실존(實存)이요, 하나의 윤리적 긴장으로 표현됩니다.

죄의 세력은 성령의 능력으로만 물리칠 수 있기에(롬 7:6, 8:2~4) 그리스도인이란 성령을 따라 살아야 하며(롬 8:4~13, 갈 5장) 바로 이런 삶의 자세로 사는 것이 영성의 삶을 사는 것입니다.

그러나 조심할 것은 그리스도인은 홀로 제멋대로 사는 것이 아니라 몸의 한 지체와 같이 다른 지체들을 통해서 공급되는 은혜에 의존하며, 또한 다른 지체들에게 은혜를 전하는 책임을 갖고 있습니다.

신자는 혼자서 존재할 수 없으며 스스로 존재할 수 없습니다(고전 12장).

바울은 몸의 통일성과 연관성으로 한 신앙공동체인 그리스도인들의 관계를 분명하게 가르칩니다. 그리스도인의 영성이란 홀로의 영성만이 아닙니다. 몸의 여러 지체들이 피차 돕고 협력하며 연결되어 자기의 기능을 제대로 발휘할 때 몸 전체가 건강하듯, 그리스도인의 건전한 영성이란 바로 이런 것이라고 바울은 가르칩니다.

결론적으로 그리스도인인 우리의 목표는 성공이나 승리가 아닌 예수님입니다. 경쟁이 만연한 세상 속에서 예수님의 긍휼을 기초로 한 예수님의 사랑을 드러내는 것이 우리의 사명입니다. 나는 내가 일하는 일터에서 혹은 있는 곳에서 어떤 방법으로 예수님의 사랑과 긍휼을 드러내고 있는지요?

나무에 수액이 없으면 잘 자라지 못할 뿐 아니라 아예 생존할 수도 없습니다. 그리스도인도 마찬가지입니다. 그 안에 주의 생명이 없으면 주의 나무가 될 수 없습니다. 나무가 뿌리를 통해 빨아올린 무기물이 변형되는 과정은 눈에 보이지 않지만, 수액이 잎을 내고 실과를 맺으면서 자신을 나타내듯이 신실하고 참된 그리스도인은 주의 말씀 위에 깊이 뿌리내리고 그 열매를 통해 드러납니다.

혹시 우리는 내 속에 정직하지 못한 숨겨진 일들은 없는지요? 그런 생각들은 지난날 죄의 도구로 쓰이던 우리의 육에서 오는 것들입니다. 숨기고 싶은 부끄러운 것들은 그 생각조차 떨쳐 버리십시다. 까마귀가 내 머리 위를 스쳐 지나가는 것은 내 책임이 아니지만, 내 머리에 둥지를 트는 것은 분명 내 책임입니다. 우리의 내면에 어떤 부끄러운 생각도 용납하지 마십시다. 주님은 우리가 무슨 일에나 정직하고 진실하며 신실하게 살기를 원하십니다. 항상 하나님의 자녀답게 매사에 정직하고 당당하게 살아가십시다.

10. 삶의 여정

"우리에게 구름 같이 둘러싼 허다한 증인들이 있으니 모든 무거운 것과 얽매이기 쉬운 죄를 벗어 버리고 인내로써 우리 앞에 당한 경주를 하며"(히 12:1).

우리 삶의 여정은 기도의 여정입니다. 주님으로부터 시작하여 주님과 함께 주님의 집에 귀가하는 우리 삶의 여정은 그대로 기도의 여정입니다. 수도자들의 경우만 해도 기도로 시작해서 기도로 끝나는 하루의 여정입니다. 말 그대로 기도와 삶은 함께 갑니다.

물은 바위 절벽을 만나야 아름다운 폭포가 되고, 석양은 구름을 만나야 붉은 노을이 곱게 빛나 보이며, 인생도 살아가다 보면 좋은 일이 있고, 때로는 슬픈 일도 있으며, 힘든 일들이 있게 마련입니다. 오르막길이 있으면 내리막길이 있으며, 장대 같은 폭우가 쏟아질 때와 보슬비, 가랑비, 여우비가 내릴 때도 있고, 구름 한 점 없이 맑고 깨끗한 날이 있듯이 인생의 참된 즐거움도 역경과 고난을 만난 뒤 비로소 뒤늦게 알게 되는 것이 우리들의 인생사인 것처럼 사람도 누구를 만나느냐에 따라 미래가 바뀌니 좋은 만남 좋은 선택을 해야겠습니다.

병에 물을 담으면 '물병', 꽃을 담으면 '꽃병', 꿀을 담으면 '꿀 병'이 됩니다. 통에 물을 담으면 '물통', 쓰레기를 담으면 '쓰레기통'이 됩니다. 우리 사람의 '마음'도 똑같아서 그 안에 무엇을 담느냐에 따라 좋은 대접을 받을 수도 있고, 천덕꾸러기가 될 수도 있습니다. 즉, 우리 마음속에 담겨 있는 것이 무엇이냐에 따라 사람대접을 받느냐, 못 받느냐 하는 것입니다.

불만, 시기, 불평 등 좋지 않은 것들을 가득 담아두면 욕심쟁이, 심술꾸러기가 되는 것이고, 감사, 사랑, 겸손 등 좋은 것을 담아두면, 남들로부터 대접받는 사람이 되는 것입니다. 무엇을 담느냐 하는 것은 어느 누구의 책임도 아니고, 오직 '나 자신'입니다.

인생을 마라톤에 잘 비유합니다. 길고도 짧은 여정이지만 결승점을 향해 한 걸음씩 평생을 달려가야 하기 때문입니다. 특히 신앙생활은 마치 계주와 같습니다. 계주는 한 바퀴씩 돌 때마다 바통이 꼭 이어져야 하듯이 우리의 신앙생활도 매주일마다 드리는 예배를 통해 새로운 힘을 부여받아 또 한 주일을 달려갑니다. 바통 없는 계주는 없으며 바통이 떨어지면 반드시 주워야 달립니다. 바쁜 현대사회에서 때론 쉬고 싶은 유혹도 있지만 예배는 우리의 의무이자 감사이며 기쁨이며 참된 안식입니다.

인생은 기차여행과 같다고도 합니다. 역들이 있고 경로도 바뀌고 간혹 사고도 납니다. 우리는 태어나면서부터 이 기차를 타게 되고 그 표를 끊어주신 분은 부모님입니다. 우리는 부모님들이 항상 우리와 함께 이 기차를 타고 여행할 것이라고 믿습니다. 그러나 부모님들은 어느 역에선가 우리를 남겨두고 홀연히 내려버립니다.

그리고 시간이 흐름에 따라 많은 승객들이 기차에 오르내리며 이들 중 많은 이들이 나와 이런저런 인연을 맺게 됩니다. 우리의 형제자매, 친구, 자녀 그 외 인생에서 만나는 많은 사람들입니다. 그런데 많은 이들이 여행 중에 하차하여 우리 인생에 영원한 공허함을 남깁니다.

많은 사람들은 소리도 없이 사라지기에 우리는 그들이 언제 어느 역에서 내렸는지조차도 알지 못할 때가 많습니다. 그래서 이 기차여행은 기쁨과 환상, 기대, 만남과 이별로 가득 차 있는지도 모릅니다. 좋은 여행이란 우리와 동행하는 승객들과 어울려 서로 돕고 사랑하며 좋은 관계를 유지하는 것입니다. 그들의 여행이 즐겁고 편안하도록 내가 할 수 있는 한 최대한 배려하는 것입니다.

그런데 이 여행의 미스터리는 우리가 어느 역에서 내릴지 알 수 없다는 것입니다. 그러므로 우리는 최선을 다해 살아가야 합니다. 서로 다른 이견을 조정하고 사랑하고 용서하고 베풀어야 합니다. 그 이유는 어느 역에선가 우리가 내려야 할 시간이 되었을 때 인생이라는 기차를 함께 타고 여행했던 이들과 아름다운 작별을 할 수 있어야 하기 때문입니다.

현재 지구의 인구는 약 78억 명이라고 합니다. 대부분의 사람들에게 그것은 큰 숫자이며 그것이 전부입니다. 하지만 누군가가 세계 78억 명을 100명으로 압축했고, 그다음에는 다양한 퍼센트의 통계로 압축했습니다.

그 결과 분석은 비교적 이해하기 쉽습니다.

100명 중 11명은 유럽에 있습니다. 05명은 북미에 있습니다. 09명은 남미에 있습니다. 15명은 아프리카에 있습니다. 60명은 아시아에 있습니다. 49명은 시골에 삽니다. 51명은 도시 동네에 거주합니다. 77명이 자기 집을 가지고 있습니다. 23명은 살 곳이 없습니다.

21명은 영양 과잉입니다. 63명은 배불리 먹을 수 있습니다. 15명은 영양실조입니다. 01명은 마지막 식사를 먹었지만 다음 번 식사까지 가지 못했습니다. 87명은 깨끗한 식수를 마십니다. 13명은 깨끗한 식수가 부족하거나 오염된 상수원에 접근할 수 있습니다.

75명은 휴대전화가 있습니다. 25명은 그렇지 않습니다. 07명은 대학교육을 받았습니다. 93명은 대학에 다니지 않았습니다. 83명은 읽을 수 있습니다. 17명은 문맹입니다. 33명은 기독교인입니다. 22명은 무슬림입니다. 14명은 불교도입니다. 12명의 종교는 위와 다른 종교입니다. 12명은 종교적 신념이 없습니다. 26명은 14년 미만 삽니다. 66명은 15세에서 64세 사이에 사망했습니다. 08명은 67세 이상입니다.

자기 집이 있고, 밥을 든든히 먹고, 깨끗한 물을 마시고, 휴대전화를 가지고 있으며, 인터넷 쇼핑을 할 수 있고, 대학에 다녔다면 당신은 극소수의 특권 중에 있습니다(7% 미만 범주). 전 세계 100명 중 오직 8명만이 65세를 넘거나 살 수 있습니다. 65세가 넘었으면 만족하고 감사하십시오. 생명을 소중히 하고 순간을 포착하십시오. 당신은 당신보다 먼저 떠난 92명의 사람들처럼 64세 이전에 세상을 떠나지 않았습니다. 당신은 이미 인류 중에서 축복받은 사람입니다.

사랑의 주님!

오늘도 하루를 시작하면서 신앙의 계주를 잘 달려가게 하옵소서. 주님 앞에 경건히 앉아 제 마음의 사랑을 드립니다. 저는 이제 주님이 주신 세상에서 오늘 하루의 소중함을 찾으려 합니다. 이 하루를 맞이하는 가운데 인간이 인연의 소중함을 알고 살아가듯 주님과의 만남도 소중한 사랑임을 잊지 않게 하옵소서. 오늘 하루를 시작하면서 많은 이들을 만나며 그들과 스치면서 살아가고 있음을 제 마음 안에 고이 간직하게 하소서.

그리고 늘 그들을 대하는 제 마음을 소홀하지 않게 주님의 맑은 사랑과 지혜를 허락하옵소서. 미약하고 나약한 제 마음 꼭 붙잡아 주시기를 이 시간 간절히 청하오며 제 옆을 스치는 인연을 사랑하며 살게 하옵소서. 때로는 인연이란 고리를 내세워 스치면서 고울 수도 있지만 때로는 예기치 못한 대립으로 미워할 수도 있습니다.

그러나 그 마음 거두어 주시어 미운 마음을 고운 마음으로 다가갈 수 있는 삶을 허락하여 주옵소서. 그리고 우리가 살아가는 삶의 모든 여정을 아름다운 세상으로 바라볼 수 있게 하옵소서. 예수님의 이름으로 기도드립니다. 아멘.

11. 하나님의 크신 사랑

> "하나님이 세상을 이처럼 사랑하사 독생자를 주셨으니 이는 저를 믿는 자마다 멸망치 않고 영생을 얻게 하려 하심이니라"(요 3:16).

이 구절은 '껍질 속의 성경'이라고 불리는데, 이는 이 구절이 전통적인 기독교 교리 중심의 일부분으로 생각되기 때문입니다. 하나님은 이 세상을 극진히 사랑하셔서 외아들을 보내주시어 누구든지 그를 믿는 사람은 멸망하지 않고 영원한 생명을 얻게 해주셨습니다.

당신은 하나님의 크신 사랑을 얼마나 느끼고 있습니까? 믿는다는 것은 마음을 열고 받아들인다는 뜻입니다. 예수 그리스도를 나의 구주로 인격적으로 영접해야 합니다.

사랑은 사랑받은 자만이 알도록 되어 있습니다. 그러므로 하나님의 사랑을 설명한다는 것은 쉬운 일이 아닙니다. 막연하게 나를 세상에 나게 해 주셔서 감사합니다. 나 혼자만 세상에 온 것이 아니라 너도 오고 나도 왔다고 생각하면 '어차피 다 오는 것인데 뭐?' 하는 어설픈 생각이 들 것입니다. 그러나 어차피 왔다가 가는 인생, '어디에서 와서 어디로 가는 것일까?' 인생 문제를 깊이 음미해 보면 하나님의 사랑을 발견케 될 것입니다.

> "너희 중에 어떤 사람이 양 백 마리가 있는데 그 중의 하나를 잃으면 아흔아홉 마리를 들에 두고 그 잃은 것을 찾아내기까지 찾아다니지 아니하겠느냐"(눅 15:4).

세상의 기준은 경제성과 효율성입니다. 시간 관리와 재산, 재능 관리가 부실하면 성공과는 거리가 멀어집니다. 그러나 선한 목자는 성공보다 한 영혼에 더 관심을 갖습니다. 세상에서는 다수가 중요하지만 하나님의 구원에는 소외된 한 사람이 중요합니다.

잃어버린 한 사람은 숫자가 아니라 천하보다 귀한 한 영혼이기에 생명과 영혼의 가치는 숫자로 셈할 수 없습니다. 만약 내 자녀가 잃어버린 한 양이라면 내 심정이 어떨는지요? 목숨 걸고 찾아다니지 않겠습니까? 주님은 지금도 한 영혼의 구원을 위해 나를 찾고 계십니다.

왜 주님께서 사람의 몸을 입고 우리에게 오셨을까요? 그 이유는 하나입니다. 바로 우리를 사랑하셨기 때문입니다. 이유 없는 고통과 배신, 욕먹음과 침 뱉음, 비난을 당하셔도 참으셨던 이유도 마찬가지입니다. 에베소서 5장 2절에는 그리스도께서 너희를 사랑하신 것같이 너희도 사랑 가운데서 행하라 그는 우리를 위하여 자신을 버리셨다고 말씀하고 있습니다.

그리스도인은 마음과 목숨과 뜻을 다해 하나님을 사랑해야 합니다. 하나님에 대한 사랑을 표시하는 데는 여러 방도와 형태가 있겠지만, 무엇보다 중요한 것은 우리 자신을 바치는 일입니다. 이러한 헌신은 내면적으로는 마음의 자세를 통해 전달되고, 외형적으로는 재물, 시간, 은사의 헌납이라는 가시적 행위를 통해 표현됩니다.

따라서 우리는 우리 자신을 하나님께 바친다는 헌신의 표시로 헌금을 드리는 것입니다. 우리는 헌금을 통해 하나님을 인정하고 기쁘시게 할 수 있습니다. 헌금은 하나님의 주되심을 인정하는 일이기 때문입니다. 다시 말해서, 재물을 비롯한 모든 것이 하나님의 것인 고로 이러한 헌납 행위는 하나님의 주인 되심을 인정하는 것이고, 따라서 이런 행위는 그분을 기쁘시게 합니다. 또한 헌금은 하나님의 너그러우심을 인정하는 일이기 때문입니다.

하나님께서 자신의 것을 우리에게 선물로 주시고 향유하도록 하시기 때문에, 우리가 받아 누리는 재물을 헌납함으로써 이 점을 인정할 때 하나님을 기쁘시게 하는 것이 됩니다.

비록 우리의 헌금이 하나님의 주 되심과 너그러우심을 인정함으로써 하나님을 기쁘시게 하는 것이 사실이지만, 그렇다고 해서 하나님께서 헌금으로부터 인간 식의 유익을 얻지는 않습니다.

하나님께서 헌금을 통해 요구하시는 것은 결국 우리 자신, 곧 우리의 마음입니다. 우리가 헌금을 바칠 때 하나님께서는 우리 자신을 제물로 받으시는 것입니다.

사랑할 수 없는 상대를 사랑하는 호세아의 가정을 보면 우리는 하나님의 사랑을 생각해야 합니다. 우리는 늘 변덕스럽고 나약한 사랑에 실망합니다. 하지만 조금도 이기적이지 않은 주님의 사랑을 기억하며 그 사랑을 향해 나아가야 합니다. 주님의 지극한 사랑을 본받아 이웃을 사랑하는 주의 자녀 되길 바랍니다. 주님의 풍성한 사랑 안에서 우리를 늘 좋은 곳으로 인도하시는 주님을 신뢰합시다.

그 크신 하나님의 사랑 찬송가를 작사, 작곡한 리먼 목사는 목회하는 시골교회마다 형편이 어려워 생활하기가 힘들어지자 또 다른 일을 했습니다. 그는 가구점 목공으로, 또 공장에서 일을 하여 생활비를 벌고 일이 끝나면 목회를 준비하는 고된 생활을 보냈습니다.

시골 교회를 맡아 사역하던 어느 날, 다른 날과 다름없이 치즈 공장으로 출근했습니다. 오전 일을 마치고 점심을 먹으려고 도시락 가방을 여는데 종이 한 장이 눈에 들어왔습니다. 아내가 남편을 생각하면서 쓴 종이였습니다. 그 종이 안에 내용은 유대 랍비가 지은 시였습니다. 그 글귀가 감동되어 아내가 남편에게 선물한 것입니다.

"그 크신 하나님의 능력은 말로 다할 수 없도다. 하늘을 두루마리로 삼고 대양을 모두 잉크로 채우며, 세상의 모든 초목을 펜으로 하여 모든 백성이 능숙한 서기관이 되어도, 하나님의 크신 영광에 대한 기이한 이야기를 모두 기록할 수 없으리라. 지극히 높으신 그분은 옛적에 홀로 땅과 하늘을 만드셨도다."

리몬 목사는 시를 읽은 뒤 감동을 받아 차분한 마음으로 몽당연필을 집어 들고 찬송가의 가사 1, 2절과 후렴을 순식간에 쓰고 찬송가 3절은 유대 랍비의 시를 그대로 옮겨 적었습니다. 이렇게 해서 탄생한 것이 바로 우리가 오늘날 즐겨 부르는 '그 크신 하나님의 사랑' 입니다.

치즈 공장에서 점심시간에 탄생한 하나님의 사랑을 찬송하는 이 노래는, 생활고에 시달려 고생하는 리먼 목사와 그의 아내가 삶이 괴롭고 어렵지만, 주의 은혜를 생각하면 감사와 기쁨이 흘러넘치는 그런 고백을 하고 있습니다.

그 크신 하나님의 사랑 작사. 작곡: F.M. Lehman

1. 그 크신 하나님의 사랑 말로 다 형용 못하네 저 높고 높은 별을 넘어 이 낮고 낮은 땅 위에 죄범 한 영혼 구하려 그 아들 보내사 화목제물 삼으시고 죄 용서하셨네
2. 괴로운 시절 지나가고 땅 위의 영화 쇠할 때 주 믿지 않던 영혼들은 큰 소리 외쳐 울어도 주 믿는 성도들에게 큰 사랑 베푸사 우리의 죄 사했으니 그 은혜 잊을까
3. 하늘을 두루마리 삼고 바다를 먹물 삼아도 한없는 하나님의 사랑 다 기록할 수 없겠네 하나님의 크신 사랑 그 어찌 다 쓸까 저 하늘 높이 쌓아도 채우지 못하리

후렴

하나님 크신 사랑은 측량 다 못하며 영원히 변치 않는 사랑 성도여 찬양하세

오늘, 우리도 우리를 위해 이 지상까지 내려오신 예수님의 희생과 독생자를 내어주신 하나님의 사랑을 생각하면 우리 삶의 참된 위로와 희망이 생깁니다. 그 크신 하나님의 사랑, 바닷물을 먹물 삼고 하늘을 두루마리 삼아도 다 기록할 수 없는 그 크신 사랑! 오늘도 하나님의 그 큰 사랑과 그 큰 은혜에 감사합시다.

12. 카르페 디엠(carpe diem)

"내일 일을 위하여 염려하지 말라 내일 일은 내일이 염려할 것이요 한 날의 괴로움은 그 날로 족하니라"(마 6:34).

우리가 사는 오늘은 지금이라는 시간들의 하루라는 범위입니다. 오늘이라는 시간을 기준으로 따질 때 나는 '지금까지' 살아온 나에 대하여는 가장 늙은 내가 되고, '지금부터' 살아갈 나에 대하여는 가장 젊은 내가 됩니다. 그래서 지금을 인생의 능선(Ridgeline)이라고 할 수 있습니다.

지금의 순간에서 자칫 잘못하다가는 지금까지 살아온 나 때문에 과거로 내려가는 사람이 될 수 있고, 반면에 지금부터 살아갈 나를 위해 미래로 나아가는 사람이 될 수 있습니다. 전자의 사람들은 '그 때는 말이야' 혹은 '나 때는 말이야'라는 말을 잘하지만, 후자의 사람들은 지금을 중요하게 여깁니다.

인생에서 지금이라는 때는 매우 중요합니다. 실패한 사람들은 대부분 지나간 때를 아쉬워하지만, 성공하는 사람들은 지금이 바로 그때라는 확신을 갖고 시작합니다. 인생의 목표는 지금까지가 아니라 지금부터 시작되기 때문입니다. 무슨 일이든 너무 늦은 때도 너무 이른 때도 없습니다. 바로 지금이 그 일을 시작하기에 가장 좋은 때입니다.

'카르페 디엠'(carpe diem)이라는 말이 있습니다. 이 말은 피할 수 없다면 '지금 이 순간을 즐겨라', '지금 이 순간에 충실하라'라는 뜻으로써 라틴어로 알려지고 있습니다. 우리말로 '현재의 순간을 잡아라'로 번역되는 라틴어이기도 합니다. 의학, 법률, 경제, 기술 따위는 삶을 유지하는 데 필요한 것들이지만, 우리가 살아가는 진정한 목적은 시와 문학, 낭만, 사랑입니다. 이러한 것들을 누리기 위해서 우리는 '카르페 디엠' 곧 오늘을 잡아야 합니다. (Seize the day).

이 말을 처음 한 사람은 고대 로마의 시인 호라티우스입니다. 위에 내용은 라틴어로 '오늘을 즐겨라'라는 뜻을 지니고 있습니다. '즐겨라'라는 말이 들어가 있듯이 오늘 하루를 최선을 다해 산다기보다는 지금 이 순간순간을 '즐기면서 살라'는 말입니다.

어떻게 보면 욜로 YOLO의 뜻과 비슷하면서도 다른 느낌입니다. 카르페 디엠이 유명해진 것은 '죽은 시인의 사회'라는 영화에서 선생님이 학생들에게 한 이야기로 알려지게 되었습니다. 그 이외에도 각종 게임, 드라마나 영화 대사 등에서 많이들 이용되기도 했습니다.

우리의 미래를 생각하는 것도 매우 중요하고 미래를 향해 나아가는 것 또한 매우 중요하지만, 미래에 대한 생각들로 인해 자신에게 부담을 만들어 내거나 몸과 마음을 혹사시키기도 합니다. '죽은 시인의 사회'에서도 선생님이 안타깝게 생각하는 것은 학생들이 입시와 좋은 직장의 성공 때문에 현재보다는 미래를 생각하면서 생각도 상상도 찌들어버린 학생을 위로하기 위한 이야기를 해주었습니다.

미래도 중요하지만, 현재도 중요함을 잘 일깨워 주는 말입니다. 오늘은 돌아오지 않는 하루입니다. 이미 일어난 일이라면 받아들이고 지금만이 할 수 있는 경험들을 즐겨보세요. 이 경험이 나를 더 멋진 미래로 나아가게 해줄지 모릅니다. 가장 행복한 사람은 특별한 이유 없이도 삶을 즐길 줄 아는 사람이며 사소함에도 행복을 느끼며 사는 사람입니다.

어느 대학의 심리학 강의 시간이었습니다. 교수는 학생들에게 풍선 속에 자기 이름을 써서 넣고 바람을 빵빵하게 채워 모두 천장으로 날려 보내라고 했습니다. 한참이 지난 다음에 교수는 자기의 이름이 들어 있는 풍선을 찾아보라고 하였습니다. 정해진 시간은 딱 5분이었습니다. 학생들은 자신의 풍선을 찾으려 부딪치고, 밀치다가 교실은 아수라장이 되었습니다.

5분이 흘렀지만, 자신의 이름이 들어있는 풍선을 단 한 사람도 찾지 못하였습니다. 교수는 이번에는 아무 풍선이나 잡아 거기 넣어둔 이름을 보고 그 주인을 찾아주도록 하였습니다. 순식간에 모두 다 자기의 이름이 들어 있는 풍선을 하나씩 받아 가질 수가 있었습니다.

교수가 학생들에게 말하였습니다. "지금 시험한 자기 풍선 찾기는 우리 삶과 똑같습니다. 사람들은 필사적으로 행복을 찾아다니지만, 행복이 어디 있는지 장님과 같이 헤매고 있습니다. 행복은 다른 사람의 행복과 함께 있습니다. 다른 사람의 풍선을 찾아주듯 그들에게 행복을 나누어 주십시오. 그러면 여러분도 행복을 누리게 될 것입니다." 이를 '헤밍웨이의 법칙'이라고 합니다.

헤밍웨이는 행복의 의미를 다음과 같이 정의하였습니다.

"행복을 가꾸는 것은 자기 손이 닿는 데에 꽃밭을 만드는 것이다. 행복은 거창한 장소에 있지 않다. 손이 닿는 곳에 있다."

누가 당신의 행복을 찾아주는 사람일까요? 바로 옆에 있는 바로 앞에 있는 안부를 보내오는 친구입니다.

우리의 삶은 하루하루가 은혜이자 축복입니다. 오늘도 감사하는 마음으로 살다 보면 행복은 우리를 향해 미소 짓습니다. 감사가 넘치는 하루 보내세요. 예쁜 모습은 눈에 남고, 멋진 말은 귀에 남지만, 따뜻한 베풂은 가슴에 남는다고 합니다. 세상에서 가장 값진 것은 사랑을 나눌 줄 알고, 베풀 줄 아는 넉넉한 마음입니다. 오늘도 서로가 사랑을 나누고 베푸는 멋진 하루 행복한 하루 보내시길 바랍니다.

13. 아브라함에게 주신 교육적 사명

"악을 떠나는 것은 정직한 사람의 대로이니 자기의 길을 지키는 자는 자기의 영혼을 보전하느니라 교만은 패망의 선봉이요 거만한 마음은 넘어짐의 앞잡이니라"(잠 16:17~18).

아무리 경건하고 독실한 성도라 할지라도 평생의 안전을 보장할 수 있는 사람은 단 한 사람도 없습니다. 오히려 지나친 명성과 권력과 많은 재물은 우리를 위험에 빠뜨릴 수도 있습니다. 특별히 지도자의 자리에 앉은 이는 날마다 자신을 쳐서 주님 앞에 복종시켜야 합니다. 권력의 힘은 거의 교만으로 이어지며 결국 단체와 자신을 패망시킵니다.

정직했던 웃시야 왕도 강성해지자 교만해짐으로 결국 나병환자로 살았습니다. 지금 당장 눈에 보이는 패망이 없을지라도 결국 교만의 끝은 패망이며 겸손의 끝은 존귀입니다.

"내가 아브라함을 선택한 것은, 그가 자식들과 자손을 잘 가르쳐서, 나에게 순종하게 하고, 옳고 바른 일을 하도록 가르치라는 뜻에서 한 것이다. 그의 자손이 아브라함에게 배운 대로 하면, 나는 아브라함에게 약속한 대로 다 이루어 주겠다."(창 18:19, 새번역).

바로 아브라함에게 주신 교육적 사명입니다. 하나님께서 아브라함을 선택하신 이유는 그가 자식들과 후손들을 제대로 교육해 바른 일을 하도록 하는 일에 적합하기에 선택하셨다는 것입니다.

오늘의 교회는 이 사명을 이어가야 합니다. 지금 우리나라는 위기에 처하여 있습니다. 그러기에 국가적 위기를 극복하여 나가기에 적합한 지도력이 필요합니다. 위기(危機)란 말은 위험(危險)과 기회(機會)가 합하여진 말입니다. 위기를 기회로 바꾸어 나가려면 혁신을 이루어 나갈 지도자 내지 지도력이 필요합니다.

당장 그렇게 국가 혁신을 이루어 나갈 지도자가 없다면 길러야 합니다. 일찍이 민족의 암흑기에 도산 안창호 선생께서 남긴 말이 있습니다.

"지도자가 없다고 말하는 사람아, 왜 자신이 지도자 될 공부를 하지 않느뇨?"

우리 시대에 적절한 말입니다. 지도자가 갑자기 하늘에서 떨어지는 것이 아닙니다. 땅에서 솟아나는 것도 아닙니다. 길러야 합니다. 가정에서 기르고, 교실에서 기르고, 교회에서 기르고, 정당에서 길러야 합니다. 그러나 우리 사회는 지도자 기르기, 사람 기르기에 너무나 소홀합니다.

아브라함을 일컬어 믿음의 조상이라 일컫습니다. 하나님께서 그 시절 많고 많은 사람들 중에서 75세나 된 아브라함을 점찍어 세우신 것은 그에게서 사람 기르기에 적합한 품성과 자질과 사명감을 보셨기 때문입니다.

미국이 독립한 지 얼마 후, 군복을 멋지게 차려입은 젊은 장교가 말에서 내려 시골길을 걸어가고 있었습니다. 그의 말은 먼 길을 달려오느라 지쳐 있었던 것입니다. 마침내 징검다리가 놓인 냇가에 다다랐습니다. 그런데 비가 그친 직후여서 징검다리가 물속에 잠겨 있었습니다. 사방을 휘둘러보던 장교의 눈에 저 멀리서 밭을 매고 있는 노인이 보였습니다.

장교는 큰 소리로 그를 불렀고, 노인이 다가왔습니다.

"노인장, 내 말이 지쳐서 그러니 미안하지만 나를 업어서 냇가를 건너 주어야 하겠소. 이 멋진 군복이 물에 젖어서야 되겠소?"

의기양양하게 말하는 젊은이에게 노인은 미소를 지었습니다. 그리고 그를 업었습니다. 노인이 힘겹게 냇가를 건너고 있는데 등에 업힌 장교가 물었습니다.

"노인장은 군대에 나간 적이 있소?"

그러자 노인이 땀에 젖은 얼굴로 빙그레 웃었습니다.

"젊었을 때엔 저도 군대 생활을 했었지요."

그러자 장교가 말했습니다.

"계급이 뭐였소? 일병이었소?"

노인이 조용히 말했습니다.

"그것보다는 조금 높았지요."

"그럼 상병이었소?"

"그것보다도 조금 높았습니다."

"그렇다면……. 당신은 하사관이었군. 흠……. 꽤나 공을 세운 모양이구려!"

그 말에 노인이 웃으면서 조용히 말했습니다.

"공이라야 보잘것없었습니다만……. 그것보다는 좀 더 높았지요."

그러자 장교의 눈이 휘둥그레졌습니다.

"그렇다면 당신도 장교였다는 말이오?"

노인은 젊은 장교의 군복이 물에 젖지 않도록 조심스럽게 시내를 건너며 대답했습니다.

"보잘것없는 능력이었음에도 그것보다는 조금 높았습니다."

그러자 젊은 장교의 얼굴이 파랗게 변했습니다. 그가 떨리는 목소리로 다시 물었습니다.

"그……. 그렇다면 장군이었습니까?"

노인의 얼굴에 인자한 웃음이 떠올랐습니다.

"하찮은 저에게 조국과 하나님께서는 그것보다도 높은 직위를 허락했지요."

젊은 장교는 혀가 굳어서 더 이상 말을 잇지 못했습니다. 마침내 시냇가를 힘겹게 건넌 노인이 젊은이를 맨땅에 내려놓았습니다. 땀에 젖은 노인의 얼굴에는 온화한 미소가 퍼져 있었습니다.

"안녕히 가십시오. 젊은 장교님. 저는 밭을 마저 매야겠습니다."

그가 총총히 뒤돌아서 다시 시냇물을 건너가고 있었습니다. 그에게 업혀 시냇가를 무사히 건넌 젊은 장교가 노인을 향하여 정중하게 경례를 했습니다.

이 이야기는 미국 독립의 아버지이자 초대 대통령이었던 조지 워싱턴 대통령이 퇴임 후 자신의 고향 마을에 돌아와 농사를 지으며 살던 시절의 이야기입니다.

이 일화는 한 인간이 사람들을 가르치고 이끌 수 있는 기본적인 힘이 어디에서 생겨나는지, 그리고 그 힘이 주위 사람들에게 어떤 모습으로 다가오는지를 잘 보여줍니다.

말은 비단결같이 하고, 태도는 부드럽게 취하십시오. 화살은 육체를 관통하게 하고, 모욕은 정신을 관통하게 합니다. 당신의 의견에 반박하는 사람들에게 대꾸하지 마십시오. 그 반박이 교활한 말이거나 천박한 말, 완고한 말이거나 염탐하는 말이라 할지라도 반박하지 마십시오. 입에서 나온 말을 남에게 팔아먹을 줄 아는 것은 대단한 기술입니다.

"친절하게 말하는 것은 혀를 해치지 않는다." - 프랑스 속담 -

Part 2

절대 믿음, 절대 감사의 신앙

1. 절대 믿음, 절대 감사의 신앙

"너희 염려를 다 주께 맡기라 이는 그가 너희를 돌보심이라"(벧전 5:7).

세상에 대한 염려는 미래에 대한 불안에서 옵니다. 염려라는 렌즈로 바라보는 미래는 온통 잿빛으로 보이며 염려는 우리 인생의 에너지를 다 빼앗아 가 긍정적인 것은 볼 수 없게 만들어버립니다.

내일의 염려로 오늘의 행복을 누리지도 못하는 우리에게 주님은 "너희 염려를 다 내게 맡기라 내가 너희를 돌보겠다."라고 말씀하십니다.

지금 어떤 문제로 고민하고 계십니까? 주님께 다 맡기십시다. 내가 붙들고 있으면 내 문제이지만, 주님께 맡기면 주님의 문제가 됩니다. 그리고 주님이 일하시며 해결해 주십니다. 염려의 치료약은 '믿음'입니다.

"우리가 알거니와 하나님을 사랑하는 자 곧 그의 뜻대로 부르심을 입은 자들에게는 모든 것이 합력하여 선을 이루느니라"(롬 8:28).

'사는 대로 생각하는 사람'과 '생각하는 대로 사는 사람'이 있습니다. 전자는 자신이 처한 환경에 굴복하여 살지만, 후자는 상황과 환경이 어려워도 하나님의 섭리를 생각하며 살아갑니다. 부르심을 받은 자에게는 현재의 상황과 환경이 끝이 아니라 지금 부여된 낙심과 좌절마저도 하나님은 결국 합력하여 선을 이루시는 분이심을 믿기 때문입니다.

사는 대로 생각하는 사람에게는 이 합력하여 선을 이룬다는 믿음이 없어서 낙심하면 낙심 속에서, 실망하면 실망 속에서 불평하며 살아갑니다. 우리는 오늘도 주님의 섭리 속에서 감사하며 살아가고 있는지요?

"예수께서 대답하여 이르시되 여자여 네 믿음이 크도다 네 소원대로 되리라 하시니 그 때로부터 그의 딸이 나으니라"(마 15:28).

한 여인이 주님 앞에 나아왔습니다. 그 여인은 예수님의 어떤 태도나 어떤 말씀에도, 심지어 개로 취급하심에도 '옳습니다, 아멘'으로 화답하며 예수님을 기쁘시게 하였습니다. 예수님은 여인의 믿음에 감동하시고 여인의 큰 믿음을 축복하셨습니다. 우리도 주님의 말씀에 아멘으로 잘 화답해야 합니다.

하나님의 나라는 말에 있지 아니하고 능력에 있습니다. 입술로 아멘 할 때 능력이 시작되고 삶이 아멘이 될 때 하나님 나라가 이루어집니다.

"여호와여 내가 주께 피하오니 나를 영원히 부끄럽게 하지 마시고 주의 공의로 나를 건지소서"(시 31:1).

우리에게 가장 큰 위험은 무엇일까요? 코로나, 질병, 실패, 실직, 죽음, 전쟁…. 등등 많은 위험요소들이 있지만, 그 어떤 것보다 가장 큰 위험은 하나님을 신뢰하지 않는 것입니다. 안전을 위해 보험으로 들어놓은 세상의 그 어떤 안전망도 하나님을 신뢰함이 없다면 불안할 수밖에 없습니다.

임마누엘의 신뢰는 죽을 줄 알면서도 불속에 들어가며 사자굴에도 들어가게 합니다. 주를 위해 '죽으면 죽으리이다'가 일상이 됩니다. 우리는 안전의 근거를 어디에 두고 있는지요? 보험, 재산, 건강입니까? 우리는 무엇보다 전능하신 하나님만을 신뢰해야 합니다.

"예수께서 이르시되 내 말이 네가 믿으면 하나님의 영광을 보리라 하지 아니하였느냐 하시니"(요 11:40).

많은 성도들이 믿음은 있지만, 그 믿음의 세계가 마리아와 마르다처럼 하나님을 자신의 체험과 능력의 한계에 가두어두고 믿는 이들이 많습니다. 그러나 주님은 내가 생각했던 능력의 범위를 넘어서는 이 세상의 운행자이시며 죽은 자도 명하여 살리시고 풀어놓아 다니게 하시는 분이십니다.

나는 전능하신 하나님을 나의 믿음의 한계에 가두고 있지는 않은지요? 주님을 바라볼 때 내 능력의 범주가 아닌, 주님의 범주에서 바라보고 기대하면 믿는 자는 반드시 하나님의 영광을 볼 것입니다.

'Empire State Building'이라 하면 뉴욕 맨해튼의 대표적인 랜드마크이자 마천루의 상징으로 유명합니다. 이 빌딩은 미국 뉴욕주 뉴욕 맨해튼 섬 5번가와 34블록 일대에 위치하고 있는, 1931년에 지어진 울워스 고딕 양식의 건물입니다.

지상 102층에 높이는 381m이며, 1953년에 설치된 안테나 탑을 포함할 경우 443m입니다. 86층의 콘크리트 건물 위의 16층짜리 철탑은 본래 비행선의 계류탑을 목적으로 만들어졌으나 바람이 심해 비행선 정박이 위험하다는 이유로 거의 사용되지 않았으며, 현재는 전망대와 방송용 안테나만이 위치해 있습니다.

이 건물에는 73개의 엘리베이터가 있으며 모두 합친 길이는 무려 11km나 됩니다. 또한 102층까지 1,860개의 계단이 있으며, 6,500개의 창문이 있습니다. 건물에는 약 940개의 회사와 약 20,000명의 사람들이 일하고 있습니다.

엠파이어 스테이트 빌딩(Empire State Building)은 세계에서 가장 많이 촬영되는 건물로도 잘 알려져 있습니다. 이 빌딩은 밤이 되면 끊임없이 변화하는 다양한 색 조합의 타워 조명이 200피터 높이의 철탑을 밝혀 도시의 시선을 사로잡습니다. 올더 타이머들 사이에서는 〈킹콩 1933년〉라는 영화에서 킹콩이 이 빌딩 꼭대기로 올라가는 장면은 두고두고 인구에 회자(膾炙) 되는 명장면이기도 합니다.

그런데 이 든든한 빌딩이 미국 역사에서 경제적으로 가장 어렵고 힘든 시기에 지어졌다는 사실을 아는 이는 그리 많지 않은 것 같습니다. 1920년 말에 미국은 높은 실업률, 임금 삭감, 물가하락, 기업활동 위축이라는 4중고에 시달리고 있었습니다. 그러다가 급기야 1929년 10월 24일 월스트리트 주가 대폭락을 기점으로 이른바 경제대공황(The Great Depression)이 찾아왔고, 그 여파로 세계경제가 덩

달아 약 10년간 몸살을 앓게 되었습니다.

이때 뉴욕 주는 큰 결정을 하게 됩니다. 뉴욕 맨해튼의 중심부에 세계 최초로 100층이 넘는 고층건물을 세우기로 한 것입니다. 이 빌딩은 1930년 3월에 기공하여 이듬해 5월에 완공되었는데, 총 공사기간이 410일밖에 걸리지 않은 경이로운 기록을 갖고 있습니다. 한국의 여의도 63빌딩의 공사기간이 5년이었던 것을 생각하면 정말 놀라운 일입니다.

실업률이 높은 상황에서 확실한 일자리를 얻은 노동자들이 고마운 마음에 열심히 일해 주었기 때문입니다. 게다가 경제 대공황 덕분에 임금과 철근 값이 반값으로 떨어져 총공사비의 20%에 해당하는 천만 불을 절약할 수 있었습니다.

결국 이 빌딩의 진정한 아름다움은 경제 대공황이라는 절망적 환경 속에서도 낙심하거나 포기하지 않고 도전하면 얼마든지 위대한 작품이 나올 수 있다는 데 신념이 있었습니다. 마치 쓰레기 더미에서도 장미꽃이 피어나듯이 말입니다.

여기서 한 가지 궁금한 것이 있습니다. 왜 이 건물을 '지상 102층으로 지었을까' 하는 것입니다. 그 이유는 신앙의 자유를 찾아 메이플라워를 타고 아메리카 대륙으로 찾아온 위대한 청교도들 102명을 기념하기 위해서였습니다. 열악한 환경 속에서도 "In God We Trust"라는 이 신앙으로 어려움을 헤쳐 나갔던 청교도들의 정신을 '미국의 정신'으로, '뉴욕의 정신'으로 영원히 기리고자 석조건물의 층수를 거기에 맞춘 것입니다.

어느덧 코로나 팬데믹 3년 차를 맞이했습니다. 지난 2년 동안 한국에서 6만 5천 교회 중에 1만 교회가 문을 닫았고(예 자연 통계) 미국에서는 한인교회 다섯 곳 중 한곳이 사라졌고(KUMUSA), 뉴욕 퀸즈 지역에서는 한인교회 포함 100교회 이상이 문을 닫았다고 합니다(뉴욕 교협 회장). 참으로 가슴 아픈 일입니다. 이대로 1년만 더 밀리면 교회들이 영영 일어나지 못하고 죽는다는 위기감이 교계에 감돌고 있습니다.

영적인, 경제적인, 정신적인 침체(Depression)의 먹구름이 하늘을 잔뜩 뒤덮고 있습니다. 하지만 오늘도 맨해튼 중심에 늠름하게 서 있는 저 102층짜리 석조 건물은 우리 모두에게 소리치고 있습니다.

> "내가 너희에게 말하노니 만일 이 사람들이 침묵하면 돌들이 소리 지르리라 하시니라"(눅 19:40).

"그들 가운데 어떤 사람들이 원망하다가 멸망시키는 자에게 멸망하였나니 너희는 그들과 같이 원망하지 말라"(고전 10:10)라고 하셨습니다.

이스라엘 백성은 광야생활을 하면서 원망을 쉬지 않았습니다. 하늘에서 만나를 내려주셔도, 40년간 끊임없는 하나님의 은혜에도 그들은 끊임없이 불평과 원망의 연속이었습니다. 지금 우리는 어떤지요? 일터에 대한 불평, 사회 정치에 대한 불평, 혜택에도 더 많은 것의 부족함에 대해 불평하고 심지어 춥다 덥다고 불평합니다. 역사는 되풀이되고 있습니다.

이 광야 인생을 살면서 내 입술에는 감사가 많은지 불평이 많은지 한번 돌아보십시다. 돌아보면 은혜 아닌 것이 없습니다. 불평하는 것은 죄입니다. 그러나 불평의 해독제는 감사입니다. 오늘도 입술의 불평이 감사의 제목이 되어야 합니다.

여러분! 많이 힘드시지요? 하지만 뒤로 물러나지 마세요. 지금이야말로 영적 엠파이어 스테이트 빌딩을 건설하기에 가장 적합한 때입니다. 제가 바로 증인입니다! '내 힘들다'를 다른 각도에서 읽으면 '다들 힘내'가 됩니다.

지금이야말로 정신 줄 단단히 붙잡고 다시 건설의 삽을 들어야 할 시간입니다.

말씀으로 땅을 깊이 파고, 기도와 찬송으로 영적 건물을 높이 올려야 할 때입니다. 그리하면 하나님의 능하신 손 아래서 오늘의 총체적인 먹구름이 곧 은혜와 축복의 소나기로 바뀌게 될 것입니다. 아무쪼록 이 땅에 첫발을 디딘 102명의 필그림 파더스처럼 '절대 믿음' '절대 감사'의 신앙으로 무장되어 정신적인 우울감(Depression)도, 경제적인 침체도 넉넉히 이기고 벗어나게 되시기를 주님의 이름으로 기원드립니다.

2. 믿음에 굳게 서자

"내가 가는 길을 그가 아시나니 그가 나를 단련하신 후에는 내가 순금 같이 되어 나오리라"(욥 23:10).

어떤 것이든 원광석에는 불순물이 들어있습니다. 그래서 순도를 위해 제련의 과정이 반드시 필요합니다. 우리에게도 정금 같은 믿음을 위해 연단의 과정이 꼭 필요합니다. 우리 안에는 아직도 세상과 욕심의 불순물이 가득 차 있지만 조금이나마 순금 같은 믿음이 있습니다. 사탄은 이 불순물을 보며 나를 정죄하지만, 하나님은 그 속에 있는 작은 믿음을 보십니다.

그런데 이 불순물이 하나님과 나 사이의 소통을 가로막습니다. 우리의 작은 믿음을 긍휼히 여기시고 구원해 주신 그 은혜를 기억하며 하나님과의 소통을 가로막는 세상의 욕심들을 버리고 이 불순물의 찌꺼기들을 제거해 나아가야 합니다.

"내가 진실로 진실로 너희에게 이르노니 한 알의 밀이 땅에 떨어져 죽지 아니하면 한 알 그대로 있고 죽으면 많은 열매를 맺느니라"(요 12:24).

주 예수 그리스도를 믿어 구원받고 거듭난 성도라도 '본성적 생명'을 버리기란 쉽지 않습니다. 그래서 날마다 주님의 십자가에 나의 본성인 자아를 못 박아야 합니다. 그리스도인은 복음을 위해 죽어야 합니다. 죽지 않고는 열매를 맺을 수 없기 때문입니다. 오늘 내가 있는 자리에서 말보다는 행함으로 사랑의 섬김으로 복음의 씨앗을 많이 뿌리십시다. 내가 죽으면 주님의 생명이 역사하십니다.

"삼손이 여호와께 부르짖어 이르되 주 여호와여 구하옵나니 나를 생각하옵소서 하나님이여 구하옵나니 이번만 나를 강하게 하사"(삿 16:28).

미인계에 넘어간 삼손은 두 눈이 뽑히고 옥에서 맷돌을 돌리며 사형당할 날만 기다리고 있는 이미 끝난 인생이었습니다. 그러나 삼손은 '이미'의 상황에서도 '아직'의 믿음을 포기하지 않습니다. 그런 삼손에게 하나님은 놀라운 은총을 베푸셨습니다. 그런데 요즘 세상에는 인생을 너무 쉽게 포기해버리는 사람들이 늘어가고 있습니다.

지금 혹시 '이미'의 상황에 놓여 포기하고 싶으십니까? '아직'은 아닙니다. 하나님이 마침표를 찍기 전까지는 우리 인생은 끝난 것이 아닙니다. 그 어떤 상황에도 하나님은 나의 편입니다.

"곳곳에 큰 지진과 기근과 전염병이 있겠고 또 무서운 일과 하늘로부터 큰 징조들이 있으리라"(눅 21:11).

철새들은 때를 압니다. 날씨가 추워지면 지금 사는 곳에 미련을 두지 않고 과감히 떠납니다. 걱정하지 않습니다. 하늘 아버지가 기르심을 본능적으로 압니다. 지금은 그리스도 재림의 때입니다. 우리는 세계 곳곳에서 일어나는 재림의 징조를 보며 가까이 온 주님의 때를 준비해야 합니다.

그러나 지금도 노아의 때처럼 많은 이들이 믿으려 하지 않습니다. 노아의 홍수 때 그 비가 얼마나 계속될지 몰랐던 것처럼 우리도 이 바이러스와의 전쟁이 얼마나 갈지 모릅니다. 그러나 분명한 것은 깨어 준비된 자는 주님의 영광을 볼 것입니다.

> "그러므로 너희가 그리스도 예수를 주로 받았으니 그 안에서 행하되 그 안에 뿌리를 박으며 세움을 받아 교훈을 받은 대로 믿음에 굳게 서서 감사함을 넘치게 하라"(골 2:6~7).

사람은 나이를 먹으면서 뭔가를 자꾸 잊어버리고 빠뜨리는 일이 늘어납니다. 그리고 어디에 두었는지도 잘 모릅니다. 특히 휴대전화는 잃어버리면 정말 당황스럽습니다.

나이가 들수록 잊어버리는 현상은 당연한 일이지만 잊지 말아야 할 것을 잊어버리는 서글픔도 있습니다. 그런데 모든 것을 다 잃어버려도 성도의 믿음만큼은 잃지 말아야 합니다.

세월이 갈수록 우리의 총기와 기억력은 감퇴해 가더라도 우리의 믿음은 더욱더 주님 안에 뿌리 깊이 내려야 합니다. 뿌리 깊은 거목처럼 오늘도 믿음 위에 굳게 서십시다.

> "우리는 그가 만드신 바라 그리스도 예수 안에서 선한 일을 위하여 지으심을 받은 자니"(엡 2:10).

복음에는 두 개의 바퀴가 있습니다. '들려지는 복음'과 '보이는 복음'입니다. 자전거는 두 개의 바퀴가 다 잘 돌아야 앞으로 나아가듯이 복음도 두 개의 바퀴가 함께 잘 돌아가야 합니다.

우리는 주 안에서 선한 일을 위하여 지으심을 받은 자이기에 우리가 받은 복음을 들려줄 뿐만 아니라 사랑과 섬김으로 보여 주어야 합니다. 나에게는 들음과 믿음의 바퀴, 행함의 바퀴가 모두 있는지요? 아니면 믿음의 바퀴 하나로만 열심히 달려가고 있지는 않은지요? 행함이 없는 믿음은 죽은 믿음입니다.

3. 감사하는 자는 성공하고 승리하는 사람이다

"범사에 감사하라 이것이 그리스도 예수 안에서 너희를 향하신 하나님의 뜻이니라"(살전 5:18).

우리는 우리 뜻대로 살 수 있으면 행복할 것이라고 생각하지만, 우리를 만드신 창조주 하나님의 뜻대로 사는 것이 참 행복이며 형통한 길입니다. 하나님의 뜻은 우리의 생각과 다를 때가 많이 있지만, 창조주 하나님의 뜻은 그 어느 누구도 거스를 수 없고 무엇보다 완전하고 선하신 뜻입니다.

하나님은 우리에게 말씀을 통해 주님의 뜻을 알려주고 계십니다. 오늘도 범사에 감사하라고 하십니다. 모든 일, 어떤 상황에도 범사에 감사하며 삽시다. 감사는 하나님 뜻입니다.

성공하고 승리하는 사람의 특성은 다음과 같습니다.

① 절대 긍정

② 항상 감사

③ 오직 초심

④ 뚝심 일관

탈무드에서 "이 세상에 가장 지혜로운 사람이 누구인가? 어떠한 경우에도 배움의 자세를 갖는 사람이다. 이 세상에서 제일 강한 사람은 누구인가? 자신과의 싸움에서 이기는 사람이다. 그리고 이 세상에서 가장 행복한 사람은 누구인가? 지금 이 모습 그대로 감사하면서 사는 사람이다."라고 했습니다.

아리스토텔레스는 '행복은 감사하는 사람의 것'이라 했고, 인도의 시성 타고르도 '감사의 분량이 곧 행복의 분량'이라고 했듯이 사람은 감사한 만큼 행복하게 살 수 있습니다. 행복해서 감사한 것이 아니라 감사하기 때문에 행복해집니다.

빌 헬름 웰러는 '가장 행복한 사람은 가장 많이 소유한 사람이 아니라 가장 많이 감사하는 사람'이라고 말했습니다. 결국 행복은 소유에 정비례하기보다는 감사에 정비례합니다. 아무리 지식과 권세와 부를 많이 쌓아놓았다고 해도 감사가 없으면 진정 풍요로운 삶을 누릴 수 없습니다.

감사가 없는 마음은 지옥과 같고, 감사가 없는 가정은 메마른 광야와 같습니다. 감사는 행복의 원료이며 풍요로운 삶의 재료입니다. 감사는 인생을 성공으로 이끄는 에너지입니다.

승리하고 성공하고 싶은 사람의 마음은 누구나 똑같습니다. 그렇지만 모두가 승리하는 것은 아닙니다. 노력만으로 모든 것 결정된다면 좋겠지만 살면서 깨닫게 되는 그것이 전부는 아니라는 것입니다.

그럼 결국 승리를 하게 되는 사람들의 특징은 무엇인가요?

1) 긍정적인 마인드의 자세입니다.

긍정적인 자세를 유지하는 것이 성공에 대한 열쇠입니다. 이는 스스로 믿는 것도 포함됩니다. 나의 신념체계는 내가 성취할 결과와 관련되어 있기 때문에 결국 모든 것을 좌지우지하게 됩니다. 목표를 달성하는데 자신의 능력을 믿는 것이 뛰어난 사람들은 성공에 쉽게 이르고, 중도에 쉽게 포기하지도 않습니다. 이것이 자신에 대한 확신을 발전시키고 긍정적으로 살도록 최선을 다해야 하는 이유입니다.

2) 동기 여부

동기 여부는 투지를 이끌어낼 원동력이 되고, 목표를 성취하도록 도와주는 힘이 되어 줍니다. 스스로에게 작은 성취에 대한 보상을 해주는 것부터 목표를 향해 계속 나아갈 이유를 기억하는 것, 그리고 마지막 멋진 결과에 대한 정신적인 그림을 그림으로써 승리를 향한 열쇠를 손에 쥐게 될 것입니다.

3) 감정 지배

항상 승리하는 사람은 자신의 목표에 날카롭게 집중하고 감정이 자신을 흔들지 못하도록 하는 방법을 알고 있는 사람입니다. 마침내 성공하는 사람의 정신적인 능력은 많은 압박과 긴장 속에서도 차분함을 잃지 않는 것입니다.

4) 끈기

실패는 성공의 필수적인 단계입니다. 승리자는 쉽사리 포기하지 않으며 끈기와 인내는 성공하는 사람의 가장 중요한 능력 중 하나입니다. 성공과 승리는 결과뿐만이 아니라 그 과정을 대하는 태도에서 결정됩니다. 나는 나 자신의 경쟁 상대이며 나를 뛰어넘고 이겨낸다면 나는 승리자가 될 것입니다. 두려움, 게으름 그 외 나를 위축시키는 모든 것들에게 전쟁을 선포합니다. 오늘도 감사하며 웃는 행복한 하루가 되시길 소망합니다.

4. 인간의 위기는 곧 하나님의 시작이다

"무릇 그리스도 예수 안에서 경건하게 살고자 하는 자는 박해를 받으리라"(딤후 3:12).

경건한 삶을 살고자 하면 고난과 박해는 필수적입니다. 마귀는 우리의 믿음을 무너뜨리기 위해 고난으로 시험하며 믿음의 길을 방해하기 위해 박해라는 장애물을 놓습니다. 하지만 경건한 성도는 두려워하거나 낙심하지 않습니다. 삶의 고난과 박해가 피할 수 없는 과정임을 알기 때문입니다. 고난과 박해가 더할수록 하나님의 능력은 더 강하게 내 삶을 붙들어 주십니다.

혹시 지금 예수님으로 인해 박해를 받고 있습니까? 믿음의 삶을 살기 위해 손해를 보고 있습니까? 오늘도 말씀 안에서 더욱더 말씀을 붙들고 경건한 삶을 살아가십시다. 경건의 가치는 고난과 박해 속에서 더욱 빛납니다.

"이제는 내 생명이 내 속에서 녹으니 환난 날이 나를 사로잡음이라"(욥 30:16).

혹시 속이 무너져내릴 만큼 극한 고난을 경험해 보신 적이 있으신지요? 극심한 고난은 생명에 대한 의지와 기운을 무력하게 만듭니다. 이때 우리가 할 일은 하나님을 향해 엎드리는 것밖에 없습니다. 마음의 처절한 탄식을 주님께 토해 놓으십시오. 하나님은 결코 우리가 영원토록 억울함을 당하게 하지 않으십니다.

선교지의 현장만이 사명 감당이 아니라 오늘 내게 주어진 무거운 현실을 이겨내려는 모든 몸부림도 사명 감당입니다. 아픔도 부족함도 그 자체로 사명입니다. 그 부족함, 아픔 때문에 누군가에게 더 큰 위로와 용기를 줄 수 있습니다. 비록 지금은 고통과 아픔을 당한다 해도 모든 것을 하나님께 맡기고 기도할 때 그 결과는 상상할 수 없이 크고 놀라운 것으로 되돌아온다는 사실을 믿고 기다려야 합니다.

'어찌 그럴 수 있을까?'라고 묻기 전에 만약 당신이 기도하는 사람이라면 '인간이 끝장이라고 생각할 그때가 곧 하나님의 시작'임을 알게 될 것입니다. 그 순간부터 약하던 무릎에 새 힘이 솟아오르면서 나를 통한 하나님의 역사는 시작됩니다. 인간의 위기는 곧 하나님의 시작이기 때문입니다.

"그 날에는 너희가 아무 것도 내게 묻지 아니하리라 내가 진실로 진실로 너희에게 이르노니 너희가 무엇이든지 아버지께 구하는 것을 내 이름으로 주시리라 지금까지는 너희가 내 이름으로 아무 것도 구하지 아니하였으나 구하라 그리하면 받으리니 너희 기쁨이 충만하리라"(요 16:23~24)라는 말씀을 믿고 기도하는 모든 분들께 그대로 될 것을 믿어 의심치 않습니다.

인간의 시련과 위기는 곧 하나님의 기회입니다. 본래 위기라는 말은 '위험'이라는 말과 '기회'라는 말의 합성어로 위기에는 위험이 내재하고 있는 동시에 또한 기회도 된다는 것입니다. 이런 면에서 우리가 맞는 위기는 하나님의 축복의 신호인 것입니다.

시련과 위기는 온전한 인간을 만듭니다. 시련과 위기는 인생을 풍성하게 만드는 좋은 재료입니다. 세계적인 작가들은 모두 그 시련을 재료로 불후의 명작을 남겼습니다. 역사상 위대한 업적을 남긴 사람들은 보통 극한 시련과 위기를 만났을 때 삶의 풍성한 열매를 맺었습니다.

존 버니언은 얼음장 같은 감옥 속에서 천로역정을 집필했습니다. 파스퇴르는 반신불수 상태에서 질병에 대한 면역체를 개발했습니다. 프란시스 파크만은 시력이 약해 종이에 커다란 글씨로 '미국사'라는 20권의 대작을 집필했습니다. 에디슨은 청각장애자였으나 축음기를 발명했고, 밀턴은 사각 장애인이었으나 영국 최고의 시인으로 칭송받았습니다. 프랭클린 루스벨트는 지체장애인이었으나 미국의 대통령이 되었습니다.

역사는 시련과 위기에 용감하게 맞선 사람들에 의해 새로 쓰입니다. 태풍이 몰아치면 닭은 자신의 날개 속에 머리를 파묻고 잔뜩 움츠립니다. 그러나 독수리는 날개를 활짝 펴고 바람을 이용해 유유히 안전한 곳으로 이동합니다.

1967년에 이스라엘의 총리로 당선된 골다 메이어 여사에 관한 이야기입니다. 그녀가 죽은 후에 발간된 책에서 그녀는 이렇게 고백하고 있습니다. "내 얼굴이 못난 것이 다행이었다. 나는 못났기 때문에 기도했고 못났기 때문에 열심히 공부했다." 그리고 또 이렇게 말했습니다. "나의 약함은 이 나라에 도움이 되었다. 우리의 실망은 하나님의 부르심이었다." 골다 메이어는 수상 자리에 있는 12년 동안 아무도 모르게 백혈병과 사투를 벌이면서도 하나님을 붙들고 직분을 잘 감당했습니다.

인생은 고갯길과 같다고 볼 수 있습니다. 올라가기만 하는 신나는 날이 있는가 하면, 어느 순간에 한없이 내려가는 암담한 날도 있습니다. 푸른 초원과 잔잔한 시냇가에 사는 평안의 날도 있는가 하면, 사망의 음침한 골짜기에서 절망의 어둠에 싸여 고통을 받는 날도 만나게 됩니다. 순풍의 돛을 단 듯이 순항(巡航)하는 순간도 있는가 하면, 갑자기 몰아닥친 폭풍우로 파선 위기를 만나기도 합니다.

어느 때는 사업이 잘됩니다. 자녀들이 별로 속을 태우지 않고 잘 자라줍니다. 오히려 '이러다가 무슨 일이 생기는 것이 아닐까?'라는 불안이 생길 정도로 가정의 모든 일이 형통합니다. 그러나 어느 때는 모든 출구가 막힌 듯이 보이는 날도 만납니다.

사업이 부도 위기를 만나서 사방팔방으로 뛰어다녀야 하는 판에 설상가상으로 아이가 교통사고를 만나 덜컥 입원합니다. 이제는 모든 것이 끝났다고 느낄 정도로 죽을 맛입니다. 그러나 우리가 분명히 알아야 할 사실은 인간의 위기는 곧 하나님의 시작입니다. 만사형통할 때보다 이러한 시련과 위기가 오히려 축복의 기회가 된다는 것을 잊어서는 안 됩니다.

우리의 보호자 되신 주님!

시련을 통하여 정금 같은 믿음으로 성장시키시는 하나님의 은혜에 감사합니다. 고난이 다가올 때 온전히 기쁘게 여기어 복된 기회를 삼을 수 있는 믿음을 주옵소서. 시련과 위기의 먹구름 속에서도 당당히 주님의 은혜의 보좌 앞에 나아가 믿음으로 승리하게 하옵소서.

시련을 통해 더욱 큰 발전과 지혜를 얻게 하옵소서. 주님을 진심으로 사랑합니다. 제가 물질과 권세와 명예만을 좇지 않았는지 돌아봅니다. 지금까지 온전히 주님을 좇지 못한 것을 용서하여 주시고 주님만이 나의 힘이시니 온전히 의지하고 예배하며 주님의 나라를 좇아 살게 하옵소서. 예수님의 이름으로 기도드립니다. 아멘.

5. 하나님은 우리가 어떤 꿈을 갖길 원하실까?

"믿음이 없이는 하나님을 기쁘시게 하지 못하나니 하나님께 나아가는 자는 반드시 그가 계신 것과 또한 그가 자기를 찾는 자들에게 상 주시는 이심을 믿어야 할지니라"(히 11:6).

하나님의 꿈이 나의 비전이 되고, 예수님의 성품이 나의 인격이 되고, 성령님의 권능이 나의 능력이 되기를 원하고 바라고 기도합니다. 주의 길을 걸어가는 동안에 세상의 것 의지하지 말고 주님께 감사하고 낙심하지 말 것은 주께서 나와 함께하시며 나의 참 기쁨이 되시기 때문입니다.

하나님은 우리가 어떤 꿈을 가지고 살길 원하실까요?

첫째, 순례자의 꿈입니다.

암울하고 답답한 세상이나 문제를 바라보는 것이 아니라 본향인 하늘나라를 향하여 달려가는 순례자로 살기를 원하십니다. 순례자는 잠깐 거쳐가는 나그네이기에 작은 것에 연연하지 않습니다. 너무 욕심을 부리지 않고 감사와 기쁨과 찬양으로 살아갑니다.

둘째, 사명자로서의 꿈을 가지고 살기를 원하십니다.

세상의 소리가 아닌 하나님의 음성에 맞추어 사는 것입니다. 절망할 수밖에 없는 현실에서도 결코 절망하지 않습니다. 문제를 바라보지 않고 모든 시선을 문제 너머에 있는 하나님을 바라보며 하나님의 뜻과 계획에 집중하며 살아갑니다.

셋째, 개척자로서의 꿈을 가지고 살기를 원하십니다.

앞을 바라보는 눈과 사명의 소리에 귀 기울이는 귀가 인도하는 방향으로 실제 개척하며 걸어가는 것입니다. 개척자의 길은 좁고 힘들고 외롭지만 주님이 걸어가신 그 길을 걸어가며 믿음으로 나아갑니다.

하나님은 꿈을 주십니다. 하나님이 주시는 꿈을 꾸는 자가 그리스도인입니다. 비전은 보는 것입니다. 비전은 다른 사람과 다르게 보는 것, 남이 보지 못하는 것을 보는 것, 하나님이 보게 하는 것을 보는 것입니다. 곧 하나님을 보는 것이 비전입니다. 마음이 청결한 자는 복이 있나니 저희가 하나님을 볼 것이라 하였습니다. 우리 모두 평생 하나님이 주시는 꿈을 꾸고 영적 젊음을 유지하여 푸른 감람나무 같은 사명자로 살아가시길 소망합니다.

세계적인 C.E.O.이자 유명 컨설턴트 33인이 공동 집필한 「직무」(The Big Moo)라는 책에 나오는 10가지 '실패의 지름길'입니다.

1) 내용을 공유하지 않고 혼자만 알고 있다.

2) 자신만 옳다고 확신해서 반대하는 사람들을 무시한다.

3) 다른 사람에게 일을 시킬 때 비합리적인 기준을 제시한다.

4) 머릿속에 떠오른 생각들을 절대로 시험해 보지 않는다.

5) 내 아이디어를 부끄럽게 여기고, 다른 사람들이 제시한 아이디어만 신경 쓴다.

6) 사람들의 동의가 있어야만 일을 할 수 있다고 생각한다.

7) 여섯 개의 아이디어가 필요한데 하나의 아이디어만 선택한다.

8) 내 의견을 수용하지 않는 사람은 고집이 세고 시야가 좁고 멍청하다고 생각한다.

9) 책임자를 만나야만 내 의견이 이루어진다고 생각한다.

10) 항상 큰 성공만 꿈꾼다.

위에 내용들은 실패를 다루고 있지만, 대부분 사람 사이의 관계가 얼마나 중요한지 알 수 있는 지침입니다. 하나님은 사람을 통해, 또한 관계를 통해 역사하십니다. '나'와 '남'이 아름답게 연합하며 하나님의 말씀을 세상에 전할 수 있는 성공의 지름길을 찾으십니다. 그리고 하나님은 우리가 어떤 꿈을 가지고 살기를 원하시는가를 깊이 묵상하여야 합니다.

주님!

사람들과 만나는 관계 속에서 하나님의 역사가 일어나게 하시고, 10가지 지름길 중에 나의 모습이 있다면 고쳐나가는 믿음의 자녀가 되게 하옵소서. 신앙의 길로 걸어간 사람들에게는 생명이 보장이 되고 상급이 보장된다는 것을 알게 하옵소서. 예수님의 이름으로 기도드립니다. 아멘!

6. 긍정적인 태도의 중요성

"할 수 있거든이 무슨 말이냐 믿는 자에게는 능치 못할 일이 없느니라"(막 9:23).

인생을 성공적이고 행복하게 살아가기 위해서는 시련을 이겨내려는 '긍정적인 태도'가 중요합니다. 긍정적인 태도란 어떠한 상황에서도 가장 희망적인 생각, 말, 행동을 선택하는 마음가짐입니다. 우리가 살면서 겪는 모든 감정들은 삶의 나침반입니다. 약으로 함부로 없앨 하찮은 것이 아닙니다. 약으로 무조건 눌러버리면 내 삶의 나침반과 등대도 함께 사라집니다.

감정은 내 존재의 핵입니다. 살다 보면 긍정적인 감정도 있고 부정적인 감정도 있습니다. 둘 다 중요합니다. 그러나 다만 한 가지, 그 감정에 지배당하지 않도록 해야 합니다. 한 감정에 너무 오랫동안 머물러 있었다면 지금까지와 다른 방식으로 내 감정을 바꾸어야 합니다. 오래 머무르면 나침판도 움직이지 않습니다.

어려운 상황이나 갈등이 닥쳤을 때 긍정적인 태도를 선택할 수 있는 법칙이 있습니다. '내가 ~했다고 ~한다면 내게 유익이 무엇일까?'라고 생각해 보는 것입니다. 이미 불이 나서 모든 연구물이 사라진 현실에서 불평해 봐야 아무 소용이 없다는 사실을 빨리 깨닫고 희망적인 생각과, 희망적인 말과, 희망적인 행동을 선택한 천재 에디슨처럼 절망적인 현실 속에서도 긍정을 선택하는 습관이야말로 우리 아이들을 좋은 성품의 인재로 만들 수 있습니다.

발명왕 에디슨이 67세 때의 일입니다. 엄청난 몰입으로 연구 성과의 끝을 바라보던 어느 날, 그의 연구실에 불이 났습니다. 60년 동안 관리해오던 연구시설과 진행 중이던 자료들이 잿더미가 되었습니다. 주변 사람들은 이제 모두 끝났다며 절망했는데 에디슨은 타고 남은 잔해를 바라보며 "지난날의 내 과오는 이렇게 다 사라졌다. 이제 처음부터 다시 시작할 수 있으니 얼마나 감사한가!"라고 말했습니다.

그는 절망하지 않고 긍정적인 태도로 다시 연구에 몰두했고, 바로 그해에 전화 축음기와 원반 축음기를 발명했습니다. 집착은 여러 형태의 내적 고통을 안겨줍니다. 집착이 강할수록 고통의 강도도 세집니다. 삶 전체를 나락으로 떨어뜨리는 '지옥 같은 고통'으로 이어질 수 있습니다. 집착은 욕심에서, 그것도 이기적 욕심에서 비롯됩니다. 그 이기적 욕심을 이타적 꿈으로 방향을 바꾸는 순간 고통은 사라지고 마음의 평화와 행복이 찾아옵니다.

긍정에는 3단계가 있습니다. '멈추고, 생각해 보고, 선택하기'입니다.

1단계 '멈추기'는 부정의 사건이 닥칠 때 절망을 선택하기 전에 멈추는 훈련입니다.

2단계 '생각해 보기'는 자신이 현재 선택할 수 있는 여러 가지 방법들을 생각해 보는 것입니다.

3단계 '선택하기'는 그중 가장 긍정적인 생각, 감정, 행동을 구체적으로 선택하는 것입니다.

이런 방법들을 통해 긍정의 성품을 기를 수 있습니다. 좋은 성품은 저절로 되는 것이 아니라 교육을 통해 연습하고 환경을 통해 경험함으로써 계발할 수 있습니다. 뛰어난 지식을 가졌더라도 '희망적인 생각, 감정, 행동을 선택하는 좋은 성품의 태도'가 없다면 훌륭한 열매를 거두기 어렵습니다. 실패에 갇히기보다 긍정적인 태도로 도전하는 아이들, 주어진 상황에서 가장 좋은 방법으로 성취해 내는 아이들. 그런 긍정적인 태도의 성품으로 준비된 아이들이 이 세상을 희망적이고 아름다운 세상으로 변화시킬 수 있습니다.

전능하신 하나님을 믿는 믿음으로 오늘과 내일을 본다면 어떤 마음과 태도로 오늘을 보며 살아가야 할까요? 세상에는 매사를 부정적으로 보고 불평하고 낙담하고 불안해하고 포기하는 사람이 있고, 매사를 긍정적으로 바라보면서 감사하며 자신 있게 소망을 가지고 전진하는 사람이 있습니다. 어느 쪽이 믿음의 사람이 가져야 할 마땅한 태도이겠습니까? 그리고 나는 어느 쪽에 서 있습니까?

심리학자 사무엘 존스는 '사람들이 살아가면서 무슨 생각을 하고 있는가?'를 조사해 보았습니다. 그런데 아주 놀랍게도 '지나간 어두움의 일을 생각하고 있다'라고 발표했습니다. 그의 통계에 따르면 사람들은 '지나간 과거, 어두웠던 과거, 실수했던 어제, 창피스러운 과거' 등 불필요한 생각을 40%나 하고 있었다고 합니다.

또한 가능성이 없는 '허무한 생각, 공중에 떠버릴 공상'을 30%나 하고 있었고, 남의 말 때문에 '상처가 된 일, 답답한 일, 분노, 흥분한 일'을 12%나 생각하고 있었고, 건강에 대한 지나친 염려가 10%이고, 정작 밝고 긍정적이고 아름다운 생각은 겨우 8%밖에 되지 않았다고 합니다.

우리도 돌아봐야 하겠습니다. 지난날의 섭섭한 것 또 잘못되었던 것은 이제 지나간 과거의 역사가 되었습니다. 우리는 과거에 매달릴 수 없습니다. 밝은 내일을 바라보아야 합니다. 우리는 하나님과 사귀며 살아가는 사람들입니다. 하나님과 사귐으로 살아가는 사람은 내일을 희망차게 바라봅니다.

세상에서 수고와 곤고로 외롭고 고적할 때 하나님의 은총을 입고, 은혜의 눈으로 내일을 바라보아야 합니다. 성령이 주시는 계시의 영으로 영원히 없어지지 않는 사랑과 기쁨과 평화의 나라 그 하늘나라가 보이는 안목이 열리기를 바랍니다. 내일은 그리스도 안에 있습니다. 우리의 내일은 성령 안에 있습니다.

1987년, 두 다리가 없이 태어난 여자아이가 있었습니다. 이름은 '제니퍼 브리커'(Jennifer Bricker). 부모는 장애 때문에 아이를 키울 수 없었는데 다행히도 한 가정에 입양됐습니다. '홀로서기'를 바란 양

부모의 지원 속에 제니퍼는 보조 기구 없이 두 팔로 뛰는 방법을 배웠고, 소프트볼, 농구 선수로 활약하는 등 독립심 강한 소녀로 자랐습니다.

"내게 능력 주시는 자 안에서 내가 모든 것을 할 수 있느니라"(빌 4:13).

그녀의 인생을 바꾼 결정적인 계기가 있었는데 그건 1996년 애틀랜타 올림픽이었습니다. 제니퍼는 체조 선수인 도미니크 모치 아누의 연기에 반해 체조 선수가 되겠다고 결심하게 됩니다. 주위의 우려 섞인 시선에도 가족의 전폭적인 응원을 받으며 제니퍼는 전미 청소년 체육대회 지역 예선 1위, 전국 대회 4위 등 기적을 이뤄냈습니다.

그런데 한참 뒤에 충격적인 사실을 알게 되었습니다. '제니퍼'가 롤 모델로 여긴 '도미니크'가 친언니라는 사실이었습니다. 루마니아의 체조 선수였던 제니퍼의 친부는 언니 도미니크처럼, 동생 제니퍼도 체조 선수로 키우려고 했지만, 장애를 갖고 태어나자 매정하게 입양을 시킨 것이었습니다.

친부의 이름을 기억하고 있던 양부모가 제니퍼가 동경하는 도미니크의 경기 영상과 기사를 보다가 제니퍼 친부의 존재를 우연히 알게 되었고, 제니퍼가 성장한 후 그 사실을 털어놓았습니다. 사실을 알게 된 제니퍼는 도미니크에게 편지를 썼고 헤어졌던 친자매는 20여 년 만에 다시 만날 수 있었습니다.

모두가 불가능하다고 말할 때 체조에 도전하여 친언니를 찾은 제니퍼는 체조 경험을 살려 공중곡예사로 활동하기도 했습니다. 그리고 2016년, 자신의 이야기를 쓴 「모든 것이 가능하다」를 펴냈고, 이 책을 읽고 팬이 된 남성과 2019년 결혼까지 하게 되었습니다.

누군가는 장애를 갖고 태어난 아이는 불가능하다고, 어떤 희망도 없을 것이라면서 비정하게 버렸지만, 하나님께서는 또 다른 누군가는 그 아이에게 희망을 발견하고 사랑으로 누구보다 반짝이는 아이로 키워냈습니다. 그리고 누군가는 자신의 장애 앞에 세상을 탓하며 그만 주저앉지만, 또 다른 누군가는 누구의 탓도 하지 않고 세상 앞에 우뚝 섭니다.

우리에게 불가능은 없습니다. 다만, 조금 힘든 상황과 조건만 있을 뿐입니다. 물론 남들보다 출발점이 다르고 어려운 상황이라면 더 많은 힘을 들여야겠지만, 꿈을 포기하지 않고 꾸준히 노력한다면 결국 성공이라는 열매가 함께할 것입니다.

> “위대한 일을 위해서 대단한 도전이 필요하지 않다. 단지 순간순간의 작은 도전이 모여 위대한 일을 이루어간다.” - 모션 코치 -

7. 긍정적 의지의 힘

"너희는 강하고 담대하라 두려워하지 말라 그들 앞에서 떨지 말라 이는 네 하나님 여호와 그가 너와 함께 가시며 결코 너를 떠나지 아니하시며 버리지 아니하실 것임이라 하고"(신 31:6).

독일 철학자 프리드리히 니체에 따르면 운명은 필연적인 것입니다. 니체는 필연적인 운명을 긍정하고 사랑할 때 인간이 위대해지며, 인간 본래의 창조성을 발휘할 수 있다고 설명했습니다. 이는 고통과 상실을 포함해 자신에게 일어나는 모든 일을 받아들이는 삶의 태도를 말합니다. 동시에 운명에 체념하거나 굴복하는 것이 아니라, 자신의 삶에서 일어나는 고통까지 적극적으로 받아들인다는 의미를 가지고 있습니다. 삶의 필연성을 긍정하고 사랑하는 태도를 의미합니다.

마음을 강하게 먹기가 불가능하다고 느껴질 때, 하나님이 당신과 함께 계심을 기억하십시오. 불확실성을 두려워하지 말고, 앞으로 다가올 일을 염려하지 마십시오. 온 마음으로 하나님을 신뢰할 때, 하나님께서 절대 당신을 떠나거나 무시하시지 않는다는 사실을 기억하십시오. 그분은 당신이 홀로 고통받도록 남겨두지 않으실 것입니다.

그분은 당신이 가는 모든 길에서 당신의 손을 붙잡고 계실 것입니다.

위대한 대통령! 하면 누가 생각나십니까? 생각나는 경우 중 한 분으로 1865년 미국의 17대 대통령으로 당선된 '앤드루 존슨'을 소개합니다. 그는 3살 때 부친을 여의고 몹시나 가난하여 학교 문턱도 가보지 못했습니다. 13세 때 양복점에 취직을 하였고, 17세 때 양복점을 차려 돈을 벌었습니다.

그는 구두 수선공의 딸과 결혼을 한 후 부인한테서 글을 쓰고 읽는 법을 배웠습니다. 공부를 취미 삼아 다방면에 교양을 쌓은 뒤 정치에 뛰어들어 테네시 주지사, 상원 의원이 된 후 링컨 대통령을 보좌하는 부통령이 됩니다. 그리고 1864년 16대 링컨 대통령이 암살당하자 잠시 대통령직을 승계했다가 이듬해 17대 대통령 후보로 출마를 합니다.

유세장에서 '한 나라를 이끌고 나갈 대통령이 초등학교도 나오지 못하다니 말이 되느냐' 등의 상대편의 맹렬한 공격을 받았습니다. 그는 언제나 침착하게 대답했습니다. "여러분, 저는 지금까지 예수 그리스도가 초등학교를 다녔다는 말을 들어 본 적이 없습니다. 예수는 초등학교도 못 나오셨지만 전 세계를 지금도 구원의 길로 이끌고 계십니다." 그 한마디로 상황을 뒤집어 역전 시켜 버립니다.

"이 나라를 이끄는 힘은 학력이 아니라 긍정적 의지의 힘입니다."

그는 국민들의 열렬한 환호와 지지를 받았고, 상황이 뒤집혀 당선됩니다. 그는 재임 시에 구소련 영토 '알래스카'를 단돈 720만 달러에 사들입니다. 그러나 국민들은 얼어붙은 불모지를 산다고 협상 과정에서 폭언과 욕설을 퍼부었습니다. 그러나 그는 "그 땅은 감추어진 무한한 보고이기에 다음 세대를 위해 사 둡시다."라고 하면서 국민들과 의회를 설득하여 찬반투표로 알래스카를 매입하게 합니다.

오늘날 '알래스카'는 미국의 중요한 군사적 요충지이자 천연가스, 석유, 금 등의 천연자원이 풍부한 미국의 보고가 되었고, 그는 미국 역사상 최고의 위대한 대통령으로 신뢰받는 인물 중 한 사람이 되었습니다. 긍정적인 미래 안목이 현재의 위치를 만들지 않았을까요!

비관 주의자는 자신의 실패나 좌절을 대단히 자멸적으로 해석합니다. 그리하여 은연중에 실패나 좌절의 원인을 자신에게서 찾으며, 그것이 자신의 삶을 영원히 지배할 것이라고 생각합니다. 낙관주의자는 이와는 반대로 자신의 실패를 얼마든지 일어날 수 있는 일이고, 극복할 수 있는 일이며, 그 어느 특정한 상황에 한정된 것이고 다른 사람이나 일시적인 상황으로부터 결과된 것이라 해석합니다.

바람이 불지 않을 때, 바람개비를 돌리는 방법은 앞으로 달려가는 것이랍니다. 이것은 '데일 카네기'의 말입니다. 우리는 "안 되면 되게 하라."라든지 "할 수 있다."라는 구호를 기억합니다. 모두 위대한 성과를 올린 말들입니다.

그렇습니다. 긍정의 힘은 무한하고 위대합니다. 낙심을 멀리하고 공감과 배려에 근거한 긍정의 마음가짐으로 우리의 앞날을 아름답게 가꾸도록 힘을 모으고 단합하기를 소망합니다.

세상에서 제일 행복한 인생이란?

이 세상에서 제일 행복한 사람은 단 한 사람에게라도 사랑을 받는 사람입니다.

이 세상에서 한 사람이라도 진실한 친구가 있는 사람은 행복한 사람입니다.

이 세상에서 가장 아름다운 사람은 마음씨가 따뜻한 사람입니다.

이 세상에서 가장 부유한 사람은 가슴이 넉넉한 사람입니다.

이 세상에서 가장 착한 사람은 먼저 남을 생각하는 사람입니다.

이 세상에서 가장 용기 있는 사람은 용서할 줄 아는 사람입니다.

이 세상에서 가장 필요한 사람은 삶을 성실히 가꾸는 사람입니다.

이 세상에서 가장 지혜로운 사람은 사랑을 깨달은 사람입니다.

이 세상에서 가장 훌륭한 사람은 이 모든 것을 행하는 사람입니다.

이 세상에서 가장 행복한 삶은 모든 것을 긍정적으로 살아가는 사람입니다.

늘 남을 비아냥거리는 버릇을 가진 사람은 남들도 자기를 비웃고 있다는 사실을 모르는 사람입니다. 남이 말하는 중간에 말을 낚아채는 사람은 좋은 행동이 아닙니다. 악수를 하면서 눈은 딴 곳을 보는 사람은 좋은 습관이 아닙니다. 항상 남들이 나보다 조금은 더 훌륭하다고 생각하면 실수가 없습니다. 남들보다 가난하게 사는 것이 절대 못 나서가 아닙니다. 컴퓨터 열어서 인터넷이라도 하는 사람이 남보다 앞서는 사람입니다. 집안에 가만히 앉아 놀기보다 집 주변이라도 돌아다니면 건강에도 좋습니다.

새로 산 휴대폰 사용이 어렵다고 들고만 다니면 왜 비싼 돈 주고 샀는지를 생각하고 그저 아무렇게나 이것저것 작동을 시키다 보면 손에 익숙해집니다. 오늘 걷지 않으면 내일은 뛰어야 합니다. 좋아하는 드라마 하나는 꼭 보는 습관을 가지도록 합시다. 사람은 태어날 때 즐거움의 욕구를 타고났습니다. 사람은 그래서 즐거운 일을 많이 할수록 건강해집니다. 우리가 살면 얼마나 살까요? 어림잡아 생각해도 길어 보았자 8, 90입니다. 그러니까 주안에서 즐거운 일을 많이 하면서 건강하고 행복하게 삽시다.

8. 친구 관계에서의 두 가지 원칙

"친구는 사랑이 끊어지지 아니하고 형제는 위급한 때를 위하여 났느니라"(잠 17:17).

사람들과 좋은 관계를 유지하고 오랫동안 함께하기 위해서는 상대를 잘 알아야 한다고 생각하지만, 정작 자신에 대해서는 모르고 살아갑니다. 다른 사람이 아닌 나 자신부터 알아가고 이해하는 것이 우선이 아닐까 생각합니다. 자신과의 대화가 먼저입니다.

친구 관계에서의 두 가지 원칙

첫째, 사람은 자신과 같은 수준의 사람밖에 사귀지 못합니다. 즉 자신을 향상시키고 발전시키며 공부를 계속하는 사람이 아니면 복을 부르는 친구를 사귈 수 없다는 말입니다.

둘째, 진짜 친구이거나 서로 존경할 수 있는 친구는 한두 사람 많아야 세 명 정도입니다. 왜냐하면 그 정도로 절친한 친구는 얻기 어렵고 그만큼 희소가치가 있기 때문입니다. 또한 깊이 서로를 신뢰하고 서로에게 자극이 되는 관계는 사람이 많으면 만들어 가기가 어렵습니다. 그렇다면 기본적으로 친구를 선택하는 기준은 어디에 두어야 할까요?

복을 부른다는 관점에서 보면 다음과 같습니다.

1) 성실한 사람입니다.

자신의 이익만 생각하거나 혹은 다른 사람을 따돌리거나 이용하려고 하지 않는 사람입니다.

2) 신뢰할 수 있는 사람입니다.

친구란 마지막까지 믿을 수 있는 사람이어야 합니다. 다른 사람이 기뻐하는 것을 좋아하는 사람입니다. 다른 사람이 기뻐하는 것을 보고 좋아하는 사람은 인간적으로 성숙한 사람입니다. 그런 사람은 다른 사람에게 도움을 주려고 노력하고, 다른 사람의 기분을 배려할 줄 알기 때문입니다.

3) 자극을 주는 사람입니다.

친구가 좋은 것은 서로를 발전시킬 수 있는 관계이기 때문입니다. 서로 자극하는 사이란 서로가 배우고자 하는 마음을 갖고 좋은 모델이 되어주는 것입니다.

4) 질투심이 강하지 않은 사람입니다.

좀 더 발전하려는 마음이 있으면 상대방에 대한 질투심이 생기는 것은 당연합니다. 상대를 물리치고 이성에게 사랑도 받고 싶을 것이고, 한쪽이 다른 한쪽보다 유명해지는 경우도 있을 수 있습니다. 어느 정도의 질투심은 인생을 살아가는 데 에너지가 되기도 합니다. 하지만 지나치면 우정이라는 재산을 잃을 수도 있습니다.

5) 인색하지 않은 사람입니다.

인색함은 겁 많은 것과 함께 절대 고칠 수 없는 두 가지 성격이라고 합니다. 구두쇠와 사귀면 재미가 없습니다. 인생의 빛이 퇴색되어 복도 어디론가 떠나버릴 것입니다. 절약하는 것과 인색한 건 다릅니다. 절약은 만일에 대비해서 모으는 거지만, 인색함은 혼자만 잘 살아 보겠다는 마음에서 나오는 행동입니다.

이상 다섯 가지 미덕을 가진 사람이라면 대부분 복을 불러주는 좋은 친구가 될 것입니다.

가장 귀중한 자산은 사려 깊고 헌신적인 친구입니다. 나보다 나을 것이 없고 내게 알맞은 벗이 없거든 어리석은 사람의 길동무가 되지 말고 차라리 혼자 착하기를 지키십시오. 그 사람을 모르거든 그 벗을 보십시오. 고난과 불행이 찾아올 때에 비로소 친구가 친구임을 압니다. 친구를 갖는다는 것은 또 하나의 인생을 갖는 것입니다.

친구는 나의 기쁨을 배로하고 슬픔을 반으로 합니다. 진정한 행복을 만드는 것은 수많은 친구가 아니며 훌륭히 선택된 친구들입니다. 좋은 친구가 생기기를 기다리는 것보다 스스로가 누군가의 친구가 되었을 때 행복합니다. 내가 없는 곳에서 나를 칭찬해 주는 사람은 좋은 친구입니다. 친구란 두 신체로 겹쳐진 하나의 영혼이라고 합니다.

좋은 친구가 되는 것은 쉽지 않지만, 영원한 우정을 키우기 위해 시간을 투자하는 것은 그만한 가치가 있습니다. 수년이 지난 후에, 누군가는 당신 곁에 있을 것이고, 누군가는 그러지 않을 것이고, 당신은 이러한 우정 하나하나가 값을 매길 수 없을 정도로 소중하다는 것을 알게 될 것입니다. 물론, 좋은 친구를 갖기 위해서는 먼저, 좋은 친구가 되어야 합니다. 좋은 친구가 되고, 이를 유지하기 위해 단단한 우정을 형성해야 합니다.

좋은 친구 사이에는 있는 말 없는 말 다 꺼내 비위 맞추지 않아도 되고, 약점을 날카롭게 지적해 주면 오히려 고맙게 생각하고, 힘들어할 때 항상 손닿을 수 있는 거리 안에 있어 주고, 비밀을 모조리 털어놓지 않아도 이해하고, 그에게만 말한 건 끝까지 그만이 알고 있고, 좋은 일 있으면 진심으로 웃으면서 박수 보내주고, 주저리주저리 화풀이해도 귀찮아하지 않습니다.

한밤중에도 편안하게 전화해서 얘기할 수 있고, 주저앉아 생을 포기하지 않도록 늘 격려해 주고, 가끔 사소한 일로 싸우면 그 이유로 뜬눈으로 밤 지새우고, 다음 날 새벽 당장 전화해서 진심으로 사과하고, 내 아픔보다도 더 크게 서로의 힘듦을 느끼고, 있는 듯 없는 듯 지내는 것처럼 보여도 한쪽이 없으면 허전해서 견딜 수 없는 허물없이 지내는 좋은 사이입니다.

커피의 이야기를 들으려면 오감을 사용해야 합니다. 시각, 촉각, 미각, 후각, 청각 모두를 말입니다. 커피도 그렇지만 인간관계도 마찬가지입니다. 좋은 친구 사이가 되려면 상대방에게 오감을 집중하는 습관을 들여야 합니다. 오감으로 듣는다는 것은, 마음의 문을 연다는 것입니다. 그래야 공감할 수 있다는 의미입니다. 공감하고 소통해야 비로소 좋은 친구가 될 수 있다는 뜻입니다.

9. 좋은 친구란?

"사람이 친구를 위하여 자기 목숨을 버리면 이보다 더 큰 사랑이 없나니 너희는 내가 명하는 대로 행하면 곧 나의 친구라"(요 15:13~14).

친구란 나이 들어갈수록 소중하게 느껴집니다. 좋은 친구라는 영어 'Best friend'를 풀이해 보았습니다.

'B' elieve - 항상 서로를 믿고
'E' njoy - 같이 즐길 수 있고
'S' mile - 바라만 봐도 웃을 수 있고
'T' hanks - 서로에게 감사하며
'F' eel - 말하지 않아도 느낄 수 있고
'R' espect - 서로를 존경하면서
'I' dea - 떨어져 있어도 생각하고
'E' xcuse - 잘못을 용서하고
'N' eed - 서로를 필요로 하고
'D' evelop - 서로의 장점을 개발해 주는 사람입니다.

그리스 철학자 에피쿠로스는 "한 사람이 평생을 행복하게 살아가기 위해 필요한 것 중 가장 위대한 것은 친구다."라고 말하였습니다. 주어진 삶을 멋지게 엮어가는 위대한 지혜는 우정(情)입니다.

영국의 시인 윌리엄 블레이크는 "새에겐 둥지가 있고, 거미에겐 거미줄이 있듯, 사람에겐 우정이 있다."라는 말을 남겼습니다.

신은 인간이 혼자서는 행복을 누릴 수 없도록 만들었습니다. 주위 사람들을 칭찬하고 자신도 이웃과 친구에게 필요한 사람으로 살아야 人生이 아름답고, 행복해진다고 했습니다. 모든 관계 속에서 인간의 운명은 결정됩니다. 운명은 타고나는 것이 아니라 관계를 통한 선택일 뿐입니다.

힌두 속담에도 "우리는 자신이 좋아하는 사람들과 비슷해진다."라는 말이 있고, 공자는 "그 친구를 보면 그 사람을 알 수 있다."라고 했습니다. 그래서 주위 환경이 사람에게 대단히 중요합니다.

향기가 진한 꽃 주위에 있으면 나에게도 향기가 나고, 악취가 나는 곳에 있으면 내 몸에서도 악취가 납니다. 그래서 내 주위에 누가 있는지 잘 살펴볼 필요가 있습니다.

친구는 내가 먼저 좋은 생각을 가져야 좋은 사람 만나고, 내가 멋진 사람이어야 멋진 사람과 함께 어울릴 수 있고, 내가 먼저 따뜻한 마음을 품어야 따뜻한 사람을 만나게 됩니다. 진실하고 강한 우정을 쌓는 사람이 건강하고 아름답고 행복하게 살며 활기찬 인생을 살아갑니다.

사람이 평생을 행복하게 살아가기 위해 필요한 것 중 가장 위대한 것은 '친구'입니다. 어떤 친구는 부모 형제보다 더 친밀해지기도 합니다. 문제가 생겼을 때 감춤 없이 내 안에 고통도 이야기할 수 있는 친구, 기쁠 때도 마음이 아플 때도 의지하고 싶은 친구가 있다면 그 어떠한 것보다 소중한 자산이 아닐 수 없습니다. 그런 친구가 내 옆에 있으면 은혜요 감사요 기쁨이기 때문입니다.

폼 나는 친구를 두면 2년 행복하고, 귀여운 친구를 두면 7년 행복하고, 착한 친구를 두면 70년 행복하고, 사랑하는 친구를 두면 평생 행복하고, 믿음의 친구를 두면 영원히 행복하다고 합니다.

보고 싶고 생각나는 친구가 있다는 건 얼마나 즐겁고 향기로운 일일까요? 세상을 휘돌아 멀어져 가는 시간들 속에서 그리워지는 친구가 있다는 건 얼마나 다행스러운 일일까요? 그로 인하여 비어가는 인생길에 그리움 가득 채워가며 살아갈 수 있다는 건 얼마나 반갑고 고마운 일일까요?

가까이 멀리 그리고 때로는 아주 멀리 보이지 않는 그곳에서라도 생각나고 아롱거리며 그리워지는 친구, 언제나 곁에서 힘이 되어 주는 그리운 친구가 있다는 건 아직은 내가 살아 있다는 느낌을 주는 기쁜 일이 아닐까요? 친구라는 말보다 더 아름다운 것은 없습니다. 그보다 더 소중한 것 또한 없습니다.

보이지 않는 곳에서 서로를 걱정하고 칭찬하는 친구, 사랑보다는 우정, 우정보다는 진실이란 말이 더 잘 어울리는, 고맙다는 말보다 아무 말 없이 미소로 답할 수 있는, 둘보다는 하나라는 말이 더 잘 어울리는 그런 친구, 아무 말이 없어도 서로를 더 잘 아는 그대가 나를 속여도 전혀 미움이 없는 그의 나쁜 점을 덜어줄 수 있는 그런 친구. 잠시의 행복, 웃음보다는 가슴 깊이 남을 수 있는 행복이 더 소중합니다.

그냥 지나가는 친구보다 늘 함께 있을 수 있는, 힘없이 깔려 내리는 목소리에도 용기를 얻을 수 있는, 아낌의 소중함보다 믿음의 소중함을 더 중요시하는, 먼 곳에서도 서로를 믿고 생각하는 친구. 그대가 괴로울 때 아무도 모르게 조용히 기도하며, 그대가 즐거울 때 세상 누구보다 더 즐거워하며 나에게 처음으로 행복을 가르쳐 준 친구. 보이지 않는 곳에서 늘 기도하는 친구가 좋은 친구입니다.

공자는 일찍이 인생을 단계별로 정리해놓았습니다.

20세를 뜻하는 약관(弱冠), 30은 이립(而立), 40은 불혹(不惑), 50은 지천명(知天命), 60은 이순(耳順) 그리고 70 나이에 대해서는 종심(從心)이라 했습니다. 당나라 시인 두보의 인생 칠십 고래희(人生七十古來稀)에서 나온 말이 고희(古稀)입니다.

평균 수명이 늘어난 요즘에야 '고희'라는 말이 무색해졌지만, 옛날에는 고희를 넘기는 사람이 많지 않았습니다. 고희라는 언덕에 와보니 이 세상에서 누릴 수 있는 복(福) 중에서 가장 으뜸은 단연 '만남의 축복'입니다. 그중에서도 배우자와의 만남, 친구 간의 만남은 단연 으뜸이겠지요. 잘 만나면 인생 최선의 행복이요, 잘못 만나면 재앙입니다. 왜냐하면 부부는 평생의 동반자이고 친구는 인생의 동반자이기 때문입니다.

노년이 되면 인생을 함께 걸어갈 친구가 매우 중요합니다. 태어나면서부터 죽을 때까지의 삶은 나 혼자만이 아니라 누군가와 동행을 하면서 평생을 살아가야 하기 때문입니다. 어린 시절은 부모 형제와 동행을 하면서 살지만, 나이가 들어가면서 친구들을 사귀게 됩니다. 진실하고 강한 우정을 쌓은 사람들이 오래 살고, 행복하며, 활기찬 인생을 산다는 연구발표가 있습니다.

연인과의 사랑도 아름답지만, 친구와의 따뜻한 사랑도 참으로 아름답습니다. 인생이라는 길을 함께 걸어가며 진심 어린 충고를 해주는 친구는 그리 많지 않습니다. 또한 어려움이 없을 때 친구를 얻기는 쉽지만, 정작 어려움을 당했을 때 곁을 지켜주는 친구는 많지 않습니다. 항상 곁에 있으며 용기를 북돋아주는 친구의 사랑은 어떠한 좌절감에 빠져 있더라도 툭툭 털고 일어나게 합니다.

연인과의 사랑이 섬세하고 고운 사랑이라면 친구와의 사랑은 우직한 사랑이 아닐 수 없습니다. 서로 마음을 나누어 주는 친구와의 사랑은 결코 사라지지 않습니다. 그것은 우리의 가슴 안에 저장됩니다. 친구는 동반자입니다. 세월이 갈수록 곁에 있는 사람들이 하나둘씩 떠나가고 남은 사람들은 세상과 점점 멀어지게 됩니다. 이별이 점점 많아져 가는 인생길에 서로 안부라도 전하며 마음을 함께하는 친구가 있다면 행복입니다.

우리가 주변에서 쉽게 듣는 말 가운데 다음과 같은 것들이 있습니다.

'친구를 보면 그 사람의 됨됨이를 알 수 있다.' '자식을 보면 그 사람의 부모를 알 수 있다.' '만나는 남자를 보면 여자의 수준을 알 수 있다.' '사귀는 여자를 보면 남자의 됨됨이를 알 수 있다.'라고 합니다. 사람은 사귀는 사람이나 주위의 인간관계에 따라 인생이 크게 달라집니다.

우리에게 정말 소중한 것은 살아가는데 필요한 많은 사람들보다 단 한 사람이라도 마음을 나누며 함께 갈 수 있는 마음의 길동무입니다. 완벽한 사람은 없지만, 그 옆에 누군가가 빛이 되어주면 그 사람의 인생도 빛이 납니다. 오늘도 누군가에게 빛과 소금이 되는 아름다운 하루 보내시길 바랍니다.

10. 지란지교(芝蘭之交)

"사람이 친구를 위하여 자기 목숨을 버리면 이보다 더 큰 사랑이 없나니 너희는 내가 명하는 대로 행하면 곧 나의 친구라"(요 15:13~14).

지란지교(芝蘭之交)란 지초(芝草)와 난초(蘭草)의 교제라는 뜻이며, 지란(芝蘭)은 영지와 난초로 모두가 향초를 말합니다. '지초(芝草)와 난초(蘭草) 같이 향기로운 사귐'이라는 뜻으로, '벗 사이의 맑고도 높은 사귐'을 이르는 말입니다.

즉 난초같이 향기로운 사이로 절친한 사귐, 지초와 난초의 사귐, 맑고도 고상한 사귐, 영지와 난초의 향기로운 향기처럼 깨끗하고도 맑은 벗 사이의 향기로운 지란처럼 맑고 깨끗한 우정을 일컫는 말입니다.

성경에서 가장 아름다운 우정으로 다윗과 요나단의 우정을 꼽을 수 있습니다. 다윗이 블레셋의 거인 골리앗을 물리친 직후에 요나단은 다윗과 친한 사이가 되었습니다. 세상의 관점에서 보면 요나단은 다윗을 증오해야 했습니다. 왜냐하면 요나단은 왕자인데 자기가 아니라 다윗이 왕이 될 것처럼 보였기 때문입니다.

그러나 요나단은 하나님께서 자기 대신 다윗을 왕으로 정하셨다는 사실을 이해하고 받아들였습니다. 그는 다윗에게 자기가 입었던 왕자의 겉옷과 군복과 칼과 활과 띠를 벗어 줌으로써 이스라엘 군대가 보는 앞에서 그를 극진히 존중했습니다.

요나단이 전쟁에서 죽자 다윗은 "내 형 요나단이여 내가 그대를 애통함은 그대는 내게 심히 아름다움이라 그대가 나를 사랑함이 기이하여 여인의 사랑보다 더하였도다"(삼하 1:26)라면서 슬피 울었습니다. 요나단과 다윗은 지란지교의 우정을 나누는 좋은 친구였습니다.

공자는 사람을 평할 때, 당사자 이외에 그가 사귀는 사람을 주목하였습니다. 孔子家語(공자가어) 六本篇(육본편)에 보면, 어느 날 공자는 제자인 복상(卜商 - 子夏, 문학으로 이름남)과 단목사(端木賜 - 子貢, 구변으로 이름남)에 대하여 이렇게 말하였습니다.

"내가 죽은 뒤에는 상(商)은 날마다 더해 갈 것이요, 사(賜)는 날마다 덜해 갈 것이다."

이 말을 듣고 증자가 물었습니다.

"그것은 무엇을 두고 하시는 말씀입니까?"

공자가 말씀하셨습니다.

"상(商)은 자기보다 나은 사람과 놀기를 좋아하고 사(賜)는 자기보다 못한 사람과 놀기를 좋아하기 때문이다. 사람은 누구나 아들을 알지 못할 때는 그 아비를 봐야 하며, 잘 모르는 사람을 알려면 그 친구를 봐야 하며, 그 임금을 알지 못할 때는 그 신하를 봐야 하며, 그 땅을 알지 못할 때는 거기에 있는 초목을 봐야 하는 것이다.

이런 까닭에, 착한 사람과 함께 있으면 마치 지초(芝草)와 난초

(蘭草)가 있는 방안에 들어간 것과 같아서, 오래되면 그 냄새를 맡지 못하나 곧 그 향기와 더불어 동화(同化) 되고, 착하지 못한 사람과 같이 있으면 마치 절인 어물을 파는 가게에 들어간 것과 같아서, 오래되면 그 악취를 맡지 못하나 또한 그 냄새와 더불어 동화된다.

왜냐하면 붉은 단사(丹砂)를 지니면 저절로 붉어지게 마련이며 검은 옻을 지니면 저절로 검어지게 마련이기 때문이다. 그러므로 군자(君子)는 반드시 자기가 거처하고 사귀는 데 있어 삼가야 하는 것이다."라고 하셨습니다.

지란지교와 같은 친구란 예를 들어 저녁을 먹고 나면 허물없이 찾아가 차 한 잔을 마시고 싶다고 말할 수 있는 친구, 입은 옷을 갈아입지 않고 김치냄새가 좀 나더라도 흉보지 않을 친구, 비 오는 오후나 눈 내리는 밤에도 고무신을 끌고 찾아가도 좋을 친구, 밤늦도록 공허한 마음도 마음 놓고 보일 수 있고, 악의 없이 남의 얘기를 주고받고 나서도 말이 날까 걱정되지 않는 친구입니다.

그가 여성이어도 좋고 남성이어도 좋고 나보다 나이가 많아도 좋고 동갑이거나 적어도 좋습니다. 다만 그의 인품이 맑은 강물처럼 조용하고 은근하며 깊고 신선하며 예술과 인생을 소중히 여길 만큼 성숙한 사람이면 됩니다. 그는 반드시 잘 생길 필요가 없고, 수수하나 멋을 알고 중후한 몸가짐을 할 수 있으면 됩니다. 명성과 권세, 재력을 중시하지도 부러워하지도 경멸하지도 않고 자기답게 사는 사람이면 됩니다.

우리는 눈물을 사랑하되 헤프지 않게 가지는 멋보다 풍기는 멋을 사랑하며 천 년을 늙어도 항상 가락을 지니는 오동나무처럼, 일생을 춥게 살아도 향기를 팔지 않는 매화처럼, 자유로운 제 모습을 잃지 않고 살고자 애쓰며 서로 격려하며 사는 사람이면 됩니다.

예수님께서 우리를 향해 보여주신 신실한 사랑처럼, 우리도 서로에게 마음을 열어 진실한 사랑을 나누라고 말씀하십니다. 그리스도의 향기가 넘쳐나는 지란지교와 같은 친구가 되어주라는 권면입니다. 허물없이 서로 나눌 수 있는, 그래서 억지로 율법을 지키는 것처럼 영혼 없는 관계가 아니라 매우 소박하면서도 현실 가능한 친구가 되어주라는 가르침입니다.

친구를 위하여 자기 목숨을 내놓는 사랑이란 결국 자기자신이 아니라 친구에게 무게 중심을 옮겨놓는 행위입니다. 내가 되받기 위하여 혹은 내가 만족하기 위하여 주는 것이 아니라 친구를 위해 자기 중심을 포기하는 것, 그것이 바로 큰 사랑의 모습이라는 뜻입니다. 그때 비로소 지란지교의 꿈을 이룰 수 있을 것입니다.

11. 역지사지(易地思之)

"하나님이여 내 속에 정한 마음을 창조하시고 내 안에 정직한 영을 새롭게 하소서 나를 주 앞에서 쫓아내지 마시며 주의 성령을 내게서 거두지 마소서 주의 구원의 즐거움을 내게 회복시켜 주시고 자원하는 심령을 주사 나를 붙드소서"(시 51:10~12).

누구나 삶을 살아가면서 사람들을 만나다 보면 '저분은 참 좋은 분이었는데 왜 저렇게 되었을까?'라는 생각이 살며시 드는 안타까운 때가 있습니다. 이유는 간단합니다. 어느 순간 성찰을 중단했기 때문입니다. 성찰에는 절대 끝이 없습니다. 사람을 대하면서 깜짝 놀랄 때가 더러 있습니다. 지금까지 알고 있던 것과는 전혀 다른 사람으로 변한 모습을 보게 될 때입니다.

좋은 쪽으로의 변화라면 다행인데 너무도 실망스러운 모습으로 변해 있을 경우 크게 놀라게 됩니다. 그런 모습은 자기관리의 실패를 뜻합니다. 스스로 자신을 돌아보는 성찰의 시간이 부족했기 때문입니다. 성찰은 사람을 아름답게 변화시킵니다. 누군가에게 화가 났다면, 그건 사실 당신 입장에서만 상황을 바라본다는 뜻입니다. '나라면 어떨까?', '내가 저 입장이라면 어떤 기분일까?'라는 공감의 질문을 던져 상대의 입장을 헤아려보면, 이 질문은 즉각적으로 적의를 없애줄 만큼 강력합니다. 더 많이 알수록 더 많이 용서하게 됩니다.

살다 보면 때로 화날 일이 있습니다. 다른 사람의 탓도 있지만, 자신에서 비롯된 것도 많습니다. 상대방의 형편은 고려하지 않고 자기만의 입장에서 감정을 드러내다 보면 자신도 모르게 버럭 화를 내게 됩니다. 화(火)는 곧 불입니다. 누군가에 화가 났다면 내가 내 안에 불을 내는 것입니다. 내가 불질러 나를 태우는 것입니다.

인조 때 큰 가뭄이 들어서 농작물이 모두 타들어가고 민심은 흉흉해졌습니다. 인조대왕은 베옷을 입고 신하들과 함께 남한산성에 올라가 기우제를 올렸습니다. 기우제에 하늘이 감동을 했는지 하늘에 먹구름이 몰려오더니 굵은 빗방울의 소나기가 내리기 시작했습니다.

얼마나 기다린 비입니까! 더욱이 임금님이 친히 베옷을 입고 기우제를 드린 후에 내리는 비가 아닙니까! 만조백관들과 백성들은 얼싸안고 비를 맞으며 춤을 추며 기뻐했습니다. 인조대왕도 기뻐서 같이 비를 맞으며 춤을 추며 기뻐했습니다.

그때 임금의 눈에 아주 거슬리는 행동을 하는 자가 보였습니다.

그건 한 선비가 갑자기 비가 오니까 황급히 갓 끝을 붙잡고 비를 피해 처마 밑으로 후다닥 피하는 것이 아닌가! 아니 비를 맞으며 춤을 추어도 모자랄 판에 그 비를 맞지 않겠다고 비를 피해서 처마 밑으로 피하다니 저런 고얀 놈이 잇단 말인가!

화가 난 임금의 불호령이 내렸습니다.

“저놈을 당장 잡아서 끌어내려라!”

선비는 졸지에 비를 피한 죄로 잡혀왔습니다.

“네 이놈. 지금 오는 이 비가 무슨 비인 줄 아느냐? 3년 동안 내리 가물어서 신하들과 함께 베옷을 입고 이곳에 올라와 하늘에 죄를 청하고 지성을 드리니 하늘이 감복하시어 비를 내리셨고 만조백관들과 백성들은 너무 기뻐서 비를 맞으며 춤을 추고 노래를 하는데 너는 그 비를 피해 처마에 피하다니 비를 맞는 게 그렇게 싫은 거냐?”

“여봐라, 저놈을 당장 형틀에 묶고 주리를 틀도록 하여라!”

그때 잡혀온 선비가 외쳤습니다.

“전하! 소인의 말을 한 번만 들어 주시옵소서!”

“죄인이 무슨 할 말이 있느냐?” “그래 무슨 말이냐?”

“전하! 지금 오고 있는 비가 얼마나 귀한 비입니까? 내리 3년 동안 내리지 않던 비가 임금님께서 베옷을 입고 기우제를 드리니, 하늘이 감복하시어 비를 주셨습니다. 빨리 한 방울의 비라도 메마른 땅을 적셔야지, 이런 비를 저 같은 비천한 몸이 맞을 수가 있겠습니까? 그래서 처마 밑으로 피한 것이옵니다.”

인조 임금이 그 말을 들으니 자기의 생각도 틀렸고, 비를 맞으며 춤을 춘 신하와 백성들보다 비를 피한 선비가 더 충성스러운 백성이 아니던가?

톨스토이는 “어리석은 사람이 현명해지기도 하고, 악한 사람이 착해지기도 한다. 그러니 사람을 함부로 판단하지 마라!”라고 말했습니다. 의외로 자신의 생각이 옳다고, 자신의 판단이 정확하다고 하시는 분들이 많습니다.

정치인들은 이념의 잣대로, 종교인들은 자기 신앙의 잣대로, 지식인들은 학문의 잣대, 상식의 잣대, 경험의 잣대, 지역의 잣대로 모두 한 가지씩 잣대를 가지고 주관적인 판단을 내립니다.

섬에 사는 사람, 도시 빌딩에 사는 사람, 그리고 첩첩산중에 사는 사람이 '해는 어디서 떠서 어디로 지는가?'의 논쟁이 벌어졌습니다. 섬에 사는 사람은 "해는 앞 바다에서 떠서 뒤 바다로 진다."라고 하고, 도시 빌딩에 사는 사람은 "해는 앞 빌딩에서 떠서 뒤 빌딩으로 진다."라고 하고, 첩첩산중에 사는 사람은 "해는 앞산에서 떠서 뒷산으로 진다."라고 했습니다. 각자 자기 경험만이 옳다고 주장하니 소리만 높아지고 결론이 내려지질 않습니다.

우리의 주관적인 생각, 경험, 지식 등은 이렇게 오류가 많습니다. 내 입술이라고 상대방을 내 잣대로 판단하고, 배우자를, 자녀들을, 또는 주변의 사람들을 함부로 비난하지 않았는지 돌아볼 일입니다. 내가 가진 생각이 전부가 아닙니다. 내가 경험한 것이 전부가 아닙니다. 내가 가진 지식이 전부가 아닙니다. 내가 가진 신앙이 전부가 아닙니다. 역지사지(易地思之)의 마음으로 상대방을 이해하여야 합니다.

우리의 판단의 잣대는 한결같지 않습니다. 그래서 남이 타협하면 '야합'이 되고, 내가 타협하면 '양보'가 됩니다. 남이 한 우물을 파면 '우물 안 개구리'이고, 내가 한 우물을 파면 '전문가'입니다. 남이 이혼하면 '이해심과 참을성이 부족한 것'이고, 내가 이혼하면 '하루빨리 새 삶을 찾기 위한 것'이 됩니다. 남이 다른 사람의 말을 잘 들으면

'줏대가 없는 양반'이 되고, 내가 남의 말을 잘 들으면 '포용력이 있는 신사'가 됩니다. 남이 빗나간 사랑을 하면 '불륜(스캔들)'이 되고, 똑같은 일을 내가 하면 '로맨스'가 됩니다.

이처럼 누구나 다 이중 잣대(Double Standard)를 가지고 있다 보니 사람이나 상황을 제대로 파악하기가 여간 어렵지 않습니다. 인생에는 세 종류의 저울이 있습니다. 자신의 저울, 타인의 저울, 그리고 하나님의 저울입니다. 앞의 두 가지는 매우 주관적, 부분적이라서 정확하지 않습니다. 그러나 하나님의 저울은 틀림이 없습니다. 그 누구도 속일 수가 없습니다. 그래서 우리는 매 순간 하나님의 도우심을 구하지 않을 수 없습니다.

해처럼, 물처럼, 바람처럼 아무것도 갖지 않았지만, 모든 것을 다 가진 존재가 있습니다. 햇볕과 물과 공기입니다. 햇볕과 물과 공기는 모양이나 질량은 다르지만, 그 속성은 비슷합니다. 햇볕과 공기와 물은 틈새만 있으면 어디든지 다 들어갑니다. 햇볕은 따뜻함과 사랑의 대명사입니다. 사람을 차별하지 않고 누구에게나 골고루 비춥니다. 지구상의 모든 존재, 나무나 풀, 동물은 햇볕을 받지 아니하면 생명을 부지할 수 없습니다. 그러나 사람을 해롭게 하는 세균은 살아남지 못합니다. 코로나 역시 마찬가지입니다. 햇볕에는 5분을 견디지 못합니다.

물은 겸손함의 대명사입니다. 낮은 곳으로만 낮은 곳으로만 흐릅니다. 그리고 마침내 大海에 이릅니다. 동양의 성자라고 일컫는 노자는 "최고의 善은 물처럼 되는 것이다."라는 뜻의 '상선약수'(上善若水)라는 말을 남겼습니다. 물은 자기가 없습니다. 동그란 그릇에 담으면 동그랗게 되고, 네모진 그릇에 담기면 네모진 모습이 됩니다. 그러나 고유의 성질이나 本 바탕은 어떤 경우에도 변하지 않습니다. 물은 평소에는 잔잔하고 수평을 유지하지만, 한 번 일어서서 움직이면 당해 낼 장사가 없습니다. 흐르는 물은 先後를 다투지 않습니다. 그래서 생긴 말이 유수부쟁선(流水不爭先)입니다. 어짐과 겸허함과 대도(大道)의 극치입니다.

공기는 생명을 유지하게 하는 원동력입니다. 지금 이 순간 얼굴에서 가장 중요한 부분은 코입니다. 눈은 잠시 감고 있어도 되고, 귀도 잠시 닫고 있어도 되고, 입도 잠시 말을 하지 않거나 하루쯤 음식을 먹지 않아도 되지만, 코로 5분만 숨을 쉬지 않으면 사람은 거의 죽거나 실신합니다. 공기는 바람을 일으킵니다. 바람은 공기의 흐름입니다. 햇볕은 지하 깊은 곳에는 못 들어가고, 물도 높은 곳에는 못 올라가지만, 공기는 어디든지 다 갑니다. 못 가는 곳이 없습니다. 아무리 촘촘하게 짜 놓은 그물이라도 바람을 막을 수는 없습니다.

명상(冥想)에서의 최고의 경지가 '자유함'인데 그 경지를 이르는 '그물에 걸리지 않는 바람처럼'이라는 말이 있습니다. 21세기는 빛과 바람의 시대입니다. 코로나도 공기를 타고 전염됩니다. 병(病)은 좋지 않은 기운 즉 사기(邪氣)가 체내에 침범한 것입니다. 사기가 마음에 침범하면 사람이 사악(邪惡)해지고 몸에 침범하면 병이 생깁니다.

그것을 극복하는 길은 바른 음식을 바르게 먹는 일입니다.

지금, 사람들의 마음이 조급하고, 분별심이 없고, 이기적이며 다분히 폭력적입니다. 진영논리가 판치고 있습니다. 인내심, 배려, 이해, 존중심이 부족합니다. 권력을 잡기 위해서라면, 한 번 잡은 권력을 유지하기 위해선 못할 일이 없는 듯합니다.

국회의원이나 지도층 인사들의 말투를 보면, 내로남불도 그 정도면 귀신도 울고 갈 정도입니다. 마음이 오염되니 말이 오염되고, 말 같지 않은 말이 횡행하니 사회가 어수선하고 불안합니다. 햇볕과 물과 공기의 속성을 닮아야 합니다. 이제 사랑의 새로운 바람을 불러일으켜야 합니다. 그 바람은 신바람입니다. 우리 이제 본향(本鄕)으로 돌아가서 거기에 신바람(神風)이 불게 합시다.

12. 리더의 징비(懲毖) 의식

> "자주 책망을 받으면서도 목이 곧은 사람은 갑자기 패망을 당하고 피하지 못하리라 의인이 많아지면 백성이 즐거워하고 악인이 권세를 잡으면 백성이 탄식하느니라"(잠 29:1~2).

「역사의 연구」를 집필해서 순식간에 세계의 지식인으로 평가받은 '아널드 토인비'는 역사를 연구한 결과를 통해 민족의 유형이 크게 세 가지가 있다고 주장했습니다.

민족의 유형 3가지

첫째는 재난을 당하고도 대비하지 않는 민족,
둘째는 재난을 당해야만 준비하는 민족,
셋째는 재난을 당하지 않고도 미리 대비하는 민족이라고 했습니다.

대한민국은 어디에 해당되는지 스스로 자문해 보기 바랍니다.

'징비록(懲毖錄)'이란 기록이 있습니다. 징계할 징(毖) 삼갈 비(錄) 기록할 록(錄)을 뜻합니다. 이 '징비록'은 임진왜란이 끝난 후 조선 선조 때 영의정과 전쟁 수행의 총책임자를 지낸 유성룡(柳成龍,

1542~1607)이 집필한 ‘임진왜란 전란사’(戰亂史)로서, 1592년(선조 25년)부터 1598년까지 7년에 걸친 전란의 원인, 전황 등을 기록한 책입니다. ‘징비록’은 저자인 유성룡이 자리에서 물러나 낙향해서 집필한 것으로, 제목인 ‘징비’는 ‘시경’(詩經) 소비 편(小毖篇)의 ‘예기징이비역환’(豫其懲而毖役患), 즉 “미리 징계하여 후환을 경계한다.”라는 구절에서 따온 것입니다.

‘징비록’에서 유성룡은 수많은 인명을 앗아가고 비옥한 강토를 피폐하게 만든 참혹했던 전화(戰禍)를 회고하면서, 다시는 같은 전란을 겪지 않도록 지난날 있었던 조정의 여러 실책들을 반성하고 앞날을 대비하기 위해 ‘징비록’을 저술하게 되었다고 밝혔습니다. 온 산천이 피로 물들고, 계곡마다 하얀 시체가 산더미처럼 쌓였고, 시체 썩은 물과 핏물이 계곡을 이루고, 사람이 사람을 잡아먹는 그 참혹한 전란이 다시는 조선에서 반복해 일어나지 않도록 경계하라고 피를 토하는 심정으로 썼습니다.

이렇게 목적의식을 가지고 전쟁의 최고 책임자가 집필하여 썼지만 정말 아이러니컬하게도 이 책은 조선에서 편찬되지 못하고 침략국 일본에서 편찬되었다는 것은 또한 서글픈 일 중의 하나입니다. 17세기에 대마도에서 먼저 읽히고 있는 것을 발견한 것입니다.

어느 역사학자가 조선의 역사가 5,000년이라고 하나 그동안 조선이 외침(外侵)을 받은 횟수는 무려 938번이라고 합니다. 평균으로 5.3년마다 한 번씩 외침을 받았다는 결론입니다. 조선은 왜 이렇게 많은 외침을 받았을까요? 참으로 불행한 역사를 가지고 있습니다. 그 이유는 무엇일까요?

토인비가 말한 첫 번째 민족 유형이기 때문입니다. 재난을 당하고도 대비하지 않는 민족이기 때문입니다. 참혹한 임진왜란이 끝나고 또 얼마 되지 않아 조선은 또 다른 치욕의 참혹한 전란에 휩싸이게 되었고 강산이 초토화되었습니다. 병자호란입니다. 징비록에서 그렇게 미리 준비하고 준비해서 또 그런 비극이 없도록 경계해야 한다고 주장했는데도 준비하고 대비하지 못한 지도자들의 무능과 무기력을 통탄하지 않을 수 없습니다. 그로부터 한참 뒤에는 아예 나라가 통째로 없어졌습니다.

그래서 우리는 참혹한 비극의 긴 역사를 가지고 있습니다. 그렇다면 리더들은 무엇을 해야 할까요? 왜 이렇게 당해야만 하는가를 분석하고 연구하고 다시는 이런 역사를 반복해서 당하지 않도록 대비해야 하는 것이 리더의 역할입니다. 바로 징비(懲毖)입니다.

일제 강점기 비극을 보더라도 왜 강점을 당했는가? 강점한 자들도 문제가 있지만, 강점당한 자들은 문제가 없는 것일까요? 오죽이나 못났으면 맨날 당하고 울고만 있었을까요? 외교 분야에서 40년을 지낸 퇴역 외교관은 국제관계는 80%가 힘(power)이고, 20% 정도가 법(law)이라고 했습니다. 그걸 모르는 걸까요? 나라를 고스란히 상납한 자가 군주였고, 강탈당한 것이 아니라 항복한 것 아닌가요? 왜 항복해야 했나요? 힘이 없어서입니다. 왜 힘이 없을까요? 준비하지 않았으니 그렇습니다.

75년이 지난 지금도 친일파니, 죽창가니, 토착왜구니 등의 어설픈 감성적 말로 국민들을 선전, 선동하고 표를 위해 편 가르기를 하고 있습니다. 그런 어리석은 짓거리를 할 것이 아니라 역사에 대해 뼈저린 반성을 하고, 무엇이 잘못된 것인지 다시는 반복해 당하지 않기 위해 징비(懲毖)를 해야 될 역할이 리더의 역할입니다.

그걸 기업이 해냈습니다. 삼성전자가 일본의 소니를 넘어서는 전략을 준비하고 펼쳐서 일본 전자업계를 제친 것입니다.

삼성 이건희 회장이 이루어 냈습니다. 그게 진정한 리더의 역할입니다. 그는 '위기'의 아이콘이었습니다. 역사를 보면 대체로 이 나라 리더들은 세상과 주변 나라들의 변화를 읽지도 못하고 미리 준비도 못한 무책임한 지도자의 모습들이었습니다. 그런데 불행하게도 그러한 무능의 역사와 무능한 자들이 지금도 지배자가 되어 있으니 더욱 가혹한 안타까움과 자괴감을 떨쳐버릴 수 없습니다.

오늘날의 모습이 마치 선조 때나 대원군 때의 모습이라고 많은 사람들이 이구동성으로 말합니다. 무능과 무책임, 그러고도 사익만을 추구하는 리더들의 DNA 성향을 실로 어떡해야 할까요?

기원전 로마 시대의 철학자 '세네카'는 "평화를 얻으려면 전쟁을 준비하라."라고 역설했습니다. 평화는 결코 구걸해서 얻는 것이 아닙니다. 어설픈 상념이나 말장난으로는 나라와 국민들을 지킬 수 없습니다.

또 나라 경영의 책임을 진 리더가 올바른 국가관과 국민들에 대한 목숨을 건 책임의식이 결여되어 있다면 그건 리더로서의 자격이 없는 것입니다.

작년에는 마스크 대란이 나더니 작금에는 '요소수'가 없다고 난리입니다. 이 또한 미리미리 대비하지 않은 탓입니다. 우리나라에서 80% 이상 외국으로부터 수입해서 쓰는 산업 소재 필수 품목이 약 4천 개 정도인데 그중 1800개 이상을 중국에서 수입한다고 합니다. 이번에 문제가 된 요소수뿐만 아니라 앞으로 더욱더 심각하게 우리나라를 혼란과 위기에 빠뜨릴 품목들이 많다는데도 정부는 아무런 대비도 하지 않고 그저 기업들이 하는 대로 방관만 하고 있는 형국입니다. 이런 리더들이 나라를 다스리고 있고, 앞으로도 다스리겠다고 나설 것입니다.

지금은 인공지능(AI)이 세상을 지배하는 4차 산업혁명의 시대입니다. 정말 예측할 수 없는 시대를 살고 있습니다. 오늘 징비하고 준비하는 것에 의해 바로 미래가 결정됩니다. 미래를 구하는 것은 미래가 아니고 현재입니다. 대한민국에는 미래를 말하는 리더가 없습니다. 지금부터라도 미래를 징비하고 대비하는 지혜로운 리더들이 나오기를 기대합니다.

13. 당신의 회복력 지수

"대저 의인은 일곱 번 넘어질지라도 다시 일어나려니와 악인은 재앙으로 말미암아 엎드러지느니라"(잠 24:16).

수년 전부터 회복력 혹은 회복탄력성이란 용어가 많이 회자(膾炙)되고 있습니다. 회복탄력성은 영어 'resilience'의 번역어입니다. '원래 제 자리로 돌아오는 힘'을 일컫는 말입니다.

심리학에서는 주로 시련이나 고난을 이겨내는 긍정적인 힘을 의미하는 말로 쓰입니다. 심리학, 정신의학, 간호학, 교육학, 유아교육, 사회학, 커뮤니케이션학, 경제학 등 다양한 분야에서 연구되는 개념이며, 극복력, 탄성, 탄력성, 회복력 등으로 번역되기도 합니다.

누군가에게 끈기와 의지를 가지고 목표를 추구하도록 격려하거나 동기를 부여하기 위해 다양한 상황에서 '회복탄력성'(resilience)이라는 단어가 사용됩니다. 회복탄력성이란 인생의 바닥에서 바닥을 치고 올라올 수 있는 힘, 밑바닥까지 떨어져도 꿋꿋하게 다시 튀어 오르는 비인지 능력 혹은 마음의 근력, 실패하더라도 역경을 극복하고 믿음을 가지고 다시 일어설 수 있는 능력, 어떤 물질이나 사물이 원래 모양대로 돌아가는 힘을 말하기도 합니다.

회복탄력성은 크고 작은 다양한 역경과 시련과 실패에 대한 인식을 도약의 발판으로 삼아 더 높이 뛰어오르는 마음의 근력을 의미한다고 할 수 있습니다. 물체마다 탄성이 다르듯이 사람에 따라 탄성이 다릅니다. 역경으로 인해 밑바닥까지 떨어졌다가도 강한 회복탄력성으로 되튀어 오르는 사람들은 대부분의 경우 원래 있었던 위치보다 더 높은 곳까지 올라갈 수 있습니다. 지속적인 발전을 이루거나 커다란 성취를 이뤄낸 개인이나 조직은 대부분의 경우에서 실패나 역경을 딛고 일어섰다는 점이 공통적으로 보입니다.

어떤 불행한 사건이나 역경에 대해 어떠한 의미를 어떻게 부여하고 인식하느냐에 따라 불행하거나 행복해지는 갈림길에 서게 되며, 세상일을 긍정적 방식으로 받아들이는 습관을 구축함으로 부정적으로 상황을 인식함으로써 과소비되는 감정적 에너지를 문제 해결을 위한 집중에 보다 유용하게 사용할 수 있다는 점에서 회복탄력성은 놀랍게 향상됩니다.

예를 들어, 축구공을 땅에 떨어뜨리면 금방 다시 튀어 오릅니다. 그런데 유리컵을 바닥에 떨어뜨리면 금방 금이 가거나 깨져서 더 이상 사용하기 어렵게 됩니다. 사람도 마찬가지입니다. 어떤 사람은 시련을 만나면 쉽게 좌절하고 주저앉아서 다시 일어나지 못합니다. 매사를 '긍정적으로 생각해야지'라고 마음먹어 보지만 정작 계속 우울의 늪으로 빠져듭니다.

그런데 어떤 사람은 똑같은 시련을 만났을 때 잠시 주저앉았다가도 곧바로 툭툭 털고 다시 일어섭니다. 이처럼 역경과 고난을 이겨내는 힘의 정도 곧 회복력 지수(RQ)는 사람마다 다릅니다. 타고난 선천적 요소도 있지만, 후천적 요소가 더 크다고 합니다. 그리고 전문가들에 의하면 기독교인들의 회복력 지수가 그렇지 않은 이들보다 훨씬 높다고 합니다.

현존하는 한국인 중에 회복력 지수가 현저하게 높은 대표적 인물을 든다면 단연 홍수환 선수일 것입니다. 그는 1977년 파나마의 복싱 영웅 헥토르 카라스키야 선수와 WBA 주니어 페더급 초대 타이틀을 걸고 맞붙었습니다. 당시 상황은 매우 불리했습니다. 장소가 적지인 파나마인 데다가, 상대 선수는 당시 11전 11승 11KO를 구가하는 강펀치의 소유자였습니다.

그가 홍수환을 상대로 2라운드에서만 4차례나 다운 시켰을 때 경기가 싱겁게 끝나는 듯싶었습니다. 그러나 홍수환은 놀라운 투지로 오뚝이처럼 일어서고 또 일어섰습니다. 그러다가 3라운드에서 회심의 왼손 레프트 훅 한 방으로 전세를 뒤집더니 결국 기적과 같은 KO승을 거두면서 '4전 5기'의 신화를 일궈냈습니다.

이 소식은 당시 국민들에게 '녹다운(Knock-down)은 있어도 녹아웃(Knock-out)은 없다'라는 강력한 메시지와 함께 큰 감동과 격려를 선사했습니다.

링 위에서 한 선수는 네 번이나 넘어졌지만, 다시 일어나 결국 승리했고, 다른 한 선수는 한 번 넘어진 다음 다시 일어나지 못하여 결국 지고 말았던 것입니다.

크리스천이란 결코 한 번도 넘어지지 않는 사람이 아닙니다. 하나님의 자녀들도 얼마든지 넘어질 수 있습니다. 그러나 세 번 넘어지면 네 번 일어납니다. 일곱 번 넘어지면 여덟 번 일어납니다. 붙잡아 주시는 하나님의 손이 있기 때문입니다.

> "그러나 내가 가는 길을 그가 아시나니 그가 나를 단련하신 후에는 내가 순금 같이 되어 나오리라"(욥 23:10).

역경지수(AQ)는 역경과 고난에 굴하지 않고 목표를 성취하는 능력을 말하는 지수로 이 지수가 높은 사람일수록 남의 말을 잘 듣지 않습니다. 역경이 훈장이 되어 자기를 빛내기 때문입니다.

그리스도인에겐 연단 지수가 있습니다. 연단 지수는 하나님의 다스림의 지수로 많은 역경을 통해 하나님의 다스림을 경험한 지수가 높을수록 우리의 성품과 삶에 많은 변화가 일어납니다.

이 지수는 역경을 통해 일하시는 하나님의 훈련에 초점이 맞추어져 있어 모든 일의 공로와 훈장이 다 하나님의 것이 됩니다. 나의 역경지수와 연단지수는 어떠한가요?

이번 코로나19사태는 우리 모두가 함께 겪는 지구적인 위기입니다. 그런데 이번 사태가 어떤 이들에게는 그동안 애써 일군 재산과 건강을 일순간에 잃어버리는 바람에 쓰러져 다시 일어서지 못하는 재앙이 될 것입니다. 그런가 하면 어떤 이들에게는, 독수리가 맞바람을 타고 날아오르듯, 오히려 생각의 근육, 영적인 맷집과 믿음의 담력이 한 단계 더 업그레이드되는 디딤돌이 될 것입니다.

여러분은 이 중 어느 쪽에 가까우신가요?

각자의 선택입니다. 그리고 그 선택에 따라 이 풍랑이 지난 후 우리 내면의 모습은 크게 달라져 있을 것입니다. 우리 모두 IQ나 EQ에서는 좀 떨어져도, 홍수환 선수처럼 RQ에서 회복력 지수에서 높은 점수 얻기를 소망해 봅니다. 그래야만 살 수 있는 세상이 왔기 때문입니다.

오늘의 힘 되고 내일의 소망이신 우리 주님의 은혜와 평강이 넘치시기를 기원합니다.

Part 3

사랑의 본질

1. 사랑의 본질

"미움은 다툼을 일으켜도 사랑은 모든 허물을 가리느니라"(잠 10:12).

이 말은 허물을 덮어주면 사랑이 이루어지지만, 허물을 드러내면 다툼이 일어난다는 뜻입니다. 남을 탓하기 전에 내게 있는 허물을 보고 서로 사랑하고 용서하는 삶을 살아가야 합니다. 하나님은 사랑의 본체이십니다.

로버트 스턴버그(Robert J. Sternberg, 1949년 12월 8일~)는 미국의 뇌신경 과학 및 인지심리학의 권위 있는 심리학자입니다. 로버트 스턴버그는 사랑은 친밀감, 열정, 헌신으로 구성되어 있다고 정의 내렸습니다.

친밀감은 사랑하는 관계에서 나타나는 것이며 서로 간의 정서적 교감, 소통이 이뤄진다는 느낌, 열정은 사랑하는 관계에서 나타나는 낭만, 신체적 매력, 성적인 몰입 등을 말합니다. 그리고 헌신은 사랑을 지속시키겠다는 결심과 믿음을 일컫습니다. 이 세 가지 요소의 크기에 따라 사랑의 형태가 달라진다는 것이 그의 이론입니다.

어떤 일이 됐든지 간에 서둘러 그 일을 해버리면 일을 망치기 십상입니다. 어떤 일을 빠르게 끝내는 것은 그 나름대로의 장점도 있지만, 대개의 경우 생각지 못한 실수도 일으킬 수 있기에 우린 매사에 경계심을 늦추지 않는 것이 중요합니다. 대다수의 사랑은 처음엔 열정의 크기가 컸다가 시간이 지날수록 열정은 사라지고 친밀감과 헌신만으로 구성된 사랑이 남습니다. 그리고 나중엔 친밀감마저 사라지고 헌신만 남는 관계가 되기도 합니다.

> "정열적인 사랑은 빨리 달아오르는 만큼 빨리 식는다. 은은한 정은 그보다는 천천히 생기며, 헌신적인 마음은 그보다도 더디다."
>
> -로버트 스턴버그-

로버트 스턴버그도 사랑의 관점에 대해서 같은 우려를 나타냈습니다. 빨리 달아오른 사랑은 그만큼 빨리 식을 수 있지만, 잔잔하게 지속되는 사랑이나 누군가에 대한 헌신의 마음은 오래도록 유지될 수 있다고 했습니다. 따라서 우리가 누군가에 대해 이와 같이 긍정적인 마음을 가질 때 우린 되도록 천천히, 그리고 오래도록 그 마음을 유지하기 위해 노력할 필요가 있습니다.

사람들은 행복한 삶을 살기를 원합니다. 그러나 현실은 그와는 반대입니다. 행복하자고 무진 애를 쓰면서도 그렇게 살지를 못하고 불행하게 살아갑니다. 왜 그럴까요? 행복에 이르는 본질을 제대로 알지 못한 탓입니다. 사랑의 출발은 자기자신을 사랑하는 것에서부터입니다. 거기에 무슨 조건이 있습니까? 자기를 자기 스스로 사랑해 주는 것에는 어떤 조건도 따를 수 없습니다.

타인을 위한 사랑도 마찬가지입니다. 조건이 없다는 것은 이성 간의 사랑이든, 동성 간의 사랑이든 다 마찬가지입니다. 행복의 본질은 바로 주는 삶, 베푸는 삶입니다. 사랑하는 삶이 행복에 이르게 하는 삶입니다. 그러나 사람들은 사랑에 대하여 바르게 알지 못합니다.

사랑은 본질적으로 주는 것임에도 사람들은 받는 것이 사랑인 줄로 오해합니다. 사랑의 본질이 주는 것이요, 베푸는 것인데 사람들은 이를 알지 못하고 받으려고만 집착합니다. 그래서 행복의 언저리를 맴돌기만 한 채 갈등하고 아파하고 고통스러워합니다. 그러기에 진정으로 행복해지기를 원한다면 사랑의 본질에 대하여 먼저 알아야 합니다.

사랑은 주는 것이요, 베푸는 것이요, 섬기는 것임을 알아야 합니다. 주는 사람이 행복해지고 섬기는 사람이 진정한 행복을 누릴 수 있게 됩니다. 하나님은 베푸는 사람에게 행복을 선물로 주십니다.

> "부하려 하는 자들은 시험과 올무와 여러 가지 어리석고 해로운 욕심에 떨어지나니 곧 사람으로 파멸과 멸망에 빠지게 하는 것이라"(딤전 6:9).

돈을 어떻게 쓰는지를 보면 그 사람을 알 수 있듯이 성도의 돈의 사용처를 보면 그 사람의 신앙을 엿볼 수 있습니다. 물론 절약하며 규모 있게 사는 것은 잘못이 아닙니다. 문제는 돈에 대한 자세입니다. 우리는 내 생명과 삶이 하나님 것이라는 고백은 쉽게 하면서도 내 돈지갑이 하나님 것이라고 인정하는 것은 쉽지가 않습니다. 돈에 대한 문제는 신앙에 대한 문제입니다.

우리에게 주신 물질은 움켜쥐기 위한 것이 아니라, 하나님께서 필요한 곳에 쓰도록 맡겨주신 것입니다. 내게 있는 지갑의 소유권은 어디에 있는지요?

개그맨 이동우 씨는 결혼하고 100일이 지난 뒤 '망막 색조 변성증'이라는 불치병으로 시력을 잃게 되었습니다. 안타까운 사연을 들은 천안에 사는 40대 남성이 그에게 눈을 기증하겠다고 밝혔습니다. 이동우 씨는 기쁜 마음으로 한걸음에 달려갔지만, 그 남성의 눈을 기증받지 않고 돌아왔습니다.

"왜 그냥 돌아오셨나요?"

"이미 받은 거나 마찬가지입니다. 그분은 저에게 세상을 보는 눈을 주셨기 때문입니다."

눈을 기증하겠다는 그 남성은 '근육병' 환자였습니다. 사지를 못 쓰는 그에게 오직 성한 곳은 눈밖에 없었습니다. 이동우 씨가 말했습니다.

"나는 하나를 잃고 아홉을 가진 사람인데 그분은 오직 하나 남아 있는 것마저 주려고 합니다. 어떻게 그걸 달라고 할 수 있겠습니까?"

사랑의 본질은 그 성격에 따라서 대상과 강도가 달라집니다. 그러나 사랑은 분별할 수 없는 격렬한 감정이나 조절하기 어려운 감정도 아니며 미지의 사람에게 보내는 막연한 애정도 아닙니다. 사랑이란 그 의미가 매우 광범위하고 다양하게 사용되기 때문입니다. 즉, "사랑이란 본래 주는 것이지 받는 것이 아니다."라고 하였습니다.

흔히들 말합니다. 상대가 원하는 걸 해주는 것이 사랑이라고. 하지만 그건 작은 사랑인지도 모릅니다. 상대가 싫어하는 것을 하지 않는 것이야말로 큰 사랑이 아닐까요? 사랑의 본질이 그렇습니다. 사랑은 함부로 변명하지 않습니다. 사랑은 순간의 상황을 모면하기 위해 이리저리 돌려 말하거나 방패막이가 될 만한 부차적인 이유를 내세우지 않습니다. 사랑은, 핑계를 댈 시간에 둘 사이를 가로막는 문턱을 넘어가며 서로에게 향합니다.

2. 사랑받고 싶으면 내가 먼저 사랑하라

"그러므로 무엇이든지 남에게 대접을 받고자 하는 대로 너희도 남을 대접하라 이것이 율법이요 선지자니라"(마 7:12).

노인들은 대접받기를 바랄 수 있습니다. 그렇다면 남을, 젊은이들을 대접하라는 말씀입니다. 이 말씀은 우리가 인간관계를 어떻게 가져야 하는지, 어떻게 이웃을 사랑하며 살아가야 하는지에 대한 말씀입니다. 주님께서는 우리에게 '대접하라'라는 말씀으로 교훈하십니다. 흔히 신학자들은 이 말씀을 「기독교의 황금률」이라고 합니다. 황금률, 즉 신약성경의 모든 진리, 말씀 가운데 가장 귀한 가치를 가지고 있는 말씀이라는 뜻입니다.

사람들에게 칭찬받는 일은 참으로 좋은 일입니다. 그러나 더 좋은 일은 타인에게 사랑을 받는 것입니다. 남에게 사랑받는 일은 행운의 여신이 내리는 은총 때문인 경우도 있지만, 그보다는 자신이 노력한 결과인 경우가 더 많습니다.

비록 행운의 여신이 인도해 주어 사랑을 받는다 할지라도 이를 끝끝내 유지시키려면 노력이 필요합니다. 남보다 뛰어난 재능을 가지고 있다 해서 남의 호의를 계속 받는 건 아닙니다. 호의는 내가 남에게 어떻게 베푸느냐에 달려 있는 상대적인 일입니다. 그러니 남에게 친절을 베풀고 한 마디 말이라도 조심해서 하고, 평상시의 말과 행동에는 더욱 조심해야 합니다. 남에게 사랑을 받고 싶거든 내가 먼저 남을 사랑할 일입니다.

"사랑받고 싶으면 사랑하라 그리고 사랑스럽게 행동하라."
-벤저민 프랭클린-

사랑하기만도 너무 짧은 인생입니다. 소중한 사람들에게 사랑한다고 말씀하십시오. 있는 그대로를 감사하십시오. 지금, 이 순간이 행복입니다. 마음껏 누리십시오. 행복하기만도 너무 짧은 인생입니다. '사랑한다'라는 말은 지금, 이 순간의 희로애락을 함께한다는 뜻입니다. '사랑했다'라는 과거형도, '사랑하겠다'라는 미래형도 아닙니다. 살아 숨 쉬는 현재 진행형입니다. 지금 바로, '사랑한다'라고 거듭 말하세요. 인생은 짧습니다.

사랑받고 싶으면 사랑하십시오. 사랑받고 싶으면 먼저 자신을 사랑하십시오. 내가 나를 사랑하지 않는데, 타인이 어떻게 나를 사랑할 수 있겠습니까? 내 몸을 사랑하고, 내가 사랑하는 것들을 먹고, 나의 시간을 소중히 여기고, 내가 좋아하는 것들을 음미하며 사는 삶이 되어야 사랑하며 살 수 있습니다. 자신을 사랑하면 당연히 사랑스럽게 행동합니다.

킴볼은 교회에서 아이들을 가르치는 교사였습니다. 그는 '무디'라는 아이가 교회에 나오지 않자 걱정이 되었습니다. 사람들에게 물어 무디가 일하고 있는 구둣방으로 찾아갔습니다. 무디는 생활이 어려워 학교에 다니기 힘들었고, 어려서부터 구두 수선으로 생활비를 벌었습니다. 무디는 아무도 자신에게 관심이 없을 거라고 생각했었지만, 킴볼은 그를 기억하고 그가 일하는 곳까지 찾아와 주었습니다.

킴볼은 무디의 손을 붙잡고 그를 위해 기도해 주었습니다. 무디는 다시 교회를 찾았고, 훗날 목사가 되어 미국을 변화시킨 대 부흥사로 이름을 떨치게 되었습니다. 한 소년에 대한 교사의 작은 관심과 사랑이 소년을 위대한 종교 지도자로 성장시킨 것입니다.

지금 내 주변에는 어떤 사람들이 있습니까? 친구가, 자녀가, 제자가 가능성이 보이지 않는다고 그의 삶을 방관하고 있지는 않는지요? 사랑의 눈으로 바라본다면 누구에게든지 보석 같은 미래를 발견할 수 있습니다. 지금 다가가 응원해 주세요. 그의 미래가 세상을 변화시키게 될 것입니다.

사랑받고 싶으면

1) 남에게 무리한 요구를 하지 않습니다. 타인의 마음을 헤아릴 줄 아는 사람은 사랑받습니다. 또 너무 완벽을 추구하지 않고 알맞게 너그러우며, 인생을 80% 사는 사람에게는 편안함과 여유가 느껴집니다.

2) 기다릴 줄 압니다. 사람들에게 사랑받는 사람은 기다려야 하는 시간을 헛되다고 생각하지 않고, 오히려 즐거운 이야기로 지루한 시

간을 잊게 만듭니다.

3) 혼자서도 즐길 줄 압니다. 자기 일은 알아서 해결하고 혼자서도 즐길 줄 아는 사람은 자기가 즐겁다고 생각하는 것들을 다른 사람에게 나누어줍니다. 불편하기보다 작은 일에 행복을 느낍니다. 이를 위해 인생의 목표를 정해 자기만의 일을 찾습니다.

4) 의지가 됩니다. 든든한 의논 상대가 되어 주는 사람은 인내심이 강합니다. 남의 실패도 진심으로 걱정해 주며 험담이 돌때 퍼트리지 않고 자신에게서 멈춥니다.

5) 다른 사람을 높여줍니다. 남의 단점보다는 장점을 찾아내고, 이를 칭찬할 줄 압니다. 하지만 무턱대고 칭찬하지 않으며, 상대의 개성이나 약점까지도 감싸줍니다. 그러나 만약 내가 나 자신을 싫어한다면, 다른 이가 나를 좋아할까요? 무엇보다 나 자신을 사랑하면서 나를 높이는 것이 중요합니다.

거울은 '앞'에 두어야 하고, 등받이는 '뒤'에 두어야 합니다. 잘못은 '앞에서' 말해야 하고, 칭찬은 '뒤에서' 해야 합니다. 주먹을 앞세우면 '친구'가 사라지고, 미소를 앞세우면 '원수'가 사라집니다. 미움을 앞세우면 상대편의 '장점'이 사라지고, 사랑을 앞세우면 상대편의 '단점'이 사라집니다.

애인을 만드는 것과 친구를 만드는 것은 '물'을 '얼음'으로 만드는 것과 같습니다. 그것은 만들기도 힘이 들지만, 녹지 않게 지키는 것은 더 어렵습니다. 내가 읽던 '책'이 없어져도 그 책의 '내용'은 머리에 남듯, 내가 알던 사람이 떠나가도 그 사람의 말과 행동은 머리에 남습니다.

우산 잃은 사람보다 더 측은한 사람은 '지갑' 잃은 사람입니다. 지갑 잃은 사람보다 더 측은한 사람은 '사랑' 잃은 사람입니다. 이보다 더 측은한 사람은 '신뢰' 잃은 사람입니다.

가진 자끼리 하는 포옹은 따뜻하지 않고, 못 가진 자끼리 하는 포옹은 따뜻합니다. 그러나 가진 자와 못 가진 자의 포옹은 그 주위를 덥힐 만큼 뜨겁습니다.

이 세상에 행복보다 더 좋은 것이 있습니다. 그것은 만족입니다. '큰 행복'이라도 '만족'이 없으면 불행이고, 아주 '작은 행복'도 만족이 있으면 큰 행복입니다. 귤이 있다 없어진 자리에는 향긋한 '귤 냄새'가 남고, 새가 놀다 간 자리에는 지저분한 '새털'이 남습니다. 사랑이 있다 간 자리에는 아름다운 '추억'이 남고, 욕심이 설치다 간 자리에는 안타까운 '후회'가 남습니다.

'희망'이란 촛불이 아니라 '성냥'입니다. 바람 앞에 꺼지는 촛불이 아니라 꺼진 불을 다시 붙이는 '성냥'입니다. '용기'란, 깃대가 아니라 '깃발'입니다. 바람이 불면 불수록 더 힘차게 나부끼는 '깃발'입니다. 오늘도 새로운 하루가 시작됩니다. 나는 오늘을 얼마나 만족하며 살까요? 예쁜 눈 크게 뜨고 뛰뛰 빵빵~~ 우리의 행복열차는 신나게 달려갑니다. 나의 오늘 우리의 오늘 모두의 오늘 당신과 나 행복한 삶을 위해 최선을 다합시다.

3. 자신을 사랑하라

"그리스도께서 너희를 사랑하신 것 같이 너희도 사랑 가운데서 행하라 그는 우리를 위하여 자신을 버리사 향기로운 제물과 희생제물로 하나님께 드리셨느니라"(엡 5:2).

자신을 사랑하십시오. 자신을 진정으로 사랑할 수 있을 때, 남을 사랑할 수 있습니다. 자신을 사랑할 때, 남들이 나에 대해서 어떤 말을 해도 쉽게 흔들리지 않습니다. 세상은 사랑하는 만큼 아름다워지며, 노력하는 만큼 잘 살게 되고, 가슴을 여는 만큼 풍족해지고, 참는 만큼 성숙해집니다.

자기를 사랑하고 믿는 사람이 성공합니다. 자기를 사랑하는 사람은 자신의 장점을 발휘할 수 있는 길을 찾아 탄탄대로를 걷습니다. 그러나 성공의 유무를 떠나서 자기가 자신을 사랑하지 않는다면 세상 그 누구의 사랑도 받을 수 없습니다. 다른 사람의 인정과 사랑은 당신의 마인드에서 비롯되기 때문입니다.

하버드대학 심리학자 에머슨은 "나 자신의 생각을 믿는 것, 내가 옳다고 생각하는 것이 누구에게나 옳다고 믿는 것, 이것이 바로 천재성입니다."라고 말했습니다. 자신을 믿어야 잠재력을 일깨우고, 자신감 있게 성공의 길로 나아갈 수 있습니다.

열등감은 자신에게 있는 장점과 희망을 발견하지 못하게 막는 부정적인 감정입니다. 성공하고 싶다면 당신 내면의 열등감부터 밀어내야 합니다. 열등감이 있는 자리에 자신감을 채우게 된다면 자신이 가진 단점을 부정하지 않게 되므로 자아를 잃는 법이 없습니다.

자기자신을 받아들이지 않으면, 자기애를 위한 공간은 없습니다. 숨이 막혀 곧 사라지고 말 것입니다. 세상을 위해 변장을 하고, 다른 사람들에게 진정한 자신이 아닌 사람을 믿게 하는 것은 가치가 없습니다. 이제는 자신을 잘 이해하고, 자신이 스스로를 배신하고 있다는 것을 깨달을 때가 온 것입니다. 스스로를 사랑하기 위해서는 자신을 받아들여야 합니다. 자신을 받아들이기 위해서는 자신이 누구인지 알아야 합니다. 자신의 가장 깊은 곳으로부터 자신을 발견하고, 스스로를 안아주어야 합니다.

"자기애는 외적인 자신에 대해 어떻게 느끼는지와는 별로 상관이 없다. 이는 자신 전체를 받아들이는 것이다." -타이라 뱅크스-

삶이 힘겨울 때 해볼 7가지

1) 삶이 힘겨울 때 새벽 시장에 한번 가보십시오. 밤이 낮인 듯 치열하게 살아가는 상인들을 보면 힘이 절로 생깁니다. 그래도 힘이 나질 않을 땐 뜨끈한 가락국수 한 그릇 드셔 보십시오. 국물 맛이 희

망을 줄 것입니다.

2) 자신이 한없이 초라하고 작게 느껴질 때 산에 한번 올라가 보십시오. 산 정상에서 내려다 본 세상은 백만장자 부럽지 않습니다. 아무리 큰 빌딩도 내 발 아래 있지 않습니까? 그리고 큰소리로 외쳐 보십시오. 난 큰 손이 될 것이다. 분명 이상하게 쳐다보는 사람이 있을 것입니다. 그럴 땐, 그냥 한번 웃어주세요.

3) 죽고 싶을 때 병원에 한번 가보십시오. 죽으려 했던 나 자신이 고개를 숙이게 됩니다. 난 버리려 했던 목숨! 그들은 처절하게 지키려 애쓰고 있습니다. 흔히들 파리 목숨이라고들 하지만 쇠심줄보다 질긴 게 사람 목숨입니다.

4) 내 인생이 갑갑할 때, 버스 여행 한번 떠나보십시오. 몇 천 원으로 떠난 여행, 무수히 많은 사람을 만날 수 있고, 무수히 많은 풍경을 볼 수 있고, 많은 것들을 보면서 활짝 펼쳐질 내 인생을 그려보십시오. 비록 지금은 한 치 앞도 보이지 않아 갑갑하여도 분명 앞으로 펼쳐질 내 인생은 탄탄대로일 것입니다.

5) 진정한 행복을 느끼고 싶을 땐 따뜻한 아랫목에 배 깔고 엎드려 재미난 책을 보며 김치 부침개를 드셔보십시오. 세상을 다 가진 듯 행복할 것입니다. 파랑새가 가까이에서 노래를 불러도 그 새가 파랑새인지 까마귀인지 모르면 아무 소용없습니다. 분명 행복은 멀리 있지 않습니다.

6) 사랑하는 사람이 속 썩일 때 이렇게 말해 보십시오. 그래 맘껏 나에게 풀어. 그리고 지금부턴 좋은 인연만 쌓아가자.

7) 하루를 마감할 때 밤하늘을 올려다보십시오. 그리고 하루 동안의 일을 하나씩 떠올려 보십시오. 아침에 지각해서 허둥거렸던 일,

간신히 앉은 자리 어쩔 수 없이 양보하면서 살짝 했던 욕들, 하는 일마다 꼬여 눈물 쏟을 뻔한 일, 넓은 밤하늘에 다 날려버리고, 활기찬 내일을 준비하십시오.

사랑의 주님!

그동안 함께 사는 의로운 삶이 아닌 나만 살기 위한 이기적인 삶을 위해 탐욕의 웅덩이에 빠진 저를 구하옵소서. 지금까지의 삶이 주님의 은혜와 축복이 아닌 스스로의 능력으로 살아왔다는 어리석음의 그늘에서 저를 구하옵소서.

우리를 향한 여호와의 말씀과 순종이 아닌 세상 속 무지한 포로가 되어 흠뻑 취해 방황하는 저를 구하옵소서.

전능하신 여호와의 율법에 따른 지혜가 아닌 선과 악을 분별하지 못하며 빛과 어둠을 스스로 바꾸려 하는 교만함에서 저를 구하옵소서. 여호와의 분노가 임하기 전에 주님의 위대함을 찬양하며 주님의 거룩함을 예배드릴 수 있도록 저를 악에서 구하옵소서. 예수님의 이름으로 기도드립니다. 아멘.

4. 자기를 낮추는 자

"무릇 자기를 높이는 자는 낮아지고 자기를 낮추는 자는 높아지리라" (눅 14:11).

몸의 면역력이 높아지면 세균이 침투하지 못합니다. 반면에 몸의 면역력이 떨어지면 세균이 쉽게 들어오고 병이 듭니다. 코로나의 변이가 끊임없이 일어나고 있습니다. 우리도 끊임없이 육체의 면역력을 높이기 위해 백신을 맞으며 노력하고 있습니다. 우리 영혼의 면역력은 자기를 낮추는 것입니다.

자기를 낮추는 자는 마귀의 유혹에 넘어가지 않지만, 자기를 높이는 자는 죄에 사로잡혀 버립니다. 그래서 자기를 스스로 높이는 교만은 패망의 선봉이요, 거만한 마음은 넘어짐의 앞잡이인 것입니다. 우리 크리스천들은 나를 낮추고 주님만 높여야 할 것입니다.

현대인은 교만합니다. 다른 사람들에 대해 신경을 너무 많이 씁니다. 남들이 나를 어떻게 평가하느냐에 신경을 쓰다가 자기 진실을 잃어버리고 다른 사람의 허물과 위선을 탓하고 남의 경건을 평가하기에 바빠서 자기의 경건을 다 잃어버렸습니다. 하나님 앞에서는 그 누구와 비교하여 설 수 없습니다. 하나님은 각자의 중심 깊은 곳을 보십니다.

교만한 사랑은 사랑이 아닙니다. 사랑이라는 미명으로 또 하나의 거짓을 범하고 있는 것입니다. 사랑에는 피곤이 없습니다. 거짓된 사랑이기에 피곤이 따르는 것입니다. 참으로 겸손한 사람만이 진실한 사랑을 할 수 있습니다. 계속적으로 하나님 앞에 참회하는 진실을 가지고 형제와 이웃을 볼 때 존경과 함께 진심으로 그들을 사랑하게 될 것입니다.

그리스도는 죄인의 친구입니다. 죄인을 위하여 오셨습니다. 십자가의 은혜는 오직 회개하는 죄인에게만 필요한 것입니다. 이제 우리는 하나님 앞에서 나의 진실을 찾고 참회와 겸손한 마음으로 형제와 이웃을 보십시다. 그 사랑의 열매가 나타날 것입니다. 하나님은 자기를 낮추는 자를 높여 주시고 또한 의롭다 하실 것입니다.

> "속에서 곧 사람의 마음에서 나오는 것은 악한 생각 곧 음란과 도둑질과 살인과 간음과 탐욕과 악독과 속임과 음탕과 질투와 비방과 교만과 우매함이니 이 모든 악한 것이 다 속에서 나와서 사람을 더럽게 하느니라"(막 7:21~23).

여러분도 한 번쯤은 이런 상상을 해 보셨는지 모릅니다. 바로 '투명 인간'이 되는 것입니다. 드라마의 소재로, 영화의 소재로, 소설책의 소재로도 종종 등장하는 것이 '투명 인간'입니다. 투명 인간이 되어서 나를 괴롭혔던 사람들을 혼내주고 싶다든지, 적군의 공격을 피하든지, 다른 사람의 비밀 이야기를 엿듣고 싶은 상상을 해 본 적이 있을 것입니다.

반지의 제왕이라는 영화에서도 반지를 끼면 사람들 눈에 안 보이는 장면이 있습니다. 어쨌든 여러분에게도 반지를 끼면 사라지고, 반지를 빼면 다시 사람들 눈에 보일 수 있게 된다면 어떤 일을 하고 싶으신가요?

투명 인간이 되면 사람들은 자신의 욕심을 따라 살려는 경향이 있습니다. 자신의 욕망을 채우는데 투명 인간이라는 힘을 사용합니다. 왜냐하면 인간의 마음속에 있는 죄의 본성 때문입니다. 사람 마음속에 있는 '음란, 도둑질, 살인, 간음, 탐욕, 악독, 속임'이 가득하기 때문에, 다른 사람들 눈에 보이지 않게 되는 '신기한 힘'이 생기면 자기가 옳은 대로 하게 된다는 것입니다.

그런 죄의 모습이 하나님 앞에 서게 되면 다 드러나게 되어 있습니다. 빛이 어두움을 밝히기 때문입니다. 세리가 자신의 가슴을 치면서 본 것이 바로 자신의 마음입니다. 죄로 가득한 자신의 모습은 하나님 앞에서 기도할 때만 볼 수 있는 것입니다.

이사야가 하나님을 뵈었을 때도 같은 기도를 했습니다.

> "화로다 나여 망하게 되었도다 나는 입술이 부정한 사람이요 나는 입술이 부정한 백성 중에 거주하면서 만군의 여호와이신 왕을 뵈었음이로다 하였더라"(사 6:5).

하나님 앞에서 드리는 기도가 응답될까요? 사람들 앞에서 자랑하는 기도가 응답될까요? 우리는 하나님 앞에서 기도해야 합니다. 그러면 우리의 마음을 볼 수 있습니다. 또한 우리가 보게 될 것입니다. 하나님의 은혜가 아니고서는 의롭게 될 수 없는 존재라는 것을 말입니다. 세리가 한 일은 아무것도 없지만, 그가 한 일은 하나님의 앞에서 자신의 모습을 보고 하나님의 은혜를 구한 것입니다.

주님이 우리에게도 동일하게 말씀하십니다. "누구든지 자기를 높이는 사람은 낮아지고 자기를 낮추는 사람은 높아질 것이다"라고 말입니다. 우리를 높이시는 분은 하나님이십니다. 죄인을 예수 그리스도로 인해 의롭다 칭해 주시며, 한없이 낮아진 우리를 하나님의 영광의 자리로 초대해 주시는 것입니다.

예배는 하나님을 높여드리는 것입니다. 그러기 위해서는 내가 낮아져야 합니다. 하나님 앞에 설 때 우리는 낮아질 수 있습니다. 그리고 하나님은 우리에게 은혜를 베풀어주시는 것입니다. 주님의 임재 아래, 주님의 권위 아래, 주님의 영광 아래에 있게 되기를 바랍니다. 그러면 하나님 아버지께서 예수 그리스도를 통한 용서를 베풀어 주십니다.

> "너희는 그 은혜에 의하여 믿음으로 말미암아 구원을 받았으니 이것은 너희에게서 난 것이 아니요 하나님의 선물이라 행위에서 난 것이 아니니 이는 누구든지 자랑하지 못하게 함이라"(엡 2:8~9).

비유를 통해 우리가 배워야 할 것은, 우리가 겸손해야 한다는 것입니다. 우리는 자랑할 것이 없습니다. 만일 자랑할 것이 있다면 하나님의 은혜뿐입니다. 나 같은 죄인 살리신 주님의 은혜만이 우리의 자랑이 되기를 바랍니다. 하나님 앞에서 드리는 기도를 주님은 기뻐하십니다. 우리가 하나님께 예배드리는 자가 되어야 할 것입니다. 우리에게 주시는 주님의 말씀입니다. "무릇 자기를 높이는 자는 낮아지고 자기를 낮추는 자는 높아지리라 하시니라"(눅 18:14).

아버지 하나님!

사랑한다고 하지만 거짓이었고, 진실을 말한다고 하나 참회가 없는 저희들을 불쌍히 여겨 주셔서 나는 죄인이라고 가슴 치며 회개하는 진실을 주시옵소서.

참회와 겸손으로 하나님의 은혜에 감사와 찬양을 드릴 수 있게 하여 주시고, 내 이웃을 사랑하며 어떤 굴욕과 부조리한 현실 속에서도 하나님 앞에서 진실을 잃어버리지 않는 저희들이 되게 하여 주시옵소서. 예수님의 이름으로 기도드립니다. 아멘.

5. 주는 자와 받는 자

"주는 것이 받는 것보다 복이 있다"(행 20:35).

주 예수께서는 "주는 것이 받는 것보다 복이 있다."라고 하셨습니다. 즉 하나님의 약속은 받는 자가 아니라 주는 자에게 주어진 것입니다. 그러므로 관심을 받기보다는 먼저 관심을 주십시오. 사랑을 받기보다 먼저 사랑을 주십시오. 당신을 모욕하는 자들과 전혀 하나님이 없어서 소망이 없는 자들을 포함한 모든 사람에게 먼저 그리스도의 사랑을 입증하십시오. 이것이 바로 하나님께서 당신에게 바라는 삶의 방식입니다.

마틴 루터는 "천국은 감사하는 자만 가는 곳이다."라고 말했습니다. 그러므로 스트레스 받을 이유도 없고, 누구를 원망하거나 미워할 이유도 없으니 오늘도 기쁘고 감사하며 행복하게 삽시다. 채우면 비워지고 비우면 채워지는 그것이 인생입니다. 주는 자가 받는 자보다 더 행복합니다.

미국의 성공한 식품회사인 프리토에 관해 놀랄만한 것은 견고하게 짜인 훌륭한 경영조직이 아니며 잘 행해지고 있는 광고 프로그램도 아닙니다. 놀라운 것은 거의 만 명에 이르는 세일즈의 힘이며 그것의 99.5%가 봉사의 정신이라는 점입니다.

프리토는 우리의 짧은 안목으로 볼 때 분명히 비경제적인 일들을 행하였습니다. 30불짜리 포테이토칩 상자 두 개를 상회에 배달하기 위해 프리토 회사는 몇 백 달러를 소비하며 트럭을 보냅니다. 그것은 돈을 벌지 못할 조치인 것처럼 보일 것입니다.

그러나 그 회사는 포테이토칩 한 상자를 배달하기 위해, 또는 허리케인이나 어떤 사고로 인해 어질러진 상점을 깨끗이 청소해 주기 위해 모진 날씨도 무릅쓰고 달려가는 세일즈맨들의 이야기로 가득 차 있습니다.

이러한 행위에 대한 감사의 편지가 본사에 쇄도하고 있습니다. 이렇게 봉사를 심은 결과 프리토 레이 회사는 많은 판매량을 내고 있으며 매년 포테이토칩과 프레츨 판매가 20억 불 이상에 이르렀으며 미국 시장의 60-70%를 장악하고 있습니다.

여러분은 주는 정신과 다른 사람을 돕기 원하는 정신을 갖는 것이 중요함을 깨달으십시오. 이것은 봉사를 실행하는 것이 하나의 자연스러운 습관이 되게 합니다. 그러나 세상에는 두 종류의 사람이 있습니다. 주는 자와 받는 자입니다. 주는 사람은 투자의 원리를 실행합니다. 받는 사람은 주는 것을 투자로 보지 않고, 그들이 가진 것은 무엇이든지 쌓아 두려고 하는 사람입니다. 궁극적으로 주는 사람은 승리하며 받는 사람은 실패합니다.

“주라 그리하면 너희에게 줄 것이니 곧 후히 되어 누르고 흔들어 넘치도록 하여 너희에게 안겨 주리라 너희가 헤아리는 그 헤아림으로 너희도 헤아림을 도로 받을 것이니라”(눅 6:38).

남에게 주십시오. 그러면 당신도 받을 것입니다. 말에다 누르고 흔들어 넘치도록 후하게 담아서 당신에게 안겨 주실 것입니다. 당신이 남에게 되어 주는 분량만큼 당신도 받을 것입니다.

우리가 사랑을 너무 개인적 차원으로 생각하는 데 문제가 있습니다. 사람들은 흔히 사랑과 정의가 상충하는 것으로 생각합니다. 사랑은 따뜻하고 정의는 차갑다고 생각하며, 사랑은 용서하고 감싸주는 것이라 여기고 정의는 투쟁적이라고 생각하기 쉽습니다. 하지만 정의란 다수를 위한 사랑입니다. 오히려 진짜 사랑, 왼손이 하는 일을 오른손이 모르게 하는 순수한 사랑입니다. 받는 자를 비굴하게 하지 않는 건강한 사랑일 수 있기 때문입니다.

한 사람을 사랑하기도 쉽지 않습니다. 그러나 한 사람을 깊이 사랑하면 다수를 사랑할 수 있는 힘이 생겨납니다. 한 사람을 사랑하면서 겪은 오묘하면서도 아프고 슬픈 경험들이 개인적 사랑의 차원을 넘어 사회적 정의를 구현하는 원동력이 될 수 있습니다. 사랑은 실천입니다. 조용히, 드러내지 않고, 상대의 자존감을 높여주는 순수한 사랑의 실천이 우리 사회를 건강하게 만듭니다.

6. 아버지의 존재

"너는 네 하나님 여호와께서 명령한 대로 네 부모를 공경하라 그리하면 네 하나님 여호와가 네게 준 땅에서 네 생명이 길고 복을 누리리라"(신 5:16).

서강대 모 교수가 서울시에 거주하는 대학생들을 상대로 한 '아버지에게 원하는 것이 무엇인가?'라는 설문 조사 결과 40% 정도가 "돈을 원한다."라고 답을 했다고 합니다. 또 서울대학교 학생들을 대상으로 '부모가 언제쯤 죽으면 가장 적절할 것 같은가?'라는 설문 조사에서는 '63세'라고 답한 학생이 가장 많았다고 합니다. 그 이유가 은퇴한 후 퇴직금을 남겨놓고 사망하는 것이 가장 이상적이기 때문이라니 가슴이 답답할 따름입니다.

어쩌다 이 시대 젊은이들이 스스로 잘 살기 위해 노력하기보다는 피땀 흘려 이루어 놓은 부모 재산을 호시탐탐 노리는 강도가 되었는지 한숨만 나옵니다. 우리는 이미 63세가 다 넘었으니 벌써 죽었어야 할 나이네요. 자식들 조심합시다. 이 글은 '녹색평론'의 최근호 기사를 인용하였습니다. 사실이라면 공부 잘하는 것과 효도는 전혀 상관없는 건가요?

그래서 자식한테 재산 물려주기 위해 아등바등 할 것이 아니라 자기가 일군 재산 자기가 다 쓰고 죽어야 합니다. 아버지 앞으로 생명보험 많이 들어두면 '아버지 언제 죽나?' 기다리게 된다고 합니다. 장례식 치를 돈도 남기지 않으면 민폐 되니 장례식 비용 정도만 남기면 되겠지요. 그래서 「다 쓰고 죽어라」 라는 책이 나왔을 때 베스트셀러가 되었답니다.

그 책을 읽어보니 자기가 죽으면 가족들이 어떻게 살까 걱정하지 말고 마음 푹 놓고 죽으라고 하더군요. 물론 가진 돈 다 쓰고 말입니다. 자식들은 공부만 시켜주면 되지 재산까지 남겨주는 것은 자식을 버리는 지름길이라고 합니다. '내 죽으면 남은 애들이나 마누라가 어떻게 살까?' 걱정 안 해도 100%가 죽고 3년만 지나면 아버지 존재 까맣게 잊고 잘 산다고 합니다.

이 세상에 부모 없이 태어난 사람은 아무도 없습니다. 어머니가 태 안에 10개월 가까이 품고, 생사를 넘나드는 고통의 시간을 견딘 후에야 생명은 이 세상에 나와 빛을 보게 됩니다. 진자리 마른자리를 정성으로 갈아주시며 항상 옆에서 지켜주시고 사랑으로 보살펴주신 부모님의 은혜를 잊지 않아야 합니다.

이솝 우화에 나오는 청개구리 이야기가 오늘 우리에게 주는 교훈은 무엇입니까? 나중에 후회하지 않으려면 지금 부모님의 말씀을 잘 듣고 순종해야 한다는 것입니다. 우리 기독교는 효의 종교입니다. 성경 곳곳에서 효도를 강조하고 있습니다. 모든 그리스도인이 부모님 공경에 본을 보여야 하는 이유입니다.

에베소서 6장 2절은 "네 아버지와 어머니를 공경하라 이것은 약속이 있는 첫 계명이니"라고 말씀하고 있습니다. 부모 공경은 하나님의 명령입니다. 부모를 공경하는 것은 자녀 된 자의 도리입니다. 어려서는 부모님께 순종하고, 나이가 들어서는 부모님을 공경해야 합니다.

하나님은 이스라엘 백성들에게 십계명을 주셨습니다(출 20장, 신 5장). 1~4계명은 대신(代神) 계명이고, 5~10계명은 대인(對人) 계명입니다. 두 번째 대인 계명 중에서 가장 처음 나오는 계명이 바로 부모 공경입니다. 그래서 '첫 계명'이라고 부르는 것입니다.

첫 계명이란 다른 계명에 기본이 되고 제일 중요하다는 뜻입니다. 진정 하나님을 경외하는 사람은 부모도 공경하게 됩니다(요일 4:20). 눈에 보이는 부모를 공경하지 않는 자가 어찌 눈에 보이지 않는 하나님 아버지를 공경할 수 있겠습니까?

부모를 공경하는 자들에게 하나님께서는 복을 약속해 주셨습니다.

> "너는 네 하나님 여호와께서 명령한 대로 네 부모를 공경하라 그리하면 네 하나님 여호와가 네게 준 땅에서 네 생명이 길고 복을 누리리라"(신 5:16).

또한 하나님께서는 부모를 공경하는 자들에게 범사가 잘 되는 복, 즉 형통의 복을 주십니다. 진리 안에서 하나님과 부모를 공경한다면 그만큼 영혼이 잘 되며, 영혼이 잘 됨 같이 범사가 잘되고 강건하며 하나님의 지키심을 입게 된다는 것입니다.

부모를 공경하는 자들에겐 땅에서 장수하는 복을 주십니다. 부모를 공경하는 일이야말로 우리가 땅에서 잘되고 장수하는 비결입니다. 생명의 장수뿐만 아니라 한 나라가 장수토록 빼앗기거나 멸망치 않으며, 후손들도 경건하고 여호와를 경외하는 복이 계속될 것입니다.

우리 자녀들이 범사에 잘되고 장수하도록 살기 위해서는 효를 가르쳐야 합니다. 이는 하나님이 계명으로 주신 복의 약속이기 때문입니다. 우리를 낳아주시고 길러주신 부모님의 은혜에 감사하는 마음을 품어야 합니다. 자녀들이 잘 되는 비결은 주 안에서 부모를 공경하는데 있습니다. 부모 공경, 그것이 내가 복을 받고 자손이 복을 받으며 가정이 잘 되는 비결인 것입니다.

하나님과 부모 공경은 다른 것이 아닙니다. 하나님 아버지께서는 부모 공경을 통해 당신을 경외하게 하셨습니다. 늘 우리를 헤아리시고 보살피시는 하늘 아버지의 은혜를 우리는 날마다 가슴속에 새겨야 합니다.

하나님은 전적으로 자기희생을 통한 구원의 은혜를 주셨습니다. 우리 자녀들이 하나님 앞에서 잘 되는 비결은 하나님을 잘 믿는 것입니다. 우리 가정이 믿음 위에 든든히 서서 하나님을 잘 섬기고 하나님의 뜻 안에서 부모를 공경하는 가정이 되어 하나님으로부터 축복받게 되시기를 간절히 축원합니다.

7. 헌신적인 사랑

"예수께서 베다니 나병환자 시몬의 집에서 식사하실 때에 한 여자가 매우 값진 향유 곧 순전한 나드 한 옥합을 가지고 와서 그 옥합을 깨뜨려 예수의 머리에 부으니"(막 14:3).

이 향유의 값은 삼백 데나리온, 곧 노동자의 일 년 치 수입이었습니다. 얼핏 낭비로 보이는 이 행위를 예수님은 칭찬하셨습니다. 그것이 예수님의 십자가 죽음을 예비하기 위한 구속사적 예물이기도 했지만, 전 재산과 같은 자신의 옥합에 대한 권리를 포기한 여인의 사랑과 헌신에 감동하셨기 때문입니다.

신앙생활은 권리 포기의 연속입니다. 믿음의 길을 걷는다는 것은 주님을 사랑함으로 내 뜻을 주님 앞에 내려놓고 그분의 뜻을 이루어 가는 것입니다. 나는 나의 옥합에 대한 권리를 포기하고 주님께 드릴 수 있는지요?

성숙한 그리스도인의 삶을 살고 있는 한국인 나이팅게일, 하늘이 내린 천사 백영심 간호사의 헌신적인 사랑 이야기입니다.

1990년 9월, 김포국제공항 출국장. 당시 28세이던 백영심 간호사가 아프리카 케냐로 의료 선교를 떠나던 날이었습니다. 돌아올 날은 정해지지 않았습니다. 부모님은 공항 바닥에 두 다리를 쭉 뻗고 주저앉아 엉엉 울었습니다.

백 간호사는 2남 4녀 중 셋째 딸. 제주 조천읍 함덕에서 태어나 대학까지 제주에서 마쳤습니다. 자식을 육지로 내놓는 일만 해도 조마조마했는데, 그 귀한 셋째 딸이 결혼도 하지 않은 채 아프리카로 간다니! 백 간호사를 아프리카로 파송했던 한국 교회조차도 그가 금방 돌아올 줄 알았습니다. 처음엔 정식 선교사 월급 대신, 교회 청년들이 모아준 300달러(약 36만 원)와 병원 퇴직금을 가지고 떠났습니다.

하지만 백 간호사는 아프리카에서 30년을 '시스터 백'으로 살았습니다. 시스터 백은 현지 사람들이 그를 부르는 애칭입니다. 그는 케냐에서 4년, 나머지 세월은 아프리카 중에서도 최빈국이라는 말라위에서 보냈습니다. 자기 월급을 쪼개고 아껴 말라위에 유치원·초등학교·진료소를 지었고, 200병상 규모의 최신식 종합병원인 대양 누가병원과 간호대학 설립도 주도했습니다.

이 공로를 인정받아 백 간호사는 2012년 이태석 상, 2013년 나이팅게일기장, 2015년 호암상, 지난 8월 성천상을 받았습니다. 국내외에서 굵직한 사회봉사·의료인 상을 두루 받았지만, 언론 인터뷰는 손에 꼽을 정도입니다.

지난달 17일, 성천상 수상을 위해 서울에 온 백 간호사를 만났을 때도, 첫인사는 "저는 인터뷰할 만한 사람이 아닌데"였습니다. 지난달 18일 성천상을 받은 백 간호사가 환하게 웃고 있습니다. 이날 입은 원피스는 후배가 시상식 날 입으라고 선물해 준 것입니다. 하루 전 인터뷰에서 백 간호사는 국제 구호품 시장에서 1달러 주고 샀다는 남방과 면바지를 입고 왔습니다.

그는 "옷과 가방이 크게 필요 없다."라며 "나에게 필요한 건 이미 넘치도록 받고 있다."라고 했습니다. 그리고 그는 "다른 사람들이 다 각자 주어진 길을 가는 것처럼 저도 제 길을 가는 것뿐이지, 언론에 나올 만한 일이 아니라고 생각했어요. 지금도 어쩌다 보니 제 일이 조금 알려져서 인터뷰를 하지만, 오른손이 하는 일을 왼손이 모르게 하라는 말이 있는데, 저는 이 말을 '내가 한 일을 잊어버리는 것'이라고 생각하며 살았어요. 선교사로 조용히 숨어서 일하는 사람이 되고 싶어서, 주변에 개인 정보도 잘 드러내지 않았어요."라고 했습니다.

벽에 걸린 장식용 천은 말라위 특산품으로, 백 간호사가 현지에서 가져온 것입니다.

그녀에게는 '사랑 실천'이 삶의 소명이었습니다. 그가 수상한 '성천상'은 JW 중외제약 창업자인 고 성천 이기석 선생의 생명존중 정신을 기려, 음지에서 헌신적인 의료봉사활동을 통해 의료복지 증진에 기여하면서 사회적인 귀감이 되는 참 의료인을 발굴하기 위해 제정된 상입니다.

2008년 이명박 정부는 도산 안창호 선생의 막내아들인 안필영 등을 포함해 세계 각국에서 한국인의 위상을 드높인 재외 동포 42명을 '건국 60주년 재외 동포 명예위원'으로 위촉했습니다. 백 간호사도 여기 포함되면서 처음 언론에 이름이 알려졌습니다.

다음은 백 간호사와의 인터뷰 내용입니다.

"당시 짐바브웨·말라위 겸임 대사님이 대양 누가 병원 기공식에 참석하시면서, 제가 일했던 진료소에도 오셨어요. 이후 한국에서 명예위원이 됐다는 연락이 왔어요. '저 너무 바빠서 못 갈 것 같습니다.'라고 했더니, '그게 얼마나 치열한 경쟁을 뚫고 된 건데 무슨 말이냐?'라고 하시더군요. 너무 거절하면 교만하다고 할 것 같아, 알겠다고 했어요."

"그때 비행기 좌석을 비즈니스석에서 이코노미석으로 자진해서 바꿨어요. 나랏돈이고 나는 몸도 작은데 비즈니스석을 탈 필요가 없다고 생각해서, 이코노미석을 타고 왔어요. 차액을 돌려주셔서, 그걸로 현지에 필요한 약품을 샀습니다."

"이태석 상도 1회 때 수상을 권유받았지만, 사양해서 2회 때 받으셨다고요?"

"2회 때는 저희 간호대학이 막 문을 열었어요. 구급차도 필요하고 간호대학 버스도 필요한데, 가만 보니 상금이랑 필요한 금액이 맞아떨어져서 받겠다고 했어요."

백 간호사는 호암상 상금 3억 원은 현지에 도서관을 짓는 데 썼습니다. 성천상 상금 1억은 '현지 중·고등학교를 짓는 데 쓸 예정'이라고 했습니다.

"어릴 때부터 꿈이 간호사였나요?"

"큰언니 권유로 간호대학에 입학했지만, 방황을 많이 했어요. '나는 왜 사는가?' '뭐 때문에 간호 공부를 하는가?'와 같은 물음이 계속됐습니다. 그러다 1학년 여름방학 때 여수에 있는 애양원(한국 최초의 나병원)을 방문했는데, 거기서 제가 많이 깨졌어요.

그곳에 사는 사람들은 손과 발이 문드러지고 얼굴이 일그러졌는데도, 감사하고 기쁘고 평안해요. 천국에 사는 사람들처럼요. 그분들을 보면서 내가 사는 이유는 사랑이고, 그 사랑을 실천하는 도구가 간호라는 걸 알았습니다. 간호를 공부해서 사랑을 실천하는 삶을 살아야겠다고 생각하며 가장 어렵고 힘든 곳에서 내가 쓰임받았으면 좋겠다고 마음먹었어요.

졸업 후 대학 병원에서 6년간 일했는데, 스스로 성장할 수 있는 시간이었지만, 한편으로는 겁이 나더군요. 급여나 생활 안정성 면에서 안주해버릴 것 같아서요. 그 무렵 서울의 한 교회를 통해, 아프리카 케냐에 간호사가 필요하다는 말을 듣고 제가 가겠다고 손을 들었어요.

가족들은 가지 않기를 바랐죠. 그때 선도 많이 들어왔거든요. 결혼해서 평범하게 아기 낳고 살면 제가 하고 싶은 일을 못 할 것 같았어요. 둘 중 하나를 선택해야 한다고 생각했습니다. 부모님도 대학 때부터 워낙 제가 확실한 목표를 가지고 살아가는 걸 아셨기에, 결국엔 지지해 주셨어요."

"대학 병원 간호사로, 혹은 한국에서 아이 낳고 평범하게 살면서도 사랑을 실천할 수 있지 않은가요?"

"아프리카에 가야만 봉사하는 삶을 사는 건 아닙니다. 그렇지만 저를 더 요구하는 곳에서, 더 열악하고 힘든 곳에서 도움이 됐으면 했어요. 그게 아프리카였고요. 한국 대학 병원은 제가 없어도 일할 사람이 많잖아요."

"아프리카에서는 어떤 일을 하셨나요?"

"미국의 NP(전담 간호사·nurse practitioner) 같은 역할을 했습니다. 미국은 전문의 진료 전, NP가 진단을 내리고 처방전을 쓸 수 있어요. 케냐 간호협회에 등록하고 오리엔테이션을 거쳐 현지 간호 자격증을 취득했습니다. 이동식 진료 차량을 타고 왕진 가방 들고서 각 마을을 돌았어요. 피부 문제 있는 환자부터 말라리아 환자까지 다양한 환자를 돌봤습니다.

케냐에서 4년 일하다 말라위로 갔습니다. 케냐만 해도 동부 아프리카 중심 나라입니다. 수도인 나이로비에서는 국제회의도 많이 열리고, 대형 병원도 있고요. 당시 세계보건기구(WHO)에 의하면 말라위는 의료진이 인구에 비해 가장 부족한 나라였어요."

"언어도, 음식도 다른데 힘들지 않았나요."

"저는 인내하고 견뎌내는 것에는 자신이 있어요. 흙바닥에서도 잘 수 있고, 호텔에서도 잘 수 있고요. 성천상 시상식 전, 현지 교민

인터뷰에서 '간호사가 제대로 먹지도 못하고 일했다.'라는 얘기가 나와요. 말라위에 가니, 초기라면 간단하게 치료할 수 있는 병을 오래 내버려 둬서 위험해진 경우가 많았어요. 조기 치료와 추후 관리까지 할 수 있는 진료소가 필요하다는 생각을 했습니다.

그러려면 돈이 필요한데, 당시 한국은 IMF 외환 위기로 많이 어려웠어요. 지인들이 도와줬지만, 제 생활비도 줄여야 했죠. 바나나 하나, 커피 한 잔으로 버티는 날이 많았어요. 내가 가진 건 몸 하나, 젊다는 게 전부여서 그거라도 바쳐야겠다는 심정이었어요.

진료소 다음은 병원 건립이었습니다. 한 번은 새벽에 아이 엄마가 뇌성 말라리아 아이를 품고 진료소에 왔는데, 이미 혼수상태였습니다. 아이가 손도 못 써보고 제 품에서 죽었어요. 아이를 땅에 묻고 돌아오면서, '의료 시설이라도 뒷받침된다면 아이들을 살릴 수 있지 않을까, 병원을 세워야겠다.'라는 간절함이 생겼습니다."

"진료소와 달리 병원 건축은 돈이 훨씬 많이 들 텐데요."

"꿈으로만 간직하나 싶었는데, 어느 날 이동 진료를 가는 길에 한국에서 전화가 한 통 왔습니다. 이름도 얼굴도 모르는 분인데 '뭐가 필요하냐?'라고 묻더군요. 저는 1000불로 살림 사는 사람인데, 이분은 도와주시겠다는 규모가 달라요. 자꾸 필요한 걸 말해보라고 하기에, 병원이 필요하다고 했습니다."

평생 현역이 꿈

당시 백 간호사에게 전화한 사람은 해운 회사인 대양상선 정유근 회장(75)입니다. 정 회장은 유엔세계식량계획(WFP)과 함께, 기근 국가를 위한 원조 식량 운송을 했습니다. 가난과 기근으로 고통받는 국가를 직접 도울 방안을 찾던 정 회장은 WFP를 통해 백 간호사를 소개받았고, 그해 10월 아프리카에 '미라클 포 아프리카' 재단을 세워 병원 건립을 시작했습니다.

정 회장이 재단 이사장, 백 간호사가 이사를 맡았습니다. 2년 5개월 만에 200병상 규모의 최신식 장비를 갖춘 '대양 누가 병원'이 말라위 수도 릴롱궤에 세워졌습니다. 기공식에 말라위 대통령도 왔습니다.

"병원 기공식 날, 대통령이 오신다고 태극기를 가져오래요. 급하게 태극기 100개를 구했어요. 말라위 대통령이 달리는 길 양쪽으로 태극기 수십 개가 펄럭거리는데, 참 감격스럽더군요. 한국인으로서 자부심도 느껴졌습니다.

그렇게 지은 병원에서 아무런 직책도 맡지 않았습니다. 한국 사람들 조언은, 병원에서 제일 좋은 방을 쓰래요. 그래야 사람들이 우습게 안 보고, 품위도 지킬 수 있다고요. 제일 좋은 방은 현지인 병원장 주고, 주요 직책도 다 현지인들한테 맡겼어요. 이 병원은 제 것이 아니라, 이 사람들을 위한 거니까요."

"미라클 포 아프리카는 2010년에는 대양 간호대학을, 2012년에는 정보통신기술대학을 세웠습니다.

아프리카에 온 지 15년 정도 됐을 때, 변화가 없다는 생각에 회의감에 빠졌어요. 이대로라면 100년을 여기서 살아도 그대로일 것 같았어요. 교육만이 이들을 변화시킬 수 있다고 생각했습니다.

앞으로 목표는 평생 현역으로 살고 싶어요. 이제 병원은 현지인들이 자리를 잡아서 잘해나가고 있기 때문에, 저는 새로운 지역을 찾아 나서려고 합니다."

"돈에 대한 욕심은요?"

"돈이 필요한 건 맞아요. 그렇지만 '돈이 제일이다'라고는 하고 싶지 않습니다. '노후에 어떻게 할 거냐?'라고 걱정하는데, 아프리카는 고구마도 많고 호박도 많고 농산물은 되게 싸거든요. 내 몸 하나 입에 풀칠하고 살 수 있다는 배짱이 있어요. 지금 제가 입은 옷도 국제구호품 시장에서 1달러 주고 산 거예요. 저한테 필요한 건 넘치도록 받고 있어요."

"한 번 사는 인생, 가장 최선의 삶을 살 수 있는 게 어떤 길인가 선택해 보니, 그게 이 길이었어요."

이분이야말로 성숙한 그리스도인의 삶이 아닌가 싶습니다. 우리도 백 간호사처럼 주의 사랑을 나누며 하나님의 사랑을 이웃에게 실천할 수 있는 참된 그리스도인이 되시기를 간절히 소망합니다.

8. 자식은 부모의 거울이다

"여호와를 경외하는 것이 지혜의 근본이요 거룩하신 자를 아는 것이 명철이니라"(잠 9:10).

부모님의 말씀을 들으면 자다가도 떡이 생긴다는 말이 있습니다. 인생의 오랜 경험자이신 부모님의 지혜의 말씀을 들으면 결코 손해가 없이 유익이 있다는 교훈의 말입니다. 솔로몬이 지혜가 있었을 때는 온갖 부귀영화를 누렸지만, 말년에 하나님의 말씀을 버리고 이방 여인들의 말을 들음으로 멸망의 길을 자초하였습니다.

세상을 창조하시고 우리를 만드신 창조자의 지혜는 지금도 미련한 자들을 멸망의 길에서 돌이키도록 애타게 부르고 있습니다. 여호와를 경외함이 지혜의 근본이며 여호와를 아는 것이 명철입니다.

"예수는 지혜와 키가 자라가며 하나님과 사람에게 더욱 사랑스러워 가시더라"(눅 2:52).

자식은 부모의 거울이라는 말이 있습니다. 즉 자식을 보면 그 부모를 알 수 있다는 말입니다. 또한 부모는 자식의 거울이라는 말도 있습니다. 부모가 하는 것을 자식이 그대로 따라서 한다는 말입니다. 자식에게 상처를 주면 상처로 돌아오고, 희망을 주면 희망으로 돌아옵니다. 자식에게 대접받고 싶은 만큼 먼저 대접할 줄 알아야 합니다.

하나님의 아들이신 예수님은 육신의 부모님께도 효심이 지극한 아들이셨습니다. 그리고 예수님은 지혜와 키가 자라가며 하나님과 사람에게 더욱 사랑스러워 가셨습니다. 사랑은 경험을 통해 형성되고 경험된 사랑이 실천으로 이어집니다. 그래서 아이들에게 사랑을 경험시키는 것은 사랑의 씨앗을 심는 것과 같습니다.

요즈음 우리 사회는 극도의 개인주의로 인해 사랑이 메말라 가정이 파괴되기도 합니다. 우리에게 허락해 주신 자녀들이 자랄수록 믿음과 지혜가 자라나 하나님과 사람들에게 사랑스러워 가도록 사랑의 씨앗을 심으십시다. 자녀들은 부모를 보고 배웁니다.

"자녀는 부모의 거울이다"라는 말처럼 무게감이 느껴지는 말도 없습니다. 부모의 손에 있는 것이 자녀의 손에 들려질 것이고, 부모가 보는 것이 자녀의 눈에도 담기고, 부모가 있는 곳에 자녀도 함께 있게 되는 것처럼 부모의 모습이 자녀에게 재연되기 때문입니다.

혹여 부모는 잘 믿는데 자녀들이 믿음을 저버리는 일을 보면 부모의 삶이 이중적인 경우가 많습니다. 밖에서는 존경받는 신앙인이지만 가정에서는 인정받지 못하는 경우입니다. 자녀는 성경을 통해 하나님을 알아가기 전에 부모가 살아가는 모습과 방식을 통해 하나님을 알아갑니다.

말로 가르치는 부모는 하나님에 대한 지식은 줄 수 있어도 하나님을 인격적으로 만나게 할 수는 없습니다. 하나님에 관한 지식을 삶으로 살아내는 부모 곁에서 자라는 자녀는 예수 그리스도의 진리를 가슴과 삶으로 받아들입니다.

부모가 하나님에 대한 뜨거운 사랑을 가지고 있다면 자녀도 부모와 같이 하나님을 사랑하고자 하는 열망을 소유하게 될 것입니다. 그래서 부모는 하나님 형상의 대리자요, 끝없이 하나님을 갈망하는 삶의 모범이 되어야 합니다.

부모는 자녀의 신앙 선배로서 선한 역할 모델이 되어야 합니다. 가정에 하나님 보시기에 좋은 관습이 자리잡게 합시다. 가장 가까이에서 어떤 모습을 보여주느냐에 따라 자녀가 하나님을 뜨겁게 만나기도 하고, 하나님을 떠날 수도 있다는 사실을 잊어서는 안 됩니다. 부모의 믿음이 자녀를 믿음의 길로 이끕니다.

아브라함과 다윗이 그들의 후손들에게 '믿음의 조상'이라는 이름을 얻은 것처럼 우리의 자녀들에게서도 동일하게 아름다운 이름으로 불리는 은혜가 있기를 바랍니다.

> "오늘 내가 네게 명하는 이 말씀을 너는 마음에 새기고 네 자녀에게 부지런히 가르치며"(신 6:6~7).

요즘 세상은 인간으로 이해하기 힘든 사건들이 많이 일어나고 있습니다. 부모와 자식 간, 사람과 사람 사이에 일어날 수 없는 일들로 우리를 경악하게 합니다. 말세의 징조이기도 하지만, 어른 세대의 책임은 회피할 수 없습니다. 나만의 개인주의가 우리의 자녀들을 망치고 있으며 하나님을 경외함을 바로 가르치지 못한 우리 탓도 있습니다. 자녀들에게 꽃길을 주기보다 여호와를 경외함을 가르칩시다.

다음 세대에 대한 신앙교육을 다음으로 미루면 안 됩니다.

나는 주의 말씀을 마음에 새기고 날마다 자녀에게 부지런히 가르치고 있는지요?

자녀 교육은 부모가 가르치는 것이 아니라 보여 주는 거울과 같습니다. 부모의 말과 행동이 다르면 아이들이 보고 배울 게 없을뿐더러 신뢰성이 없어 그만큼 권위를 상실하게 됩니다. 먼저 부모가 자녀에게 실천하고 보여 줌으로써 아이들의 모범이 되는 게 부모의 첫째 교육입니다.

자녀교육은 부모가 실천하는 가운데 이루어져야 함을 올바로 깨달아야 합니다. 자녀가 바른길로 가지 않는 경우 자녀를 위한 기도와 아울러 부모가 무엇을 잘못하고 있는지를 돌이켜 볼 필요가 있습니다. 그리고 신앙생활 속에서 예수님을 바르게 전했는가를 살펴보아야 하겠습니다.

한 예로 아주 어렸을 때 장난감을 가지고 놀다가 '이제 그만하자' 하면 금방 어수선하게 늘어놓은 장난감들을 정리하곤 했습니다. 이런 훈련은 세월이 흐른다고 저절로 되는 것이 아닙니다. 인내가 요구됩니다. 무조건 하라고만 명령한다면 자칫 반항하는 아이들로 자라게 되고, 반대로 자유분방하게 기르면 품행이 바르지 못하게 됩니다. 그래서 스스로 하도록 요구하기 전에 부모가 본을 보여야 합니다. 아이들이 부모의 행동을 보고 배워 스스로 필요성을 느끼게 해야만 가능한 것입니다.

부모로부터 상처받은 자식들도 많이 있습니다. 자식들로부터 상처받은 부모들도 많습니다. 기막힌 일이지만 현실입니다. 무슨 연유로 그럴까요? 가장 가깝기 때문입니다. 멀리 있으면 부딪칠 일도 긁힐 일도 없습니다. 가까우니까 부딪치고 긁히고 서로 대못을 박습니다. 가슴에 박힌 아픈 대못이 수십 개지만 어머니, 아버지 이름을 부를 때마다, 자식들의 얼굴을 떠올릴 때마다, 눈물이 나는 까닭은 왜일까요? 사랑과 아픔은 하나처럼 붙어 있기 때문입니다.

미국의 한 연구팀이 '길거리에서 돈이 든 지갑을 줍는다면 사람들은 어떻게 행동할까?' 이 질문에 대한 답을 찾고자 흥미로운 실험을 했다고 합니다. 사람이 많이 다니는 곳에 50달러가 들어있는 지갑을 떨어뜨려 놓고, 그것을 발견한 사람이 어떻게 행동하는지 관찰하는 것이었습니다.

과연 결과는 어떠했을까요?

놀랍게도 120개 중, 80개의 지갑이 그대로 돌아왔다고 합니다. 연구진의 "왜 돈이 든 지갑을 그대로 돌려보냈나요?"라는 질문에 "어릴 적 부모님한테 그렇게 하라고 배웠기 때문입니다."라는 대답이 가장 많았다고 합니다. 부모의 행동과 가르침에 따라 아이의 도덕성은 길러집니다. '자식은 부모의 거울이다'라는 말이 절실히 와닿는 실험

결과입니다.

그리고 나를 돌아보게 하는 결과이기도 합니다. 내 맘대로 되는 자식은 없지만, 날 본받는 자식은 있다는 걸 잊지 말아야겠습니다. 오늘도 자식이 본받을 행동을 하기 위해 노력하는 하루가 됩시다. 결코 쉬운 일은 아니지만, 노력하는 모습조차 본이 될 수 있다는 것! 이것 또한 잊지 말아야 할 것입니다.

9. 칭찬과 격려의 힘

"사람은 그 입의 대답으로 말미암아 기쁨을 얻나니 때에 맞는 말이 얼마나 아름다운고"(잠 15:23).

사람들은 다들 격려를 필요로 합니다. 언제나 그 위치를 인정해 주고, 잘했을 때 칭찬해 주며 힘들 때 격려해 주면 무한한 힘을 발휘합니다. 좋은 말은 자신을 위한 기도이며 덕담은 좋은 관계를 만드는 밧줄입니다. 오늘도 칭찬과 덕담으로 멋진 하루 되어 봅시다.

같은 살구씨라도 집 뒤뜰에서 정성스러운 보살핌을 받은 나무는 좋은 살구를 맺지만, 야산에 심겨 돌봄이 없는 살구씨는 개살구를 맺게 됩니다. 마찬가지로 격려는 사람을 좋은 나무가 되도록 만듭니다.

늘 주변 사람들을 돌아보고 격려해 주십시다. 주님이 나에게 그러시는 것처럼 있는 그대로 인정해 주고, 칭찬해 주며 힘들 때 위로와 용기를 북돋아 주십시다. 아첨이 아닌 진정한 마음에서 나온 칭찬과 격려는 어떠한 성격의 소유자도 움직이게 하는 힘을 지니고 있습니다. 사람인 이상 감정이 있고 감정은 누군가가 자신을 인정해 주고 높이 보아줄 때 행복한 호르몬을 발사합니다.

피아니스트가 꿈인 한 소년이 있었습니다. 폴란드에서 태어났습니다. 소년은 꿈을 이루기 위해 열심히 노력했고 마침내 음악학교에 들어갈 실력을 갖추었습니다.

"얘야, 넌 손가락이 너무 짧고 굵구나. 피아니스트로선 성공하기 어려운 손이다. 차라리 다른 악기로 전공을 바꾸는 게 어떻겠니?"

교수들마다 이구동성으로 소년의 짧고 굵은 손가락을 지적합니다. 전문가들의 조언에 따라 빨간 머리 소년은 여러 다른 악기들에 도전합니다. 하지만 소년의 음악적 열정을 만족시켜 줄 만한 악기를 찾을 수 없었습니다. 피아니스트가 되고 싶었던 부푼 꿈이 절망으로 바뀌는 시간들이었습니다.

어느 날 소년은 한 파티 모임에서 분위기를 돋는 반주자로 피아노를 연주할 기회가 있었습니다. 파티가 끝나갈 무렵 한 신사가 소년에게 다가옵니다.

"아이야. 너는 피아노에 소질이 있구나. 열심히 공부해라."

신사의 곁에 있던 사람이 소년에게 말합니다.

"이 분은 아르트루 루빈스타인 선생님이셔. 이분 말씀을 믿어도 돼."

루빈스타인의 격려는 소년의 꺼져가는 꿈에 다시 불을 붙입니다. 쇼팽 이후 가장 뛰어난 폴랜드 피아니스트인 아르투르 루빈스타인의 격려를 받았으니 마치 꿈을 꾸는 것만 같았습니다.

이후 소년은 하루에 일곱 시간씩 피아노에 매달려 연습을 합니다.

1875년부터는 폴란드에서 가장 유명한 바르샤바 음악원에서 피아노를 전공하고 이후 독일과 오스트리아 유학을 거쳐 세계적인 피아니스트로 성장합니다. 1909년에는 다시 폴란드로 컴백해 모교인 바르샤바 음악원의 원장을 역임합니다. 그의 이름은 이그나치 얀 파데레프스키(Ignacy Jan Paderewski)입니다.

1892년, 파데레프스키가 무명의 젊은 시절 피아니스트로 활약할 때 일입니다. 스탠퍼드 대학에 다니던 학생 두 사람이 어려운 학생들의 학자금 마련을 위해 미국을 방문한 파데레프스키를 초청해 자선 연주회를 계획합니다. 2천 달러의 개런티를 약속하고 공연을 하기로 했으나 공연 수익금이 1600달러밖에 모이질 않았습니다. 학생들은 파데레프스키에게 우선 1600달러를 보내고 나머지 400달러는 나중에 갚겠다고 양해를 구합니다.

딱한 사정을 알게 된 파데레프스키는 1600달러마저 학생들에게 돌려보냅니다. 어려운 학생들이 학자금에 쓸 수 있도록 하라는 쪽지와 함께.

27년의 세월이 흐릅니다. 1914년 세계 1차 대전이 발발합니다. 당시 폴란드는 독일과 러시아, 오스트리아 등 3개국의 지배를 받고 있었습니다. 민족에 대한 뜨거운 사랑이 있던 파데레프스키는 전쟁이 터지자 바로 미국으로 건너가 우드로 윌슨 대통령에게 폴란드의 자유를 요청합니다. 윌슨 대통령이 제창한 민족 자결주의 원칙에 따라 1918년 폴란드는 완전히 독립을 이루어 폴란드 공화국이 탄생하게 됩니다. 그리고 폴란드 공화국의 초대 총리는 '이그나치 얀 파데레프스키'가 선출되었습니다.

빨간 머리 소년, 손가락이 짧고 굵어 피아니스트가 될 수 없다고 조롱당한 바로 그 소년이 자라 폴란드 초대 수상이 된 것입니다.

1차 대전의 후유증으로 폴란드는 극심한 식량난에 부딪힙니다. 수많은 난민이 발생합니다. 전쟁으로 초토화된 토지에서는 곡식이 자라지 않습니다. 가뭄까지 겹치면서 식량난은 극심해집니다. 백성들을 먹여 살리지 못한 무능한 총리라는 비난이 여기저기서 거세게 일어납니다. 폴란드 총리 파데레프스키는 식량 문제를 해결하기 위해 백방으로 노력합니다만 정치적으로 사면초가에 빠져 결국 사퇴를 결심하기에 이릅니다.

이때 놀라운 일이 벌어집니다. 폴란드에 갑자기 2백만 톤이나 되는 엄청난 식량이 도착한 것입니다. 미연방 식량 구호 궁에서 보낸 것입니다.

식량과 함께 도착한 편지에는 이렇게 쓰여 있었습니다.

"27년 전에는 정말 감사했습니다. 늦게나마 당신과의 약속을 지킬 수 있어 다행입니다."

파데레프스키는 27년 전에 무슨 일이 있었던 것일까 회상에 잠깁니다. 입가에 미소가 번집니다. 스탠퍼드 대학의 두 청년이 떠오른 것입니다. 그들은 1600달러의 기금을 돌려받으며 '훗날 꼭 이 은혜를 보답하겠다.'라고 약속했습니다. 27년 만에 그 약속을 지킨 것입니다.

스탠퍼드 대학생 중 한 사람은 훗날 미국의 31대 대통령이 된 허버드 클라크 후버였습니다. 후버는 당시 미국의 연방 식량 구호 국장이었습니다. 소년은 자라 청년이 되고, 청년은 자라 어른이 됩니다. 언제까지나 빨간 머리 소년으로 있을 것 같은 손가락이 짧고 굵었던 아이는 한 나라의 총리로 성장하고 폴란드를 굶주림에서 구출합니다. 학자금으로 곤란을 겪었던 대학생은 훗날 식량구호 국장을 거쳐 위대한 지도자로 성장합니다. 아르투르 루빈스타인의 격려를 생각합니다. 그의 진지한 조언과 격려가 없었다면 과연 폴란드의 미래는 어땠을까요?

한 쪽에는 '손가락이 굵고 짧은 사실을 지적하며 아이의 장래를 가로막는 어른'이 있었고, 다른 한쪽에는 '너는 피아노에 소질이 있다고 칭찬해 주는 격려의 대가'가 있었습니다.

인생을 살다 보면 스파크가 일어나는 만남이 있습니다. 그런 만남은 한 나라를 굶주림에서 구하기도 하고 한 아이의 인생을 우뚝 세워주기도 합니다.

재질이 단단한 참나무는, 다른 나무에 비해 타는 소리가 요란스럽게 다다닥거리지 않고, 불꽃이 화려하거나 높지 않으며, 엷은 푸른빛을 내며 오래오래 잘 탑니다. 그렇게 소리 없이 타면서 다른 것들의 밑불이 되어주고, 타다가 사그라져 꺼지면 참숯이 되어 다시 불을 일으킵니다. 사람들 중에도 말없이 타오르며 다른 사람의 밑불이 되어주고 따뜻한 온기를 내는 참나무 장작 같은 사람들이 있습니다.

먼저 손을 내미는 일, 사랑을 두려워하지 않는 용기, 외롭고 소외된 사람들을 보듬는 일, 먼저 헤아려주고, 먼저 아파해 주는 마음으로 서로가 서로에게 환한 빛이 되어주는 어떤 것. 그러한 것들이 밑불이 되어주는 일입니다. 오늘 하루도 남을 배려하고 칭찬과 사랑과 격려가 가득한 하루가 되었으면 하는 바람을 가져봅니다.

10. 이청득심(以聽得心)

"사연을 듣기 전에 대답하는 자는 미련하여 욕을 당하느니라"(잠 18:13).

우리는 살면서 말을 많이 하고 많이 듣기도 합니다. 그런데 사람의 심리는 자신이 하고 싶은 말만 하고, 듣고 싶은 말만 들으려 합니다. 말은 듣기에 좋은 말보다 진심이 담겨야 합니다.

하나님의 말씀 또한 내가 좋아하는 말씀만 들으면 영적으로 바르게 성장할 수 없습니다. 책망과 축복과 위로의 말씀을 골고루 묵상하며 하나님의 음성을 들어야 합니다. 하나님의 음성은 세상의 소리를 차단해야 잘 들립니다. 주님은 나에게 계속 말씀하시는데 나는 세상 사람과 계속 통화 중으로 주님의 음성을 듣지 못하는 것은 아닌지요?

"말이 많으면 허물을 면하기 어려우나 그 입술을 제어하는 자는 지혜가 있느니라, 입을 지키는 자는 자기의 생명을 보전하나 입술을 크게 벌리는 자에게는 멸망이 오느니라"(잠 10:19, 13:3).

입(口)을 열기 전에 귀(耳)를 먼저 여십시오.

'聖'은 인간이 도달할 수 있는 최고의 경지입니다. 音樂의 최고의 경지는 '樂聖'이고, 詩의 최고의 경지는 '詩聖'이고, 書의 최고의 경지는 '書聖'이고, 바둑의 최고의 경지는 '棋聖'입니다.

'聖'자를 보십시오. 참으로 뜻이 깊습니다. '耳' 자, '口' 자, '王' 자의 3요소가 합해진 글자입니다. '聖人'은 먼저 남 얘기와 歷史의 소리와, 眞理의 소리를 조용히 듣습니다. 모두 듣고 난 후에 입을 열어 말씀을 합니다. 듣고 말하는데 가장 뛰어난 존재가 '聖人'입니다. 그래서 '聖' 자는 '耳' 자, '口' 자, '王' 자의 세 글자 요소로 구성됩니다. 듣는 것이 먼저이고, 말을 하는 것은 나중의 일입니다. '耳' 자를 먼저 쓰고 '口' 자를 나중에 쓰는 것은 우연한 일이 아닙니다.

'聖' 자는 의미심장합니다. 남의 이야기를 바로 듣고 깊이 이해하려면, 많은 지혜와 체험과 사색이 필요합니다. 지혜와 체험과 사색이 부족한 사람은 피상적으로 듣고, 느낄 뿐입니다. 귀가 있다고 들리는 것은 아닙니다. 들을 줄 아는 귀를 갖고 있어야 들립니다. 文盲이 글을 못 보고, 色盲이 빛깔을 분간하지 못하듯, 머리가 모자라면 깊은 소리를 듣지 못합니다.

'孔子'는 나이 60이 되어서야 비로소 耳順의 경지에 도달했다고 합니다. 耳順은 남의 이야기가 귀에 거슬리지를 않는 경지요, 무슨 이야기를 들어도 깊이 이해를 하는 경지요, 너그러운 마음으로 모든 걸 관용하는 경지입니다. 아직도 귀에 거슬리게 들리는 건 수양이 많이 부족한 거 아닐까요?

以聽得心(이청득심), 사람의 마음을 얻는 최고의 지혜는 귀를 기울여 경청하는 것입니다. 말을 배우는 데는 2년이 걸리나, 경청을 배우는 데는 60년이 걸립니다. 마음을 얻기 위하여, 知慧를 얻기 위하여, 德을 얻기 위하여, 귀를 열어야 할 텐데 듣기보다 자꾸 말이 더 많아지니 이를 어찌해야 할까요...!!

손자병법에 보면, 가장 무서운 사람은 나의 장단점을 알고 있는 사람이고, 가장 경계해야 할 사람은 두 마음을 품고 있는 사람이며, 가장 간사한 사람은 타인을 필요로 할 때 이용하는 사람입니다.

가장 나쁜 친구는 잘못한 일에도 꾸짖지 않는 사람이고, 가장 해로운 사람은 무조건 칭찬만 해주는 사람이며, 가장 어리석은 사람은 잘못을 되풀이하는 사람입니다.

가장 거만한 사람은 스스로 잘났다고 설쳐대는 사람이고, 가장 가치 없는 사람은 인간성이 없는 사람이며, 가장 큰 도둑은 무사안일하며 시간을 도둑질하는 사람입니다.

가장 나약한 사람은 약자 위에 군림하는 사람이고, 가장 불쌍한 사람은 만족을 모르고 욕심만 부리는 사람이며, 가장 불행한 사람은 불행한 것이 무엇인지를 모르는 사람입니다.

가장 불안한 사람은 마음의 안정을 찾지 못하는 사람이고, 가장 가난한 사람은 많이 가지고도 만족하지 못하는 사람이며, 가장 크게 후회할 사람은 부모님께 불효하는 사람입니다.

가장 어리석은 정치가는 물러날 때를 모르는 사람이고, 가장 무서운 병을 앓고 있는 사람은 정신병을 앓고 있는 사람이며, 가장 파렴치한 사람은 아는 사람에게 사기 치는 사람이고, 상대의 말에 진심으로 귀 기울이는 것이야말로 상대에 대한 최고의 배려입니다.

11. 말 한마디로
자녀의 미래를 행복하게 열어주는 비법

"내 사랑하는 형제들아 너희가 알지니 사람마다 듣기는 속히 하고 말하기는 더디 하며 성내기도 더디 하라 사람이 성내는 것이 하나님의 의를 이루지 못함이라"(약 1:19~20).

성경에서는 말(혀, 입술)의 사용을 조심할 것을 당부하고 있습니다. 왜냐하면 말(語)의 위력은 말(馬) 한 마리의 끄는 힘보다 더욱 강력하기 때문입니다. 사람을 죽이는 저주의 말보다는 사람을 세우고 살리는 축복의 언어를 사용할 필요가 있습니다.

말에도 맛이 있습니다. 단맛, 쓴맛, 상한 맛, 싱싱한 맛.

오묘하고도 질감 넘치는 언어의 맛에 사람들은 사랑의 마술에 걸리기도 하고 미움의 질곡에 빠지기도 합니다. 힘을 얻어 다시 살기도 하고, 힘을 잃고 목숨을 내던지기도 합니다.

생오이처럼 아삭아삭 씹히는 가장 싱싱한 맛은 사랑의 말입니다.

"사랑해요. 당신이 좋아!" 있는 그대로, 감정 그대로, 숨김없이 남김없이 드러낼 때 세상은 온통 무지개 일곱 빛깔로 가득합니다.

아이에게 '정직함을 가르치는' 14가지 말.

① 네 눈으로 직접 확인해 보렴.

② 같은 입장이었다면 기분이 어땠겠니?

③ 사람마다 생각이 다르단다.

④ 속여서 이기는 것보다 지는 게 낫단다.

⑤ 규칙은 반드시 지켜야 해.

⑥ 남의 외모에 대해 함부로 말하면 안 된단다.

⑦ 잘못을 했으면 바로 사과하자.

⑧ 거짓말로 위기를 모면하면 마음이 슬퍼져.

⑨ 엄마(나)라면 어떻게 했을까?

⑩ 남의 이야기에 귀 기울이자.

⑪ 최선을 다하는 사람을 칭찬하자.

⑫ "나만 좋으면 돼." 하는 사람에겐 아무도 도움을 주지 않는단다.

⑬ 그러면 네 행동은 옳았니?

⑭ 말은 사람에게 상처를 주기 위해 있는 게 아니란다.

아이에게 '용기를 주는' 14가지 말.

① 어디 한번 해 볼까?

② 이런 일도 할 수 있구나!

③ 마지막 결정은 스스로 하렴!
④ 실패했으면 다시 하면 돼.
⑤ 무슨 일이든 최선을 다하자.
⑥ 엄마(아빠)는 언제나 네 편이란다.
⑦ 싸우지 않으면 안 될 때도 있단다.
⑧ 모든 것이 호박이라고 생각해 보렴!
⑨ 무서울 때는 큰 소리를 내 보자.
⑩ 모르는 것을 물어보는 것도 용기란다.
⑪ 남의 비웃음에 신경 쓰지 말아라.
⑫ 넌 훌륭한 사람이야.
⑬ 부드러운 네가 참 좋아.
⑭ 웃으면서 이야기할 때가 올 거야.

아이의 '기분을 밝게 하는' 14가지 말.

① 정말 잘 어울려.
② 좋은 일 있었니?
③ 엄마(아빠)는 언제나 널 믿는단다.
④ 웃는 얼굴이 최고야.
⑤ 잘했어!
⑥ 엄마(아빠)도 네 나이 때로 돌아가고 싶구나.
⑦ '안녕', '잘 자' 하고 인사를 나누자.
⑧ 참 좋은 친구들을 두었구나.

⑨ 이번엔 엄마(아빠)가 졌어.
⑩ 우리, 조금 느긋해지자.
⑪ 재미있니?
⑫ 자, 이제 싫은 소리는 이쯤에서 그만하자.
⑬ 이것이 네 장점이구나.
⑭ 어른이 다 되었네.

아이에게 '자신감을 심어 주는' 14가지 말.

① 도와줘서 고마워.
② 참 즐거워 보이는구나.
③ 잘되지 않을 수도 있어. 누구에게나 그런 경우가 있단다.
④ 아무리 생각해도 이해할 수 없는 일이 있단다.
⑤ 하고 싶은 말은 확실하게 하렴.
⑥ 참 재미있는 생각이구나!
⑦ 한번 해 보자.
⑧ 잘 참았어. 훌륭하다.
⑨ 엄마(아빠)는 네가 반드시 할 수 있다고 생각해.
⑩ 어떤 경우에도 너는 너야.
⑪ 엄마 아빠는 여기까지밖에 못했단다.
⑫ 가슴을 활짝 펴 보자.
⑬ 남과 다르다는 건 매우 중요한 거야.
⑭ 할 수 있다고 마음먹었으면 무엇이든 해 보자.

아이에게 '목표를 갖게 하는' 14가지 말.

① 포기하면 모든 것이 끝이란다.
② 초조해하지 마.
③ 잘했어. 내일도 해 보자.
④ 할 수 있는 계획을 세우자.
⑤ 익숙해지면 다 잘 될 거야.
⑥ 흥미 있다면 시작해 보자.
⑦ 끝까지 마무리하니 좋구나.
⑧ 관심을 가진다는 것은 매우 중요하단다.
⑨ 어렵겠지만 한번 해 볼까?
⑩ 널 다시 봤어!
⑪ 엄마(아빠)에게도 꿈이 있단다.
⑫ 엄마(아빠)도 처음엔 서툴렀어.
⑬ 잘되고 있니?
⑭ 고달팠던 경험이 언젠가는 도움이 된단다.

아이에게 '안정감을 주는' 14가지 말.

① 내일도 좋은 일이 있을 거야.
② 네 나름대로의 방법이 좋은 거야.
③ 세상에 쓸모없는 일은 없단다.

④ 괜찮아!
⑤ 뭐든지 다 잘하는 사람은 없어.
⑥ 맞서 보면 어떻게든 해결된단다.
⑦ 너 자신을 믿으렴.
⑧ 처음부터 자신 있는 사람은 없단다.
⑨ 순수한 사람일수록 상처를 잘 받는단다.
⑩ 내일은 내일의 태양이 뜬단다.
⑪ 너는 소중해.
⑫ 힘들면 도와줄게.
⑬ 잘못은 누구에게나 있어.
⑭ 좋은 것만 생각하자.

아이를 '활발하게 하는' 14가지 말.

① 크게 심호흡을 해 보자.
② 배가 고프면 일단 먹자.
③ 넌 결코 약하지 않아.
④ 밖에 나가 뛰어놀렴.
⑤ 우리 함께 노래할까?
⑥ 세상은 매우 넓단다.
⑦ 창문을 활짝 열어 놓으렴.
⑧ 네게 맡길게.
⑨ 함께 걷자.

⑩ 오늘은 날씨가 참 좋구나!
⑪ 아이들의 일은 노는 것.
⑫ 너는 리더야.
⑬ 굉장히 튼튼해졌구나.
⑭ 아빠랑 씨름할래?

아이에게 '감사와 감동을 가르쳐 주는' 14가지 말.

① 네 안에 보물이 있어.
② 귀를 기울여 보렴.
③ 보렴.
④ 참 신기하구나.
⑤ 예쁜 것을 보니 마음이 좋구나.
⑥ 그림이나 음악을 통해 세상을 배울 수 있단다.
⑦ 참 행복하구나.
⑧ 학교에 갈 수 없는 아이도 많단다.
⑨ 잘 먹겠습니다, 잘 먹었습니다.
⑩ 참 맛있겠다.
⑪ 고맙습니다.
⑫ 음식을 남기지 않을 때 엄마는 정말 기쁘단다.
⑬ 살아 있어서 좋구나.
⑭ 네가 착해서 좋아.

12. 부모는 자녀를 위해 기도하는 사람이다

"조금 나아가사 얼굴을 땅에 대시고 엎드려 기도하여 이르시되 내 아버지여 만일 할 만하시거든 이 잔을 내게서 지나가게 하옵소서 그러나 나의 원대로 마시옵고 아버지의 원대로 하옵소서"(마 26:39).

"나의 뜻대로 마옵시고 아버지의 뜻대로 하옵소서."라고 기도하셨던 주님의 겟세마네 기도를 기억합니다.

사도 바울은 "나의 약한 것을 자랑하노니 내가 약할 때 곧 강함이라"라고 하였습니다. 하나님 앞에 내 능력이 부인되고 내 경험과 지식이 부인될 때 그곳에 하나님의 능력이 나타납니다. 진정한 승리는 온전한 자기 부인을 통해 하나님이 부어주시는 능력에서 나오는 것입니다.

하나님 앞에 강한 자가 되지 않기를 소망합니다. 하나님 앞에 스스로 지혜롭다 여기지 않기를 바랍니다. 하나님 앞에 능력 있다 하지 않기를 바랍니다. 영광스러운 부활의 승리는 우리의 모든 것이 온전히 부인되고 십자가 앞에 엎드릴 때에 하나님이 주시는 것임을 믿습니다.

크리스천 부모의 첫 번째 의무는 자녀를 위해 기도하는 것입니다.

많은 부모님들이 착각하는 것이 있습니다. 자녀에게 좋은 것 먹이고 좋은 것 입히고 자녀 학원 보내서 공부시키면 부모의 의무를 다했다고 생각하시는 것 같습니다.

우리의 자녀는 우연히 태어난 것이 아닙니다. 우리 자녀들이 이 세상에 태어난 것은 반드시 이유가 있습니다. 하나님께서 우리 자녀를 통해서 무엇인가를 이루실 계획이 있으신 것입니다. 그 계획이 이루어지기 위해서는 부모가 기도해야 합니다.

주님은 우리 자녀가 정말 잘되기를 바라십니다. 세상에서 우리 자녀가 생육하고 번성하며 세상의 빛과 소금의 역할을 잘 감당하기를 바라십니다. 그러기 위해서는 부모님이 주님과 동역해야 합니다. 고린도전서 3장 9절을 보면 우리는 하나님의 동역자요, 하나님의 밭이며, 하나님의 건물이라고 했습니다.

성경 말씀처럼 주님과 우리는 동역자입니다. 우리는 자녀에게 육의 부모이고, 자녀에게 영적인 부모는 주님이십니다. 자녀를 위해 우리는 매일 기도로 주님과 힘을 합쳐야 합니다. 자녀를 잘 키우고 싶으십니까? 이제 매일 시간을 정해서 눈물로 기도해야 합니다. 하나님은 우리의 눈물의 기도를 반드시 기억해 주십니다.

자녀가 능력의 삶을 살기를 원하십니까?

오늘부터라도 자녀를 위한 기도 노트를 만들어 놓고 기도하십시오. 기도가 능력이 있는 것은 기도하는 사람에게 능력이 있는 것이 아니라 기도를 들으시는 주님께 능력이 있기 때문입니다. 아직은 자녀가 믿음이 깊지 않기 때문에 스스로 기도하지 않는 자녀들이 많습니다. 그래서 부모가 기도하며 기다려야 합니다.

자녀를 위한 기도문

주님!

오늘도 새로운 날을 주셔서 감사합니다. 하루하루를 주님이 주시는 기쁨의 선물로 여기겠습니다. 저희 가정에 이렇게 귀한 자녀를 주셔서 감사합니다. 제가 주님 안에서 자녀를 잘 양육할 수 있도록 도와주옵소서. 제 자녀가 자신의 마음대로 사는 것이 아니라 주님의 뜻대로 살게 해주옵소서. 주님께 늘 순종하게 해주옵소서.

오늘도 제 자녀에게 힘을 주옵소서. 주님과 함께 승리하게 해주옵소서. 성령 충만하게 해주옵소서. 주님, 제 자녀가 주님과 동행하는 인생을 살게 해주옵소서. 매일 성경 말씀 보고 기도하는 자녀가 되게 해주옵소서. 기도생활 믿음생활 잘 할 수 있게 해주옵소서. 죄를 지으면 곧바로 회개할 수 있게 해주옵소서. 예배 잘 드려서 예배에서 승리하게 해주옵소서.

제 자녀가 늘 기뻐하고 늘 감사로 찬양하게 해주옵소서. 주님과 함께하는 참된 평안이 깨지지 않게 해주옵소서. 제 자녀가 주님 주시는 꿈을 꾸게 해주옵소서. 세상의 헛된 꿈을 꾸지 않게 해주시고 헛된 것에 마음을 빼앗기지 않게 해주옵소서. 자신의 꿈만 이루는 것이 아니라 다른 사람의 꿈도 이루어질 수 있도록 돕는 인생이 되게 해주옵소서!

주님이 주신 달란트를 깨닫게 해주옵소서. 그리고 자신의 달란트에 집중하게 해주옵소서. 주님 주신 달란트를 잘 발휘하게 해주옵소서. 주님 주신 비전을 하나하나 다 파악할 수 있도록 지혜를 주옵소서. 제 자녀에게 성령님의 열정을 주옵소서. 주님 안에서 진정한 만족과 행복을 누리게 해주옵소서. 예수님 한 분이면 충분하다는 것을 늦기 전에 깨닫게 해주옵소서. 주님이 주신 이 아름다운 세상을 주님과 함께 감사함으로 누리게 해주옵소서.

제 자녀가 자신의 정체성을 예수 그리스도 안에서 찾게 해주옵소서. 제 자녀가 예수님의 품성을 닮게 해주옵소서. 예수님처럼 겸손하게 해주옵소서. 세상적인 가치관에 물들지 않게 하시고 세상의 그 무엇보다도 주님을 사랑하게 해주옵소서. 제 자녀를 일생 동안 주님의 품 밖으로 나가지 않도록 주님의 날개로 품어주옵소서. 그리고 제 자녀의 건강을 지켜주옵소서.

예수님의 이름으로 기도드립니다. 아멘.

13. 금식 기도의 목적

"내가 기뻐하는 금식은 흉악의 결박을 풀어 주며 멍에의 줄을 끌러 주며 압제 당하는 자를 자유하게 하며 모든 멍에를 꺾는 것이 아니겠느냐, 너는 기도할 때에 네 골방에 들어가 문을 닫고 은밀한 중에 계신 네 아버지께 기도하라 은밀한 중에 보시는 네 아버지께서 갚으시리라" (사 58:6, 마 6:6).

금식 기도의 주목적은 영적 쇄신이지만, 그에 더하여 건강에 주는 도움은 획기적입니다. 금식 기도를 통하여 살아계신 하나님을 만나 영적으로 새로워지고 정신과 육체가 새로워지게 됩니다. 금식 기도의 목적은 기도와 말씀 연구를 통해 주님의 얼굴을 찾는 것입니다.

기도와 성서 연구 없이 금식할 때 당신은 단순히 굶주리고 있는 것입니다. 그것에 영적인 의미는 없습니다. 금식할 때 금식에 관한 위의 이 강력한 성경 말씀들로 인하여 하나님과 함께 좋은 시간을 갖게 됩니다. 그러므로 금식 기도는 영혼과 정신과 육체의 대청소이자 새 출발입니다. 영적 각성과 심신의 치료와 회복을 줍니다.

"내가 그로 그 자식과 권속에게 명하여 여호와의 도를 지켜 의와 공도를 행하게 하려고 그를 택하였나니 이는 나 여호와가 아브라함에게 대하여 말한 일을 이루려 함이니라"(창 18:19).

그리스도인에겐 '예수님 이름으로' 기도할 수 있는 특권이 있습니다. 기도를 통해 하나님 뜻과 하나님의 성품을 알아가며 내가 가야 할 신앙의 여정을 배웁니다. 그렇다고 기도가 문제의 지름길은 아닙니다. 인간적인 소원은 나의 고난의 잔을 옮기는 것이지만, 기도의 결론은 하나님 아버지의 뜻이 이루어지는 것입니다. 강력한 기도는 주님이 주시는 힘과 능력으로 유혹과 시험을 충분히 이기게 하며 기도하는 신앙의 여정에는 응답의 충만한 기쁨도 있습니다.

어느 외진 곳에 교회를 개척한 목사님 이야기입니다.

어느 날 교인들에게 교회 부흥과 동네 복음화를 위하여 기도하는 새벽 기도를 하자고 말했습니다. 그리고 이튿날 새벽 기도회가 시작되었습니다.

목사님은 첫 새벽 기도회 참석한 교인들에게 기도할 기도 제목을 적어 내라고 하였습니다. 교인들이 적어 낸 기도 제목을 보니 90%가 자신과 자신의 가정을 위한 기도 제목이었습니다. 기도 제목을 보면서 목사님은 중얼거렸습니다. '너무 이기적이지 않은가! 이런 기도 제목을 가지고 동네를 복음화시킬 수 있을까?' 이런 생각을 하면서 교인들에게 말했습니다.

"오늘은 다 같이 먼저 세계를 위하여 기도하시고, 다음은 아시아, 그리고 한국, 서울, 그리고 교회, 그리고 가정을 위하여 기도하시고 다음에 나 자신을 위하여 기도하십시오."

이렇게 기도 순서를 정하여 주었습니다. 모두가 그렇게 기도하기 시작하였습니다.

약 한 시간을 통성으로 기도하고 나서 이제 축도하려고 기도를 중단시켰습니다. 그랬더니 열심 기도하던 집사님 한 분이 소리를 질렀습니다.

"목사님! 저 이제 서울까지 왔는데요..."

거룩하시고 자비로우신 하나님 아버지!

오늘도 예수의 이름으로 아버지의 뜻을 이루게 하옵소서. 하나님은 우리에게 참으로 많은 것을 선물로 허락하셨습니다. 살다 보면 힘든 일도 있고 고통스러울 때도 있습니다. 그러나 주님께서 도우시고 붙들어 주시기에, 우리는 쓰러지지 않고 오늘도 이렇게 힘을 내서 살아갈 수 있습니다.

믿음이 부족하고 연약한 우리이기에 늘 주님께 원망하고 불평을 늘어놓지만, 깨닫고 보면 언제나 모든 것이 은혜요 감사할 일들이었음을 믿음으로 고백하게 됩니다.

하나님, 우리 입술에서 불평과 원망의 말들이 사라지게 하옵소서. 부정적인 생각과 패배의 감정들이 다 나가게 하여 주옵소서. 감사하는 마음, 자족하는 마음, 희망의 마음들이 우리 안에 넘쳐나게 하여 주옵소서.

코로나19 사태가 지속되면서 온 세계가 불안에 떨고 있습니다. 자비로우신 하나님, 각국의 지도자들이 자국 이기주의에 매몰되지 않게 하시고, 열린 마음으로 서로 협력할 수 있도록 도와주옵소서. 이 땅에 속히 평화와 희망의 소식이 들려오도록 역사하여 주옵소서. 겸손히 하나님께 무릎 꿇고, 하나님의 음성을 듣는 우리가 되게 하여 주옵소서.

하나님이 우리에게 원하시는 것이 무엇인지, 한국교회가 나아갈 방향이 무엇인지 깨닫는 복된 시간 되게 하옵소서. 이 위기를 잘 극복할 수 있도록, 또한 앞으로 다가올 포스트 코로나 시대를 대비할 수 있도록 우리에게 지혜를 허락하여 주시옵소서.

우리의 가정을 위해 기도합니다. 우리의 가정이 하나님을 사랑하고 하나님께 예배하는 신실한 가정이 되게 하여 주옵소서. 거짓과 탐욕과 미움과 폭력의 문화가 사라지게 하옵소서.

사랑으로 하나 되게 하시고, 하늘의 위로와 평화가 임하는 작은 천국이 이뤄지게 하옵소서. 영혼이 잘되고 범사가 잘되며 강건한 복을 누리게 하시고 우리 가정을 통하여 하나님의 영광이 드러나고, 하나님의 사랑이 세상에 전달되는 복의 통로가 되게 해주시옵소서.

오늘도 성도들이 주님의 이름을 부르며 간절히 기도할 때 주님께서 들어주시고 응답하여 주옵소서.

예수님의 이름으로 기도드립니다. 아멘.

Part 4

하나님은 우리의 참된 축복이자 기쁨입니다

1. 하나님은 우리의 참된 축복이자 기쁨입니다

"하나님이 능히 모든 은혜를 너희에게 넘치게 하시나니 이는 너희로 모든 일에 항상 모든 것이 넉넉하여 모든 착한 일을 넘치게 하게 하려 하심이라"(고후 9:8).

인간이 존재하는 목적은 돈을 벌거나 더 높은 지위를 얻기 위한 것이 아니요 또한 찬란한 장래를 얻기 위한 것도 아닙니다. 우리가 존재하는 의미는 바로 우리 인생의 참된 의미이시며 창조자이신 그 분을 받아들이는 것에 있습니다.

이것이 바로 인생입니다. 우리 안에 계신 하나님이 우리의 참된 축복이자 기쁨입니다.

하나님을 믿으면서 오직 영생과 구원으로 만족한다면 불쌍한 인생입니다. 하나님은 구원을 선물로 주시면서 우리에게 축복권도 함께 주셨습니다.

하나님은 우리가 축복할 때 축복해 주십니다. 축복권은 아담과 하와가 창조될 때 하나님께서 주신 선물입니다. 하나님이 사람을 창조하시고 가장 먼저 주신 것이 축복이었습니다. 그래서 축복에는 삶을 새롭게 하고 삶이 변화되는 능력이 있습니다.

우리는 하나님께서 주신 복이 무엇인지, 또 우리를 복되게 하셔서 그분께서 이루시려는 것이 무엇인지, 어떻게 하나님의 복을 누리며 살 수 있는지에 대해 알아야 합니다. 그래야 생활 속에서 온전히 누리며 성경적으로 살 수 있습니다.

우리가 예수 믿고 공짜로 구원 얻는다 하지만 실제는 공짜가 아닙니다. 우리의 아버지 하나님이 엄청난 대가를 지불하셨기에 구원을 얻은 것입니다. 이 같은 전제에서 우리는 구체적으로 축복받은 인생에 대해 알아야 하겠습니다.

첫째, 심어야 거둘 수 있습니다

심는 원칙 가운데 또 하나는 심은 종류대로 거두게 된다는 것입니다. 우리가 미움을 심어놓고 사랑을 거둘 수가 없고, 불평과 원망을 심고 행복을 거둘 수 없습니다.

사도 바울은 "스스로 속이지 말라 하나님은 업신여김을 받지 아니하시나니 사람이 무엇으로 심든지 그대로 거두리라 자기의 육체를 위하여 심는 자는 육체로부터 썩어질 것을 거두고 성령을 위하여 심는 자는 성령으로부터 영생을 거두리라"(갈 6:7~8)라고 말합니다.

둘째, 하나님이 도우셔야 합니다

아무리 심어도 하나님의 도우심이 있어야 거둘 수 있는 것입니다. 인간은 하나님의 은총과 축복 없이 절대로 축복받은 인생을 살지 못합니다.

셋째, 십일조입니다

십일조는 하나님께 심는 것입니다. 십일조는 내 것이 아니고 하나님의 것입니다.

구약 성경 말라기에 보면 십일조에 대해 "만군의 여호와가 이르노라 너희의 온전한 십일조를 창고에 들여 나의 집에 양식이 있게 하고 그것으로 나를 시험하여 내가 하늘 문을 열고 너희에게 복을 쌓을 곳이 없도록 붓지 아니하나 보라"(말 3:10)라고 약속하고 있습니다.

즐겨 헌신할 때 하나님이 사랑하십니다.

하나님은 우리를 축복해 주셨고, 우리는 그분 안에서 변화될 수 있습니다. 자신도 모르게 변화된 당신과 마주하게 될 것입니다. 한 알의 모래에서 우주를 볼 수 있고, 한 송이 들꽃에서 천국을 볼 수 있으며, 손바닥에 무한을 쥐고 순간 속에서 영원을 볼 수 있고, 모든 것에서 하나님을 발견할 수 있다면 축복받은 인생이요, 행복한 사람입니다.

이른 새벽 눈을 뜨면 나에게 주어진 하루가 있음이 축복입니다. 밥과 몇 가지 반찬 풍성한 식탁은 아니어도 오늘 내가 허기를 달랠 수 있는 한 끼 식사를 할 수 있음이 축복입니다.

누군가 나에게 경우에 맞지 않게 행동할지라도 그 사람으로 인하여 나 자신을 되돌아볼 수 있음을 감사하고, 이토록 아름다운 세상에 태어났음을 커다란 축복으로 여기고, 태양의 따스한 손길을 감사하고, 바람의 싱그러운 속삭임을 감사합니다.

모든 것에 하나님의 숨결, 하나님의 암호가 스며있음을 느끼고 볼 수만 있다면 축복받은 인생이요, 행복한 사람입니다. 거친 들판의 자리, 광야의 자리, 실패의 자리, 눈물의 자리, 고통의 자리에 있다 할지라도 하나님의 손길과 하나님의 함께하심을 경험할 수 있다면 축복받은 인생이요, 행복한 사람입니다.

예수 그리스도께서 인생길에 동행하는 은혜는 그리스도인이 이 세상에서 받은 최고의 축복이고, 임마누엘 하나님은 실패의 자리를 통하여 삶의 지혜를, 눈물의 자리를 통하여 환희의 기쁨을 허락하시는 분이십니다. 세상에 가득한 하나님의 숨결을 느끼는 것이 행복입니다. 인간의 한계 상황은 전지전능하신 하나님을 찾게 만드는 기회가 됩니다.

독일의 유신론적 실존주의 철학자 야스퍼스는 그의 철학에서 "한계 상황 속에서 무제약적으로 행동하면서 실존은 초월자의 여러 암호들 속에 스스로의 방향을 세우는 일을 경험한다."라고 했습니다. 야스퍼스는 이 세상이 초월자의 암호로 가득 차 있다고 하였습니다. 그러면서 철학의 과제는 초월자의 암호를 해독하는 작업이라고 하였습니다. 다시 말하여 초월자의 암호를 읽어낼 때, 현존재 인간은 신적 존재의 품에 안길 수 있고, 그때 인간은 가장 큰 내면의 충만함을 느낀다는 것입니다.

시인 보들레르도 "이 세상은 상형문자이고, 시인은 번역자이며 암호 애독자이다."라고 했습니다. 그렇습니다. 이 세상 만물 속에는 하나님의 숨결이 스며 있습니다. 하나님은 이 진리를 바울 사도를 통하여 이렇게 말씀하셨습니다.

로마서 1장 19절 20절의 성경 말씀입니다.

"이는 하나님을 알 만한 것이 그들 속에 보임이라. 하나님께서 이를 그들에게 보이셨느니라. 창세로부터 그의 보이지 아니하는 것들, 곧 그의 영원하신 능력과 신성이 그가 만드신 만물에 분명히 보여 알려졌나니, 그러므로 그들이 핑계하지 못할지니라."

찬송가의 가사처럼, 주 하나님 지으신 모든 세계에 주님의 권능이 가득 차 있습니다. 정욕의 눈을 벗고 경이로운 눈을 회복하면 달팽이 집과 개들의 꼬리, 토끼 주둥이를 보아도 하나님이 지으신 창조의 신비를 봅니다. 해가 지고 뜨고 바람이 부는 사소한 일에 감사합니다. 이렇듯 작은 것에서 하나님의 암호를 풀고 감탄하며 감사할 줄 아는 사람이 시인입니다.

영국의 시인 윌리엄 블레이크의 시 '순수의 전조'를 보면 이런 구절이 나옵니다.

"한 알의 모래에서 우주를 보고 한 송이 들꽃에서 천국을 본다 그대의 손바닥에 무한을 쥐고 순간 속에서 영원을 보라."

시인이 노래했듯이 어찌하여 한 알의 모래에 우주가 있고, 한 송이 들꽃에 천국이 있고, 어찌하여 손바닥 안에 무한히 있고, 순간 속에 영원히 있을까요? 이 모든 것에 하나님의 숨결, 하나님의 암호가 스며 있기에 그러합니다. 그리하여 쌀 한 톨에도 천근의 무게와 우주의 이야기가 있고, 한 송이 꽃 안에서 지구가 웃습니다.

도망자 야곱이 들판에서 돌을 베개 삼아 잠을 자는데, 하나님이 나타나셔서 말씀하십니다.

"내가 너를 떠나지 아니하리라."

야곱이 잠에서 깨어 감동하며 이렇게 고백합니다.

"하나님이 여기에도 계시는구나!"

도망자의 자리, 거친 들판의 자리에도 말입니다.

그렇습니다. 하나님은 우리 삶의 영광과 환희의 자리뿐 만이 아니라, 모든 실패의 자리, 눈물의 자리에도 함께하십니다. 우주 만물이 모두 하나님의 숨결이듯이, 우리 삶의 모든 과정이 하나님의 숨결입니다.

인간은 하나님의 숨결, 은총과 축복 없이는 절대로 축복받은 인생을 살 수가 없습니다.

2. 인간이 가질 수 있는 기쁨

> “날마다 마음을 같이하여 성전에 모이기를 힘쓰고 집에서 떡을 떼며 기쁨과 순전한 마음으로 음식을 먹고”(행 2:46).

인간이 가질 수 있는 기쁨에는 세 종류의 기쁨이 있습니다.

받는 기쁨(Taking), 되는 기쁨(Becoming), 주는 기쁨(Giving)입니다. 이 중에서 최고의 기쁨은 주는 기쁨입니다. 주는 기쁨은 하나님께 받은 은혜를 주변에 안 믿는 성도님께 전하는 기쁨입니다. 우리는 그리스도 예수 안에서 선한 일을 위하여 지으심을 받은 자입니다. 구원은 우리에게 거저 주시는 하나님의 선물입니다.

> “인자가 온 것은 섬김을 받으려 함이 아니라 도리어 섬기려 하고 자기 목숨을 많은 사람의 대속물로 주려 함이니라”(막 10:45).

하나님께서는 지금도 우리의 삶 속에서 역사하고 계시고 우리 모두에게 더 큰 은혜 주시기를 원하십니다.

행복해지는 데 필요한 건 뭘까요? 좋은 직장, 적정한 소득, 원만한 인간관계, 맛있는 음식, 초콜릿 등 다양한 방법으로 우리는 행복해지기 위해서 노력합니다. 하지만 안타까운 사실은 이 모든 것을 성취해도 여전히 행복하지 않은 사람들이 상당히 많다는 것입니다. 특히 무엇을 더 가짐으로써 행복도를 높이려는 시도는 많은 경우 별로 효과적이지 않은 것으로 밝혀졌습니다.

원하던 무엇을 가져도 조금만 지나면 그렇게 예뻐 보이던 것이 그저 평범해 보이고, 다른 사람이 가진 것이 더 멋져 보입니다. 그럼 더 좋은 걸 가지면 되겠지 하지만 더 좋은 걸 가져도 역시 금방 시시해질 뿐입니다. 이렇게 더 많은 것을 가질수록 기대만 점점 더 높아지고 만족하기는 점점 더 어려워지는 현상을 '쾌락의 쳇바퀴'(hedonic treadmill) 현상이라고 합니다.

지속 가능하게 인간을 행복하게 해 줄 수 있는 것이 무엇인지에 대해 주목하게 되는 이유입니다. 금방 흥미를 잃거나 질리지 않고, 계속해서 우리를 즐겁게 해줄 수 있는 것에 무엇이 있을까요?

우선 한 가지는 소유보다 경험입니다. 일반적으로 단순히 물질을 늘려가는 것보다 비슷한 노력으로 경험을 축적하는 것이 더 행복에 이롭습니다(Van Boven, 2005).

예컨대 같은 돈을 써도 여행이나, 새로운 취미 활동, 문화생활, 친구들과 함께하는 시간에 투자하는 등 삶을 풍요롭게 하는 경험을 늘려가는 것이 정말 가고 싶어서가 아니라 남에게 자랑하기 위해 여행을 가는 것과 같이 남에게 보이기 위해 과시하기 위한 용도로 경험을 늘리는 것에 비해 더 크고 탄탄하게 오래가는 행복감을 가져옵니다.

돈의 경우도 한 푼도 쓰지 않고 쌓아두기만 했을 때는 종잇장일 뿐이지만, 자신을 행복하게 해주는 방향으로 쓰기 시작할 때 비로소 행복을 가져올 수 있는 것과 같은 이치입니다. 또한 일반적으로 물건들은 여러 번 보면 금세 익숙해지고 별다를 것 없이 느껴지는 데 반해 경험은 추억처럼 시간이 지나도 떠올릴 때마다 계속해서 흐뭇한 미소를 지을 수 있게 해주는 등 그 빛이 비교적 오래가기도 합니다.

어떤 경험은 행복에 깊이를 더해주기도 합니다. 예컨대 봉사활동 같이 어떤 경험을 통해서 사람들과 깊은 유대감을 맺고 이 세상에 나를 필요로 해주는 사람이 있다는 쓸모 있음을 느끼게 되면, 그 경험은 내 삶은 허무하지 않고 어떤 의미와 목적이 존재한다는 삶의 의무감을 가져옵니다.

이런 유의 경험은 많이 쌓일수록 건강한 자존감의 지지대가 되어, 나보다 못한 사람과 비교해서 우월감을 느끼거나 나는 잘못이 없고 다 남의 탓이라는 책임 전가같이 건강하지 않게 쌓인 높은 자존감에 비해 나와 주변 사람들 모두의 행복에 큰 이득이 되기도 합니다.

참고로 삶의 의미감은 장수와도 관련을 보이며 자신의 삶이 의미 있다 느끼는 사람들이 그렇지 않은 사람들에 비해 더 건강하게 오래 사는 편입니다.

지속적인 행복을 가능케 하는 또 다른 한 가지는 남에게 베푸는 것입니다. 사이먼 프레이저대 심리학과 래러 애크닌 교수는 실험을 통해 똑같이 돈을 써도 자기자신을 위해 쓸 때보다 몸이 아픈 아이들을 위해서 쓰는 등 타인을 위해 쓸 때 더 행복감이 증가한다고 밝혔습니다. 최근 시카고 대 에드 오브라이언 교수는 같은 돈도 남을 위해서 쓸 때 더 오래 행복하기도 하다는 연구결과를 냈습니다(O'Brien, 2018).

연구자들은 사람들에게 매일 5달러씩 5일간 자신을 위해 똑같은 물건을 사거나 아니면 같은 금액을 5일간 같은 곳에 기부하는 등 타인을 위해 쓰도록 했습니다.

매일매일의 행복도를 함께 측정한 결과 자신을 위해 똑같은 소비를 반복하는 것은 금세 질리는 것으로 나타난 반면, 타인을 위해 같은 소비를 반복하는 것은 질리는 현상이 비교적 덜 나타났습니다.

비슷하게 같은 돈을 주고 이를 자신을 위해서 쓰거나 또는 타인을 위해서 쓰게 했을 때 역시 타인을 위해서 쓴 사람들이 자신을 위해서 쓴 사람들에 비해 그 기쁨을 더 오래 유지한 것으로 나타났습니다.

결론적으로 말하자면 '받는 기쁨'과 '되는 기쁨'은 그다지 오래가지 않습니다. 받은 것보다 더 큰 욕심 때문입니다. 초대교회에는 복음으로 말미암아 유무상통하며 더 큰 기쁨이 넘쳤습니다. 하나님의 신령한 은혜와 축복은 나눌수록 많아지고 줄수록 커집니다. 이처럼 인간이 가질 수 있는 기쁨도 마찬가지입니다.

사랑은 사랑을 줌으로 더 뜨거워지고 더 커집니다. 좋은 사람은 언제나 행복을 줍니다. 마음 바구니에는 기쁨을 가득 담고, 나눔 바구니에는 배려를 가득 담고, 웃음 바구니에는 미소를 가득 담고, 행복 바구니에는 사랑을 가득 담아 주안에서 즐겁고 행복하게 살아갑니다.

3. 예수님이 이 세상에 오신 목적

"아들을 낳으리니 이름을 예수라 하라 이는 그가 자기 백성을 그들의 죄에서 구원할 자이심이라 하니라, 인자가 온 것은 섬김을 받으려 함이 아니라 도리어 섬기려 하고 자기 목숨을 많은 사람의 대속물로 주려 함이니라"(마 1:21, 20:28).

예수님은 다윗의 자손으로 오셨으며, 동정녀 마리아에게서 성령으로 잉태된 하나님의 아들이십니다. 그리고 죄와 슬픔, 절망에 빠진 우리를 구원하시려 하늘 보좌의 영광 버리시고 이 세상에 육체를 입고 오신 하나님이십니다.

사람은 원래 하나님과 소통하고 교통하면서 주님이 주시는 힘과 능력으로 살아가는 존재입니다. 홀로 살 수 없는 존재로 하나님을 경외할 때 사람답게 살아갈 수 있습니다. 인류의 많은 문제와 고통은 하나님과의 소통이 단절됨에서 시작되었으며, 예수님은 단절된 소통과 죄와 죽음의 문제를 해결하고 소망과 영생을 주시기 위해 사람의 몸을 입고 이 땅에 오셨습니다.

주님이 오심으로 슬픔은 기쁨으로, 절망은 소망으로, 흑암은 빛으로 변했습니다. 예수님의 탄생은 소통의 기적이요, 큰 기쁨의 좋은 소식입니다. 나는 이 주님과 항상 소통하고 있는지요?

예수님이 오신 목적을 세 가지로 말하면 다음과 같습니다.

1) 예수님은 섬김을 받기 위해서가 아니라 섬기시기 위해 오셨습니다.

주님께서 오신 것은 죄인들의 구원을 위해 자기 몸을 십자가에 내어 주기까지 죄인들을 섬기기 위해 오셨습니다.

> "인자가 온 것은 섬김을 받으려 함이 아니라 도리어 섬기려 하고 자기 목숨을 많은 사람의 대속물로 주려 함이니라"(마 20:28).

2) 예수님은 사탄의 권세를 멸하기 위해 오셨습니다.

예수께서 성육신하신 그 순간부터 세상을 죄와 사망으로 이끌던 사탄의 권세는 무너지기 시작하였으며 세상 끝날 완전히 멸망할 것입니다.

> "죄를 짓는 자는 마귀에게 속하나니 마귀는 처음부터 범죄함이라 하나님의 아들이 나타나신 것은 마귀의 일을 멸하려 하심이라"(요일 3:8).

3) 예수님은 택한 자들에게 영생을 주시기 위해 오셨습니다.

주께서 이 땅에 오신 가장 중요한 목적은 사망의 길에 있는 택한 자들에게 천국의 영원한 생명을 주시기 위함입니다.

> "영생의 소망을 위함이라 이 영생은 거짓이 없으신 하나님이 영원 전부터 약속하신 것인데"(딛 1:2).

예수님이 오신 목적을 좀 더 자세히 말하면 다음의 열 가지입니다.

첫째, 예수님은 하나님을 우리에게 분명하게 보여주시기 위해 오셨습니다.

"본래 하나님을 본 사람이 없으되 아버지 품 속에 있는 독생하신 하나님이 나타내셨느니라, 나를 본 자는 아버지를 보았거늘 어찌하여 아버지를 보이라 하느냐"(요 1:18, 14:9).

둘째, 예수님은 하나님의 뜻을 이루기 위해 오셨습니다.

"내가 진실로 진실로 너희에게 이르노니 한 알의 밀이 땅에 떨어져 죽지 아니하면 한 알 그대로 있고 죽으면 많은 열매를 맺느니라, 지금 내 마음이 괴로우니 무슨 말을 하리요 아버지여 나를 구원하여 이 때를 면하게 하여 주옵소서 그러나 내가 이를 위하여 이 때에 왔나이다"(요 12:24, 27).

셋째, 예수님은 하나님의 나라(천국)를 우리에게 이루어 주시려고 오셨습니다.

"이 때부터 예수께서 비로소 전파하여 이르시되 회개하라 천국이 가까이 왔느니라 하시더라"(마 4:17).

넷째, 예수님은 죄와 죽음과 사탄의 권세에서 우리를 해방시켜 우리에게 자유를 주시려고 오셨습니다.

"진리를 알지니 진리가 너희를 자유롭게 하리라"(요 8:32).

다섯째, 예수님은 우리에게 구원과 생명과 풍성한 삶을 살게 해주시려고 오셨습니다.

"도둑이 오는 것은 도둑질하고 죽이고 멸망시키려는 것뿐이요 내가 온 것은 양으로 생명을 얻게 하고 더 풍성히 얻게 하려는 것이라"(요 10:10).

그러나 마귀에 대해서는 예수님은 마귀의 일을 멸하려고 오셨습니다.

여섯째, 예수님은 병든 자를 고치고, 제자들을 가르치며, 천국 복음을 전파하시기 위해 오셨습니다.

"예수께서 온 갈릴리에 두루 다니사 그들의 회당에서 가르치시며 천국 복음을 전파하시며 백성 중의 모든 병과 모든 약한 것을 고치시니, 예수께서 이르시되 내가 다른 동네들에서도 하나님의 나라 복음을 전하여야 하리니 나는 이 일을 위해 보내심을 받았노라 하시고"(마 4:23; 눅 4:43).

일곱째, 예수님은 우리를 살리려고 오셨습니다.

"상한 갈대를 꺾지 아니하며 꺼져가는 심지를 끄지 아니하기를 심판하여 이길 때까지 하리니, 주의 성령이 내게 임하셨으니 이는 가난한 자에게 복음을 전하게 하시려고 내게 기름을 부으시고 나를 보내사 포로된 자에게 자유를, 눈 먼 자에게 다시 보게 함을 전파하며 눌린 자를 자유롭게 하고, 하늘에 있는 것이나 땅에 있는 것이 다 그리스도 안에서 통일되게 하려 하심이라(마 12:20; 눅 4:18; 엡 1:10).

여덟째, 예수님은 섬기려고 오셨고, 자신의 목숨을 많은 사람의 대속물로 주려고 오셨습니다. 우리를 위해 대신 죽으려고 오셨습니다.

> "인자가 온 것은 섬김을 받으려 함이 아니라 도리어 섬기려 하고 자기 목숨을 많은 사람의 대속물로 주려 함이니라"(막 10:45).

아홉째, 예수님은 하나님의 사랑을 우리에게 보여 주려고 오셨습니다.

요한복음 3장 16절은 성경 중에서 가장 많이 인용되는 구절 중의 하나입니다. 하나님은 이 세상을 극진히 사랑하셔서 외아들을 보내주시어 그를 믿는 사람은 누구든지 멸망하지 않고 영원한 생명을 얻게 하여 주셨습니다.

열 번째, 예수님은 양의 목자, 즉 양 같은 우리들의 선한 목자가 되시려고 오셨습니다.

> "내가 진실로 진실로 너희에게 이르노니 문을 통하여 양의 우리에 들어가지 아니하고 다른 데로 넘어가는 자는 절도며 강도요 문으로 들어가는 이는 양의 목자라, 나는 선한 목자라 선한 목자는 양들을 위하여 목숨을 버리거니와, 나는 선한 목자라 나는 내 양을 알고 양도 나를 아는 것이 아버지께서 나를 아시고 내가 아버지를 아는 것 같으니 나는 양을 위하여 목숨을 버리노라(요 10:1~2, 10~11, 14~15).

무엇을 알고, 무엇을 바라보며, 무엇을 따라가느냐에 따라 인생이 결정되고 성공과 실패가 결정되는 것입니다.

> "주께서 호령과 천사장의 소리와 하나님의 나팔 소리로 친히 하늘로부터 강림하시리니 그리스도 안에서 죽은 자들이 먼저 일어나고"(살전 4:16).

예수님의 재림은 모든 그리스도인의 소망이며 복음입니다.

재림에 대한 잘못된 이해가 성도를 이단에 빠지게도 하지만, 분명한 것은 예수님의 재림은 반드시 이루어지며 그때는 하나님만이 아시지만 얼마 남지 않았음을 세상을 보며 압니다. 복음은 예수님께서 이 세상에 오셔서 십자가에서 죽으시고 부활, 승천하셔서 그리고 이 세상에 다시 오심으로 완성됩니다.

우리는 하나님으로부터 나서 하나님께로 돌아갑니다. 그 하나님을 인정하지 않고 다른 곳에서 구원을 얻으려는 행위는 바로 죄입니다. 그 어느 종교에서도 나의 죄를 대신해 죽어주지 않습니다. 오직 예수님만이 십자가에서 나의 죄를 대신해서 죽으심으로 우리에게 구원의 길을 열어주셨습니다.

다른 종교에서는 우리 인생의 문제 해결을 위해서 우리의 많은 노력이 필요하다고 하지만, 우리 기독교에서는 바로 예수님이 답입니다. 이것이 복음입니다. 우리는 주님이 언제 오실지 모르니 항상 깨어 있어야 합니다.

오늘부터 사순절이 시작되었습니다. 사순절은 예수님의 고난당하심과 부활하심에 대한 신앙의 영적 준비 기간으로 자신의 모든 죄를 자백하고 회개하며 말씀으로 영적 재무장을 하는 시간입니다.

그동안 알게 모르게, 혹은 부지중에 지은 죄가 있다면 다 회개하십시다. 하나님은 죄를 가장 미워하십니다. 죄는 하나님과 우리 사이를 멀어지게 하기 때문입니다. 나의 죄 때문에 대신 지신 십자가의 고난을 기억하며 나의 죄를 주님 앞에 다 쏟아놓는 회개와 자복의 시간이 되십시다.

4. 역경과 고난이 없으면 영광도 없다

"우리가 잠시 받는 환난의 경한 것이 지극히 크고 영원한 영광의 중한 것을 우리에게 이루게 함이니 우리가 주목하는 것은 보이는 것이 아니요 보이지 않는 것이니 보이는 것은 잠깐이요 보이지 않는 것은 영원함이라"(고후 4:17~18).

구름이 가려져 있어도 태양은 매일 뜨듯이 인생도 마찬가지 힘들고 고달파도 기쁘고 즐거워도 하루라는 시간은 똑같이 주어지는 것입니다. 역경과 고난은 늘 있습니다. 때때로 실패도 경험합니다. 그 역경과 실패가 어떤 사람에게는 세계적인 인물로 도약하는 선물이 됩니다. 초인적인 인내심, 단단해진 내면의 근육이야말로 꿈과 희망의 상징이 되는 것입니다.

그 대표적인 사람의 하나가 오프라 윈프리입니다. '실패는 없다'라는 말은 스스로에게 보내는 자기 암시이기도 하지만, 그때마다 인생의 방향을 새롭게 바꾸는 변곡점이 되었다는 뜻이기도 합니다.

사람들은 대개 은총은 좋아하지만, 고통은 반기지 않습니다. 그러나 은총과 고통은 동전의 양면과 같이 늘 동시에 주어집니다. 지금 동계 올림픽이 열리고 있습니다. 올림픽에서 선수들에게 메달 획득은

은총이지만, 그 은총을 위한 많은 훈련과 절제의 시간들은 고통입니다.

이처럼 고통의 시간 없이 은총도 없습니다. 주님이 허락하신 이 은총의 하루가 고통스러운 사람도 있습니다. 혹시 지금 이 하루가 너무 고통스러운지요? 지금 나와 동행하시는 임마누엘의 하나님을 기억하십시다. 우리는 이미 은총 안에 있습니다.

왕골로 만든 돗자리는 두 가지인데, 무늬가 없는 무문석과 화려한 무늬가 있는 화문석이 있습니다. 우리의 삶은 자기의 돗자리를 짜는 것과도 같습니다. 오직 생존을 위해 아무런 꿈과 보람 없이 산다면 그것은 무문석과 같은 삶이고, 역경과 고난이 있더라도 자신만의 무늬로 짜이는 삶은 아름다운 화문석과 같은 삶이라 할 수 있습니다.

역경과 고난이 없으면 영광도 없고, 문제가 없으면 해답도 없습니다. 이와 마찬가지로 시험(test)이 없으면 상이 없고, 연단(training)이 없으면 진보가 없으며, 역경(hardship)이 없으면 강함도 없습니다. 고난은 인생을 깊이 있게 하고 똑같이 고난당하는 이웃을 가슴으로 동정할 수 있게 만들어 줍니다. 그뿐 아니라 고난은 그것을 극복하겠다는 의지를 발생시키고 그로 말미암아 새로운 삶을 만들어냅니다. 하나님은 문제의 해답을 언제나 우리 곁에 예비하셨습니다.

낙관주의는 무조건 좋은 결과를 기대하는 것이 아닙니다. 감나무 밑에서 감 떨어지는 것을 기다리는 것이 아닙니다. 절체절명의 위기가 기회가 될 수 있다고 믿고 도전하는 것입니다. 반대로 비관주의는 더없이 좋은 기회를 두려움 때문에 도리어 위기로 만드는 것입니다.

삶은 늘 위기와 기회가 공존하고 있습니다. 낙관과 비관도 늘 겹쳐 있습니다.

> "이에 모세가 이르되 내가 돌이켜 가서 이 큰 광경을 보리라 떨기나무가 어찌하여 타지 아니하는고 하니"(출 3:3).

우리는 고난과 어려움이 있을 때 하나님께 부르짖습니다. 그러나 나의 생각과 계획을 펼쳐 놓고 하나님의 결재만을 구하는 것은 온전한 기도가 아닙니다.

온전한 기도에는 먼저 회개가 따르며 진정한 회개에는 행위를 동반합니다. 모세도 가던 길을 돌이켜 갔을 때 타는 떨기나무 가운데서 하나님을 만났습니다. 다윗도 선지자 나단의 책망을 듣고 철저히 하나님께 회개하고 돌이킴으로 하나님의 마음에 합한 자가 되었습니다. 지금도 하나님은 세상의 길에서 헤매는 우리를 부르고 계십니다. 돌이켜 나에게 오라고 말입니다.

> "믿음의 주요 또 온전하게 하시는 이인 예수를 바라보자 그는 그 앞에 있는 기쁨을 위하여 십자가를 참으사 부끄러움을 개의치 아니하시더니 하나님 보좌 우편에 앉으셨느니라"(히 12:2).

십자가 고난 후의 부활 승천의 영광을 바라보시고 십자가를 참아 내셨다는 말입니다.

우리 신앙생활도 마찬가지입니다. 수고와 고난이 없으면 축복도 영광도 없습니다. 물론 우리가 구원받고 하나님의 자녀가 된 것은 값없이 은혜로 된 것이기는 합니다. 우리 자신의 의로운 행위나 공로로 구원받은 게 아니라 오직 십자가 대속의 은혜를 믿음으로 구원받은 것입니다. 그런데 잘 따져 보면 공짜가 아닙니다. 우리의 죗값을 대속하신 예수님의 엄청난 희생의 결과입니다.

그리스도인들이 고난당하게 되면 진지하고 뜨겁게 하나님을 찾고, 기도하면 믿음이 향상되고 하나님의 응답을 체험하는 영광을 얻게 됩니다. 성경에 나타난 모든 하나님의 영광은 고난의 도전에 대한 하나님의 응답으로 나타난 것입니다.

고난 없는 믿음, 소망, 사랑, 의, 평강, 희락은 없습니다. 우리가 신앙의 날개를 활짝 펴고 영광스럽게 되기 위해서는 고난의 터널을 지나야 되는 것입니다.

창세기부터 요한계시록까지 읽을거리가 그렇게 많고 우리의 마음에 감동을 느끼고 믿음을 얻는 것은 성경이 하나님께서 응답한 기적의 기록이기 때문입니다. 어마어마한 고난을 당할 때 기도하므로 하나님께 응답받은 기적의 기록이 바로 성경인 것입니다.

고난이 없으면 하나님의 기적도 나타나지 않고, 하나님의 기적이 나타나지 않았으면 성경도 기록되지 않았을 것입니다. 고난은 바로 우리에게 하나님이 기적을 보내겠다는 표시인 것입니다. 모든 고난의 길은 주님을 믿고 의지하며 기도하고 낙심치 않으면 영광으로 나아가는 길이 되는 것입니다.

고난 없는 영광은 없습니다. 아무리 생활이 궁핍하다 해도 여유 있는 표정을 짓는 사람은 행복한 사람입니다. 누가 나에게 섭섭하게 해도 그동안 나에게 그가 베풀어 주었던 고마움을 생각하는 사람은 행복한 사람입니다. 밥을 먹다가 돌이 씹혀도 돌보다는 밥이 많다며 웃는 사람은 행복한 사람입니다. 나의 행동이 다른 이에게 누를 끼치지 않는가를 미리 생각하며 행동하는 사람은 행복한 사람입니다.

남이 잘 사는 것에 배 아파하지 않고, 사촌이 땅을 사도 축하할 줄 아는 사람은 행복한 사람입니다. 자신의 직위가 낮아도 인격까지 낮은 것은 아닙니다. 기죽지 않고 당당하게 처신하는 사람은 진정 행복한 사람입니다. 하나님은 우리의 유익을 위하여 고난을 통과하게 하십니다. 그 시간은 말할 수 없이 힘든 시간일지라도 그 후에는 의와 평강의 열매로 가득 채워 주실 것입니다.

지금 우리는 코로나19와 변이 오미크론 바이러스까지 창궐하여 사태가 장기화되고 정치적인 싸움의 혼란까지 가중되어 힘든 시대를 살고 있습니다. 오직 주님을 신뢰함으로 고난과 시험과 연단을 기쁨으로 이겨 나가야 합니다. 이런 때일수록 그리스도인들의 헌신과 기도가 빛을 낼 때입니다. 그리스도인이라면 재난이 발생할 때 상처를 치유하고 회복하는 데 앞장서야 합니다.

세상의 악한 권세도 하나님의 섭리에 잠시 동안 허용된 권세일 뿐입니다. 믿음의 자녀들이 악의 권세에 휘둘리지 않도록 날마다 깨어 기도하며 묵묵하게 그리스도의 사랑을 삶으로 증명하여야 합니다. 초가 타야 빛을 내고 소금이 녹아야 사명을 감당하듯이 말입니다.

> "이같이 너희 빛이 사람 앞에 비치게 하여 그들로 너희 착한 행실을 보고 하늘에 계신 너희 아버지께 영광을 돌리게 하라"(마 5:16).

매일 아무런 문제없이 좋은 일만 계속된다면 일주일 정도는 기분이 좋을지 모릅니다. 하지만 한 달 그리고 일 년 동안 그런 상태가 지속되면 사는 보람을 느끼지 못합니다. 고생을 하고 괴로운 일을 겪어야 새로운 것을 배울 수 있습니다. 괴로운 일이나 망설여지고 모순되는 일을 만났다면 정면으로 마주하세요.

어려운 일을 만났을 때 그 사람의 진짜 실력이 나타납니다. 닥친 고생을 어떻게 받아들이느냐에 따라 그 사람의 인생이 극단으로 갈립니다. "고생을 사서 하라"라는 말도 있습니다. 고생을 회피하려 하지 말고 일부러라도 고생길을 가보라는 뜻입니다.

생우 우환, 사우 안락(生于憂患, 死于安樂)이란 말이 있습니다. 어려운 상황이 되면 사람을 분발하게 하지만, 안락한 환경에 처하면 쉽게 죽음에 이른다는 뜻입니다. 이 뜻은 인간사에만 국한된 것이 아니라 하등 동물의 세계에도 같은 법칙이 적용됨을 알 수 있습니다. 미국의 수산업자가 동부에서 잡은 활어(活魚)를 서부로 가져가 팔면 많은 수입을 올릴 수 있었습니다. 그런데 문제는 그것을 옮길 때 대부분의 활어가 죽는 것이었습니다. 산소를 충분히 공급하고, 수온을 잘 맞추어도 개선되지 않았습니다.

수산업자는 여러 가지 궁리 끝에 어항에 고기의 천적인 메기를 같이 넣어 보기로 했습니다. 그랬더니 동부에서 서부로 옮겼는데도 활어가 죽지 않고 활기차게 살아 있더라는 것입니다. 이것은 메기가 물고기를 긴장시켜 스스로 분발했기 때문에 생명을 유지할 수 있게 되었던 것입니다.

이 사례를 보면 천적이 있는 동물들은 스스로 각성함으로써 점점 강해지고 웬만한 공격은 스스로 이겨내는 능력이 길러짐을 알 수 있습니다. 이것이 바로 '생우 우환', 즉 우환을 극복하면 분발하여 잘 살게 된다는 의미입니다.

이와 반대되는 사례는 프랑스의 삶은 개구리 요리입니다. 이 요리는 손님이 앉아 있는 식탁 위에 버너와 냄비를 가져다 놓고 직접 보는 앞에서 개구리를 산 채로 냄비에 넣고 조리하는 방법입니다. 이때 물이 너무 뜨거우면 개구리가 펄쩍 튀어나오기 때문에 맨 처음 냄비 속에는 개구리가 가장 좋아하는 온도의 물을 부어둡니다. 그러면 개구리는 따뜻한 물이 아주 기분 좋은 듯이 가만히 엎드려 있습니다.

이때부터 매우 약한 불로 물을 데우기 시작합니다. 아주 느린 속도로 서서히 가열하기 때문에 개구리는 자기가 삶아지고 있다는 것도 모른 채 기분 좋게 잠을 자면서 죽어가게 됩니다. 이것이 바로 '사우 안락'(死于安樂) 즉 안락한 환경에 처하면 무기력해져서 자신이 죽어가고 있다는 사실도 모르고 죽음에 이른다는 의미입니다.

사람의 삶도 크게 다르지 않습니다. 동남아시아 사람들은 기후가 따뜻하여 사계절 내내 먹을 것을 쉽게 구할 수 있기에 먹고사는 일이 그렇게 절박하지 않습니다. 그래서 식량을 저장해 두는데 크게 신경 쓰지 않습니다. 자연히 게으른 성격이 고착화되었습니다.

우리나라는 사계절이 뚜렷하여 여름과 가을철에 열심히 노력하여 곡식을 저장해 두어야만 겨울을 날 수 있기에 자연스럽게 부지런한 성격이 생활화되었습니다. 그런 생활습성이 비교적 짧은 기간 내에 우리나라를 세계 10위권 경제대국으로 만든 바탕이 된 것입니다. '생우 우환'(生于憂患)의 정신자세로 살아온 덕분입니다.

그런데 생활이 풍요로워지면서 '사우 안락'(死于安樂)의 분위기로 우리 사회가 변모해 가고 있습니다. 힘든 일 싫어하고, 노력은 적게 하면서 보수는 많이 받으려 하고, 이기적이고 개인주의적인 경향이 점점 심화되고 있습니다.

인생은 늘 시련이 있기 마련입니다. 중요한 것은 그것을 어떻게 받아들이고 어떻게 대처하느냐가 문제입니다. 고난이 없으면 영광도 없습니다. 지혜로운 사람은 주어진 시련을 도약의 발판으로 삼는 반면, 어리석은 사람은 실패의 구실로 삼을 뿐입니다.

5. 애통하는 자는 복이 있다

"애통하는 자는 복이 있나니 그들이 위로를 받을 것임이요"(마 5:4).

'애통하는 자의 복'은 무엇입니까? 팔복에 쓰인 '애통'이란 말은 헬라어로 '펜테오'입니다. 이 말의 의미는 '가까운 사람이 죽었을 때 터져 나오는 슬픔'을 의미합니다. 이는 마치 심장을 꿰뚫는 듯, 뼈를 깎는 듯, 창자가 끊어질 듯한 아픔입니다.

우리의 눈물은 하나님 마음을 녹입니다. 눈에 이물질이 들어가면 즉시 눈물이 분비되듯이 영혼을 더럽히는 죄가 침투하면 즉각 회개와 애통의 눈물로 씻어내야 합니다. 죄 때문에 애통하는 사람은 '슬픈 사람'이지만 결코 '비참한 사람'은 아닙니다. 회개의 눈물은 위로의 씨앗이 되고 거룩함의 자양분이 되기 때문입니다.

주님은 우리의 영혼과 마음을 들여다보고 계십니다. 우리의 모든 과거와 현재, 미래의 행위까지도 아십니다. 우리 인간은 물 마시듯 죄를 지으며 살아갑니다.

매일 샤워를 하는 것처럼 매일 눈물로 회개하지 않으면 우리는 이 죄악된 세상에서 거룩함을 유지할 수 없습니다. 죄에 대하여 애통하며, 이웃을 위해 애통하며, 하나님의 공의와 정의를 위해 애통하십시다.

예수를 믿을 때 우리에게 주어지는 가장 큰 선물은 기쁨입니다. 우리 인생의 무거운 짐과 죄의 짐들을 예수께서 다 가져가시니 어찌 기쁘지 않겠습니까? 우리가 어렵고 힘들 때마다 기도하며 의지할 수 있는 분이 계시다는 사실이 우리를 얼마나 든든하게 합니까?

예배를 드리면 새 힘이 솟고, 말씀을 읽거나 기도하면 이상하게 마음이 평화로워집니다. 어떤 분이 간증하기를 예수를 믿고 난 후 얼마나 기쁜지 길에 떨어진 휴지가 굴러가는 모습을 보고도 기쁨이 솟더랍니다. 어린아이와 같은 마음이 회복된 것입니다.

그런데 우리가 예수를 믿을 때 기쁨만 주어지는 것이 아닙니다. 정반대로 눈물과 애통도 알게 됩니다. 오히려 예수 믿으면서 눈물이 더 많아지는 것 같습니다. 이 눈물은 기쁨의 눈물입니다. 이렇게 좋은 것을 왜 이제야 알게 되었는지 안타까워하며 흘리는 눈물입니다. 또한 그동안 하나님 뜻대로 살지 못한 것에 대한 후회의 눈물입니다.

자기 인생의 문제를 놓고 기도할 때도 눈물이 많아졌습니다. 전에는 어려운 문제들은 혼자서 해결했는데 예수를 믿고서는 그렇게 되지 않습니다. 마치 고달픈 시집살이하던 며느리가 친정어머니를 만나서 자기 답답함을 쏟아놓으며 흘리는 눈물과 같습니다. 들어줄 사람이 있기에 속에 쌓였던 것들을 마음껏 내어놓는 것입니다.

자기를 인하여 뿐만 아니라 다른 사람들 때문에 흘리는 눈물도 많아졌습니다. 여전히 하나님의 사랑을 알지 못한 채 방황하는 사람들에 대한 안타까움의 눈물입니다. 세상은 즐거워하는데 오히려 그리스도인들은 애통합니다. 왜냐하면 즐거움으로 환호하고 있는 배가 침수하여 기울고 있는 것을 보기 때문입니다.

때로 우리는 분노의 눈물을 흘리기도 합니다. 하나님의 뜻을 왜곡하여 거짓을 일삼는 죄의 세력들에 대한 분노입니다.

'애통하는 자' 이것이 주님을 믿는 제자들의 본질입니다. 하나님 나라는 눈물 없이는 들어갈 수 없습니다. 사람들은 웃고 즐거운 것만 좋아하고 슬프거나 눈물 흘리는 것은 피하려고 합니다. 안타까운 것은 오늘 우리들에게서도 이 눈물이 사라지고 있다는 점입니다.

옛날에는 곧잘 울었고, 기도하던 자리에 눈물방울이 뚝뚝 떨어져 있었는데 이제는 그런 모습을 보기가 힘들어졌습니다. 통곡하며 기도하던 소리도 사라져가고 있습니다. 우리의 눈물을 다시 회복할 수 있기를 바랍니다. 주님은 하나님 나라를 위하여 애통하는 자를 찾고 계십니다.

팔복 가운데 두 번째 복은 슬픔이라는 감정적 반응을 더함으로 우리 심령의 가난함을 더욱 깊어지게 합니다. 삶에서 직면하는 악은, 우리를 슬프게 합니다. 즉 우리 직장 안에 있는 악을 포함해서, 세상 가운데서 악에 부딪칠 때 슬픔이라는 우리 감정이 건드려집니다. 그 악은 우리 자신에게서, 다른 사람에게서, 또는 출처를 알 수 없는 근원에서도 올 수 있습니다.

어떤 경우든 우리가 악한 말과 악한 행위, 직장에서의 악한 정책들을 정직하게 애통해할 때, 하나님은 우리 슬픔을 보시고, 상황이 늘 그렇지는 않으리라는 사실을 깨닫게 하심으로써 우리를 위로해 주십니다. 자기 잘못을 애통해하는 복 있는 자들은, 자신의 오류를 인정함으로써 위로를 받을 수 있습니다.

우리는 직장 동료, 학생, 환자, 고객, 상사나 부하, 거래처 사람에게 실수할 수 있습니다. 그때 우리는 그것을 인정하고 그들에게 용서를 구해야 합니다. 여기에는 용기가 필요합니다. 우리가 한 행동에 대해 슬퍼하는 감정적 복이 없이는, 결코 우리 자신의 실수를 받아들이는 배짱을 가질 수 없을 것입니다.

그러나 용기를 내기만 한다면 우리는 얼마나 사람들이 우리를 용서해 줄 마음이 있는지 깨닫고 깜짝 놀랄 것입니다. 그리고 다른 사람들이 우리가 잘못을 인정하는 것을 이용할 경우, 우리는 첫 번째 팔복에서 흘러나오는 '교만하지 않음'의 복으로 되돌아갈 수 있습니다.

프란시스코의 기도문입니다.

"주님, 저를 평화의 도구로 써 주소서. 미움이 있는 곳에 사랑을, 다툼이 있는 곳에 용서를, 분열이 있는 곳에 일치를, 의혹이 있는 곳에 신앙을, 그릇됨이 있는 곳에 진리를, 절망이 있는 곳에 희망을, 어둠이 있는 곳에 빛을, 슬픔이 있는 곳에 기쁨을 가져오는 자가 되게 하소서. 위로받기보다는 위로하며, 이해받기보다는 이해하며, 사랑받기보다는 사랑하게 하여 주소서. 우리는 줌으로써 받고, 용서함으로 용서받으며, 자기를 버리고 죽음으로써, 영생을 얻게 하옵소서. 아멘."

6. 좁은 문으로 들어가라

"좁은 문으로 들어가라 멸망으로 인도하는 문은 크고 그 길이 넓어 그리로 들어가는 자가 많고 생명으로 인도하는 문은 좁고 길이 협착하여 찾는 자가 적음이라"(마 7:13~14).

우리말 중에 '지름길'과 '에움길'이 있습니다. 에움길은 빙 둘러서 가는 멀고 굽은 길이기에 세상의 많은 이들이 지름길을 좋아합니다. 우리는 평생 길 위에 있습니다. 누군가는 헤매고, 누군가는 잘못된 길로 가고, 누구는 한 길을 묵묵히 갑니다. 오르막길이 있으면 내리막길이 있고 탄탄대로가 있으면 막다른 골목도 있습니다.

세상에 같은 길은 없습니다. 우리가 하나님께 나아가는 길은 이런 저런 일로 늘 에움길이지만, 우리 하나님은 우리에게 오실 땐 가장 빠른 지름길로 오십니다. 우리가 하나님께 가는 지름길은 좁은 길입니다.

우리가 세상에 사는 동안 느끼는 일들이 많이 있습니다.

학교도 역시 들어가기가 힘이 들고 공부하기가 어려운 학과를 택하면 졸업한 뒤에 좋은 직장이 기다리고 있습니다. 의과 대학에 들어가기가 어렵고 공부하기가 힘이 들어도 어려운 길을 다 간 후에는 평생 좋은 직장에서 대우를 받고 수입도 보장되는 것과 같습니다.

믿음도 역시 신앙의 좁은 길로 걸어간 사람들에게는 생명이 보장되고 상급이 보장됩니다. 반대로 넓은 길을 걸어간 사람들은 멸망의 문이 기다리게 됩니다. 좁은 문은 다른 사람들이 가기 싫어하고 통과하기도 어려운 것이지만, 이 문은 영생을 사모하고 하늘나라의 상급을 사모하는 사람이라면 반드시 이 길과 문을 통과하고 걸어가야 합니다.

하나님의 말씀을 듣고 순종하여 떠나는 신앙이 좁은 길로 가는 신앙입니다. 떠나는 것은 신앙생활의 가장 기초적인 좁은 문입니다. 예수를 믿으려면 세상의 풍조에서 떠나야 합니다. 술 먹는 일과 담배를 피우는 일에서 떠나야 하고, 세상 쾌락의 재미에서 떠나야 합니다. 음란, 연속극, 세상적인 음악, 오락 등에서 떠나야만 합니다.

때로는 친구로부터 떠나야 하고, 친척들로부터 떠나야 합니다. 떠나는 결단이 있고, 행함이 있을 때에 좁은 길로 들어서게 됩니다. 예수를 믿는다 하면서도 아직 떠남이 없는 사람은 아직 넓은 길로 가고, 넓은 문으로 들어간 사람입니다. 예수를 믿는다 하면서도 아직 떠남이 없는 사람이 많이 있습니다. 주일을 거룩히 지킬 줄을 모르고 오락을 찾아다니는 사람, 주일에 자기 육신의 소욕을 다 하는 사람은 아직 떠난 사람이 아닙니다.

좁은 길로 들어선 사람은 내 본래의 나쁜 습관, 친척, 나쁜 관계,

아비 집, 세상 재물 등을 하나님의 말씀을 따라서 떠나야 신앙의 좁은 문, 생명의 길에 들어선 자가 됩니다.

솔로몬이 부귀영화가 극에 달하고, 물질 문제가 해결되니 비빈들을 1,000명이나 두는 정욕에 빠져서 결국 하나님을 두 번씩이나 만난 왕이었지만 버림을 받게 되었습니다.

정욕이 일어날 때 이것을 내어 쫓는 자가 되어야 좁은 길로 가는 사람입니다. 정욕을 내어 쫓지 못하는 사람은 결국 넓은 사망의 길로 가게 됩니다. 탐욕을 내어 쫓아야 합니다. 있는 것에 만족하지 못하고, 분수를 넘어서 살아가는 것이 탐욕입니다. 세상에 사는 동안 탐욕과 사치를 부려 봐도 가지고 가는 것이 아닌데 사치와 낭비, 허영 등이 넓은 길로 들어가게 합니다.

사랑하는 것을 하나님께 드리며 살아가는 사람이 좁은 길로 가는 사람입니다. 하나님이 바치라 한 것을 아까워서 드리지 못하는 사람은 좁은 길로 가는 사람이 아닙니다.

내가 사랑하는 것을 드리지 못한다면 이는 순종의 좁은 길로 가는 사람이 아닙니다.

아브라함과 같이 순종의 좁은 길로 가는 우리가 되어야 하겠습니다. 우리는 좁은 길로 가야만 성공자가 됩니다. 이 인생의 좁은 길을 견디고 걸어가야만 신앙의 성공자가 됩니다. 생명의 길이 좁고 험하고 힘들어도 찬송하면서 걸어가야 하고 이 길이 주님이 걸어가신 길입니다. 생명의 길은 좁고 험한 법입니다.

좁은 이 길이 진리의 길이요, 생명의 길이며, 축복의 길이니 우리는 이 길을 걸어가야 합니다. 또한 우리는 넓은 길을 가는 사람을 절대로 부러워하지 말아야 할 것이요, 그 길을 가는 사람들을 깨우쳐 좁은 길로 가게 하여야 합니다.

세상의 풍속에서 떠나는 신앙인이 됩시다. 자기자신의 정욕, 물욕, 탐욕을 내어 좇아야 합니다. 내가 가장 사랑하는 것을 하나님의 명령에 따라서 드리며 살아가는 우리가 되어야 합니다. 좁은 문을 통과하고 좁은 길, 신앙의 길로 걸어가다가 영원한 하나님의 나라, 생명에 이르는 우리가 되어야겠습니다.

7. 심고 거두는 법칙

"자기의 육체를 위하여 심는 자는 육체로부터 썩어질 것을 거두고 성령을 위하여 심는 자는 성령으로부터 영생을 거두리라"(갈 6:8).

결실의 계절입니다. 코로나로 인해 힘든 시간들을 보냈지만 곳곳에 수확의 열매로 풍성한 계절입니다. 우리의 인생이나 신앙 또한 농사처럼 모두 땀 흘린 만큼 풍성해지고 성장합니다. 공의의 하나님께서 정하신 법칙입니다. 따라서 우리는 좋은 씨앗을 뿌리기 위해 노력해야 합니다. 악의 씨앗이 아닌, 의로움과 선함의 씨앗을 뿌려야만 합니다.

나는 올해 선한 씨앗, 사랑의 씨앗, 믿음의 씨앗을 많이 심었는지요? 공의의 하나님께서 선한 열매, 사랑의 열매, 믿음의 열매가 풍성하게 맺히도록 축복하실 것입니다. 아무리 옥토라도 선한 씨앗을 심어야 좋은 열매를 거둡니다.

하나님은 심는 대로 거두게 하시는 분이십니다. 많이 심으면 많이 거두고, 적게 심으면 적게 거두게 하십니다. 그러므로 심지 않고 거두고자 하는 것과 적게 심고 많이 거두기를 기대하는 것은 하나님의 법칙을 거스르는 것입니다. 모든 사람이 똑같이 하루 24시간을 살아가지만 사람마다 심는 것이 다릅니다. 여러분은 무엇을 심고 있습니까? 또 누구를 위해 심고 있습니까?

사도 바울은 "성령을 위해 심으라"라고 말씀합니다.

갈라디아서 전체 문맥에서 '성령을 위해 심는다'는 것은 성령으로 예수 그리스도를 믿는 믿음을 따라 의의 소망을 기다리는 것이며, 육체의 소욕을 버리고 성령을 따라 행하는 삶을 말합니다.

> "내가 이르노니 너희는 성령을 따라 행하라 그리하면 육체의 욕심을 이루지 아니하리라"(갈 5:16).

이는 성령의 열매를 맺는 고결한 인격과 성품으로 이어집니다.

'성령을 위해 심는 것'은 또한 선한 일을 하는 것입니다. 이는 우리가 심어야 할 나눔의 씨앗입니다. 나눔과 구제는 성경 말씀이 거듭 강조하는 가장 좋은 씨앗입니다. 심음에는 심음의 원리가 있습니다. 씨앗을 뿌리는 순서가 있습니다. 그 순서는 먼저 '가르치는 자' 그리고 '믿음의 가정들', 이어서 '모든 사람'입니다.

> "나는 너희가 아무 다른 마음을 품지 아니할 줄을 주 안에서 확신하노라 그러나 너희를 요동하게 하는 자는 누구든지 심판을 받으리라"(갈 5:10).

우리가 모든 사람을 사랑한다고 하면서도 정작 가까운 믿음의 형제들을 소홀히 하기 쉽습니다. 전 인류를 사랑한다고 공언하면서도 자기 가족을 홀대하기도 합니다.

나로부터 가까운 곳에서부터 심어야 합니다. 그리고 '모든 좋은 것'을 나누어야 합니다. 이것은 물질적인 것만을 뜻하지 않습니다. 즐거운 소식과 축복하는 마음과 환한 웃음과 미소 한 조각을 나눌 수도 있습니다. 그리고 낙심하지 말아야 합니다.

좋은 씨앗을 뿌려도 이내 낙심할 일들이 발생하기도 합니다. 해충이 닥치기도 하고, 한파가 몰아치기도 하며, 온갖 어려움이 찾아와 결실을 기대하기 어려워 보이기도 합니다. 하지만 하나님의 때가 되면 반드시 열매를 수확하게 됩니다. 눈을 들어 풍성한 열매를 바라보십시오. 넘치도록 거두게 될 것입니다. 크게 웃으며 감사하게 될 것입니다.

오뎅 열 개가 만든 인연 이야기입니다.

막노동으로 생활비와 검정고시 학원비를 벌던 시절, 밥값이 없어 저녁을 거의 굶을 때가 많았습니다. 어느 날 저녁 학원에서 집으로 돌아가는데, 주머니에 동전 400원밖에 없었습니다. 매일 집으로 가는 길목에 포장마차에 들러 어묵 한 개 사 먹고, 국물만 열 번이나 더 떠먹었습니다. 그런 그가 안쓰러웠던지 아주머니가 어묵을 열 개나 더 주었습니다.

"어차피 퉁퉁 불어서 팔지도 못하니까 그냥 먹어요."

허겁지겁 먹는데 눈물이 그렁그렁 해졌습니다. 그 후에도 퉁퉁 불어버린 어묵을 가끔 거저 얻어먹곤 했습니다. 그때 그는 아주머니께 나중에 능력이 생기면 꼭 갚아 드린다고 말했습니다.

이후 군대를 제대하고 대학교도 졸업한 후 대기업 인사과에 취직이 되었습니다. 아직도 그 포장마차가 그곳에 있을까 싶어 찾아가 보았습니다. 6년 만이었습니다. 여전히 장사를 하고 계셨습니다. 그런데 아주머니 옆에 아들이 함께 있었는데, 다리를 심하게 저는 뇌성마비 장애인이었습니다. 장애인이라 마땅한 취직자리가 없어서 안타까워하는 아주머니가 안쓰러웠습니다.

마침 우리 회사는 장애인을 전문으로 채용하는 사회적 기업이었습니다. 급여는 그리 많지 않았지만, 58세까지 정년이 보장되고 학자금도 보장되는 회사였습니다. 당장 회사 부장님께 찾아가 자초지종을 이야기했습니다. 얘기를 다 듣고 난 부장님은 흔쾌히 입사를 승낙해 주었습니다. 아들이 채용되자 아주머니는 눈물을 흘리며 기뻐하셨습니다.

"이 은혜를 어떻게 갚죠?"

그는 대답했습니다.

"제가 먼저 빚졌잖아요. 그걸 갚았을 뿐인걸요."

그에게는 그리 어렵지 않은 일이 그분에게는 절실한 일이었고, 그에게는 꼭 필요한 게 그분들께 필요하지 않기도 합니다. 하찮은 당신의 도움이 누군가에게는 일생일대에 보은의 가치를 가집니다. 어떤 사람에게는 퉁퉁 불어 팔 수 없는 어묵 국물 한 컵이 그렇게 큰 고

마음이 될 수도 있는 것입니다.

행복이라는 것은 꽃 한 송이, 물 한 모금에서도 피어날 수 있는 것입니다. 언제나 따스한 사랑의 눈으로, 따스한 마음의 눈으로, 작은 일에 감동할 줄 알고, 작은 일에 감사와 베풂의 소중함을 알아야 하겠습니다. 언제나 마음이 아름다울 수 있도록 감사의 소중함을 생각하시고, 행복한 하루 보내시기를 소망합니다.

8. 의학적으로 증명된 행복 비결 법

"근신이 너를 지키며 명철이 너를 보호하여 악한 자의 길과 패역을 말하는 자에게서 건져 내리라"(잠 2:11~12).

OECD 건강통계에 의해 밝혀진 행복 비결 법입니다.

첫째, 더 행복해지는 것보다 덜 우울해지는 것이 중요하다.

인구 천 명 당 우울증 약을 복용하는 환자의 숫자를 보면, 우리나라 국민 1,000명 중 13명이 우울증 약을 먹을 때, 핀란드에선 70명이 먹습니다. 우리나라 사람들이 핀란드 사람들보다 덜 슬프거나 우울증 환자가 적기 때문일까요? 알다시피 우리나라는 자살률 세계 1위 국가지만, 핀란드는 세계에서 가장 행복한 나라입니다.

핀란드 이외에도 노르웨이, 덴마크, 아이슬란드, 스위스, 네덜란드, 캐나다, 뉴질랜드, 스웨덴, 호주가 우울증 약을 많이 먹고 있습니다. 놀랍게도 유엔이 발표한 행복 순위 상위에 랭크된 곳과 대부분 일치합니다. 가장 우울증 약을 많이 먹는 나라 5개국이 가장 행복한 나라 10위 안에 듭니다.

행복을 위해 우울증 약을 많이 먹어야 한다는 뜻이 아니라 행복을 위해 우울증을 적극적으로 치료해야 한다는 것이 옳은 해석입니다. 행복에 도움 되는 열 가지보다 행복을 방해하는 한 가지를 없애는 것이 더 중요하다는 것입니다. 그것은 사고력이 너를 지켜 주고 분별력이 너를 보호하기 때문입니다.

얼마 전 발표된 강남세브란스병원 정신건강의학과 김재진 교수의 연구를 보면, 평소 만족도가 높은 행복한 사람과 만족도가 낮은 불행한 사람을 나누고, '자유' '존중' '사랑' 등의 긍정적 단어를 줄 때와, '범죄' '실패' '공포' 등의 부정적 단어를 보여줬을 때 MRI 검사를 통해 두 그룹 간 뇌의 활성도 여부를 관찰했습니다.

연구진은 만족도가 높은 그룹에서 긍정적 단어를 보았을 때 전전두피질의 활성도가 올라갈 것으로 예측했으나 결과는 정반대로 나왔습니다. 즉 삶의 만족도가 높은 그룹은 긍정적 단어보다 부정적 단어에 더 적극적으로 반응했습니다. 부정적 단어들을 보는 동안 뇌 속 깊숙이 위치한 감정처리 영역인 편도선엽 부위까지 활성화됐습니다.

이는 평소 행복한 사람들은 좋은 일보다 나쁜 일이 발생했을 때 뇌가 이를 적극적으로 인지하고 해결하기 위해 사력을 다한다는 뜻입니다. 우울증은 행복을 위협하는 가장 큰 적입니다. 내가 우울하다면 적극적으로 치료받도록 해야 합니다.

둘째, 비교하지 말자.

상식적이지만 빼놓을 수 없는 중요한 행복 비결입니다. 핀란드(1인당 소득 $46,098)는 일본(1인당 소득 $46,736)과 비슷한 소득을 가졌으나, 행복의 지표에서 핀란드는 최상위권인데 반해, 일본은 중

하위권입니다. 그 이유는 무엇일까요? 고려대 구교준 교수의 논문 〈핀란드와 일본 사례를 중심으로 행복의 국가 간 비교 분석〉이 그 해답을 보여줍니다.

핀란드 사람들은 비교하지 않습니다. 비교하면 불행해집니다. 500만 원을 벌면 행복하겠다고 생각했던 사람이 500만 원을 번 후에도 700만 원 버는 옆 사람과 비교하면 불행해집니다. 이 점에서 핀란드 특유의 개인주의 문화를 눈여겨봐야 합니다. 욜로, 휘게, 휘나란 용어 모두 핀란드와 덴마크, 노르웨이 등 행복 상위권을 차지하는 북유럽에서 유래된 것이 우연이 아닙니다.

셋째, '여우의 신 포도'를 활용하자.

비교하지 않으려면 '여우의 신 포도' 전략이 매우 요긴합니다. 자기가 먹지 못하는 포도를 바라보면서 "저 포도는 신 포도일 거야. 시어 터져 맛이 없을 거야."하던 여우를 기억하는가? 자신이 갖지 못한 것에 대해 평가절하 하는 여우식 사고방식은 비겁한 마음가짐이 아니라, 행복해지는 효과적인 방법 중 하나입니다.

하버드의 심리학 교수 댄 길버트가 테드 강연에서 소개한 실험을 살펴보면, 연구진들은 하버드생들을 대상으로 사진 수업을 열었습니다. 학생들에게 사진 12장을 찍게 한 다음, 그중 가장 마음에 드는 2장을 선택하게 만들었습니다. 약간의 시간이 흐른 뒤, 두 장 중 한 장만 집에 가져가도록 했습니다. 학생들 중 절반에겐 나흘간 교환할 수 있는 시간을 주고, 나머지 절반에겐 주지 않았습니다.

연구진은 좀 더 심사숙고해 사진을 결정할 수 있었던, 교환기회가 있는 그룹의 만족도가 더 높으리라고 예상했습니다. 그러나 교환할 수 있는 기회가 있었던 학생들은 대부분 본인이 갖게 된 사진을 싫어하게 됐고, 교환의 여지가 없었던 그룹의 학생들은 자신이 소유한 그림에 아주 만족했습니다. 선택한 것과 포기한 것에 얽매여 있다 보면 만족감이 떨어지게 된다는 것입니다.

"인생이 비참하고 무질서해지는 까닭은 선택한 것과 포기한 것의 차이를 과대평가하기 때문입니다. 조금 더 좋은 것이야 있겠지만 잘못에 대한 후회로 마음의 평화를 잃을 만큼 가치 있는 일은 없다"라는 애덤 스미스의 말은 '보이지 않는 손' 만큼이나 오래도록 유효한 잠언입니다.

넷째, '생민'만큼 '욜로'도 중요하다.

구인구직 사이트 '사람인'이 2030세대 1,797명을 대상으로 조사한 결과, 약 80%의 사람들이 행복을 위해 가장 필요한 것으로 '금전적 여유'를 꼽았습니다. 한국갤럽과 조선일보 등이 10개국 5,190명을 대상으로 여론조사를 했을 때에도, 소득과 행복이 관계있다고 응답한 한국인이 92%였습니다.

우리 국민 중 다수가 행복해지기 위해선 돈이 더 필요하다고 생각합니다.

그러나 하버드 경영 대학원 마케팅학과 부교수 마이클 노튼과 브리티시 컬럼비아대 심리학과 부교수인 엘리자베스 던은 돈을 버는 것보다 어떻게 쓰는지가 더 중요하다고 말합니다.

9. 가장 지혜롭고 행복한 사람

"예루살렘에 시므온이라 하는 사람이 있으니 이 사람은 의롭고 경건하여 이스라엘의 위로를 기다리는 자라 성령이 그 위에 계시더라"(눅 2:25).

오늘날은 기다림을 참지 못하는 시대이지만, 신앙생활은 기다림입니다.

가장 지혜롭고 행복한 사람은 남은 인생 즐겁게 웃으며 사는 사람입니다. 대개 성공하는 사람들을 보면 남다른 재주나 특별한 능력이 있어서라기보다는 보통 사람들한테서는 찾아볼 수 없는 뛰어난 인내력이 있음을 알 수 있습니다.

그래서 성공한 사람들 중에는 인내를 통해서 성공한 사람이 많습니다. 많은 사람들이 쉽게 포기합니다. 재능이 있어도 그 재능을 다 발휘하지 못합니다. 그래서 오늘날은 재능이 많은 것만으로 성공하지 못합니다. 훌륭한 교육을 받은 것만으로 성공하지 못합니다. 용기가 있는 것만으로 성공하지 못합니다. 시므온은 성령의 약속을 믿고 기다림으로 끝내 약속의 예수님을 만났습니다.

우리의 실패는 흔들리는 삶에 있습니다. 그러나 기다림의 소망이 있는 사람은 흔들리지 않고 소망의 약속이 이루어질 때까지 성령의 인도하심만 따라갑니다.

시므온의 "주재여 이제는 말씀하신 대로 종을 평안히 놓아 주시는도다"(눅 2:29)라는 이 고백처럼 우리도 주님이 주신 사명을 잘 완수하고 마지막이 아름다운 인생이 되십시다.

2,000년 전 화산재에 덮였던 폼페이는 원래 5만여 명이 살던 작은 도시였습니다. 비세비우스 산의 대 폭발이 있기 전 화산재가 조금씩 뿜어져 나오는 며칠 동안 노예와 가난한 시민들은 서둘러 피난을 떠났습니다. 결국 파묻힌 2,000여 명은 귀족들과 돈 많은 상인들이었습니다. 돈과 권력, 명예로 배부른 사람들은 마지막까지 자기의 저택을 지키려다가 결국 모든 것을 잃어버렸습니다.

태풍에 뿌리가 뽑히는 것은 큰 나무이지 잡초가 아닙니다. 자신의 일들이라고 생각한다면 먼저 이것을 기억해야 합니다. 우리는 모두 지구별에 놀러 온, 여행객들이라는 사실 말입니다. 이곳에서 소풍을 끝내는 날 먼 길을 떠나야 합니다.

여행이 즐거우려면 세 가지 조건이 맞아야 합니다.

첫째, 짐이 가벼워야 한다.
둘째, 동행자가 좋아야 한다.
셋째, 돌아갈 집이 있어야 한다.

이 세상 모든 것들은 여기 사는 동안 잠시 빌려 쓰는 것입니다. 여행 간 호텔에서의 치약 같은 것입니다. 우리가 죽는 줄을 알아야 올바르게 살 수 있습니다.

세상에 없는 것 3가지가 있습니다.
① 정답이 없다.
② 비밀이 없다.
③ 공짜가 없다.

죽음에 대해 분명히 알고 있는 것 3가지가 있습니다.
① 사람은 분명히 죽는다.
② 나 혼자서 죽는다.
③ 아무것도 가지고 갈수 없다.

그리고 죽음에 대해 모르는 것 3가지 있습니다.
① 언제 죽을지 모른다.
② 어디서 죽을지 모른다.
③ 어떻게 죽을지 모른다.

그래서 항상 준비하고 있어야 합니다. 모든 사람이 태어나는 방법은 거의 비슷하지만, 그러나 죽는 방법은 천차만별합니다. 그래서 인간의 평가는 태어나는 것보다 죽는 것으로 결정됩니다. 언제나 사랑하고 배려하며, 주어진 삶이 다할 때까지 의무를 다하며 살아야 합니다. 오늘도 건강, 돈, 시간, 취미, 친구의 오복을 짓는 복된 하루하루가 되기를 바랍니다.

"지혜가 깊은 사람은 자기에게 무슨 이익이 있음으로 해서 사랑하는 것이 아니다. 사랑한다는 그 자체 속에서 행복을 느낄 수 있기 때문에 사랑하는 것이다." - 블레즈 파스칼 -

복은 검소함에서 생기고, 덕은 자신을 낮추고 물러나는 데서 생기며, 지혜는 고요히 생각하는 데서 생깁니다. 근심은 욕심이 많은 데서 생기고, 재앙은 탐하는 마음이 많은 데서 생기며, 허물은 잘난 체하고 남을 하찮게 여기는 데서 생기고, 죄악은 어질지 못한 데서 생깁니다. 눈을 조심하여 남의 잘못된 점을 보지 말고, 입 조심하여 남의 단점을 말하지 말고, 마음을 조심하여 스스로를 탐내거나 성내지 말고, 몸을 조심하여 나쁜 사람을 따르지 마십시오.

유익하지 않은 말을 함부로 하지 말고, 나와 관계없는 일에 부질없이 참견하지 말고, 순리대로 오는 것을 거절 말고, 순리대로 가는 것을 잡지 말며, 지나간 일은 생각하지 마십시오. 남을 해하면 마침내 자기에게 돌아오고, 세력에 의지하면 도리어 재앙이 따르며, 절약하지 않으면 집을 망치고, 청렴하지 않으면 지위를 잃게 됩니다.

내가 가진 것과 당신이 가진 것을 더하면 그것은 '만남'입니다.
내가 가진 것에 당신이 가진 것을 빼면 그것은 '그리움'인 것입니다.
내가 가진 것과 당신이 가진 것을 곱하면 그것은 '행복'입니다.
내가 가진 것에 당신이 가진 것을 나누면 그것은 '배려'입니다.
그리고 내가 가진 것과 당신이 가진 것을 더하고, 빼고, 곱하고,

나누어도 '하나'라면 그것은 바로 '사랑'입니다.

'사랑'은 살아가면서 가장 따뜻한 인간관계이며, 한 사람이 다른 사람을 아끼고 또한 그 관계를 지켜가고자 하는 마음이라고 할 수 있습니다.

사랑하면 사랑한다고, 보고 싶으면 보고 싶다고, 있는 그대로만 이야기하고 삽시다. 너무 어렵게 셈하며 살지 맙시다. 하나를 주었을 때 몇 개가 돌아올까, 두 개를 주었을 때 몇 개를 손해 볼까 계산 없이 주고 싶은 만큼 주고 삽시다. 너무 어렵게 등 돌리며 살지 맙시다. 등 돌린 만큼 외로운 게 사람이니 등 돌릴 힘까지 내어 사람에게 걸어갑시다.

좋은 것은 좋다고 하고, 내게 충분한 것은 나눠 줄 줄도 알고, 애써 등 돌리려고도 하지도 말고, 그렇게 함께 웃으며 편하게 삽시다. 안 그래도 Covid 19로 어렵고 힘든 세상인데 계산하고 따지며 머리 아프지 않게 그저 맘 가는 대로, 마음을 거스르려면 갈등이 있어 머리 아프고 가슴 아픈, 때로는 손해가 될지 몰라도 마음 가는 대로, 주고 싶은 대로 그렇게 살아갑시다.

풍경이 변해야 계절이 바뀌는 것이 아닙니다. 계절이 변해야 풍경이 바뀌는 것이 이치입니다. 얼굴이 변해야 사람이 바뀌는 것이 아닙니다. 사람이 변해야 얼굴이 바뀌는 것이 이치입니다. 화난 얼굴도 밝게 살면 환한 얼굴이 되지만, 환한 얼굴도 찡그리며 살면 화난 얼굴이 됩니다. 추한 얼굴도 사랑을 품고 살면 아름다운 얼굴이 되지만, 아름다운 얼굴도 미움을 품고 살면 추한 얼굴이 됩니다.

거울에 비친 내 얼굴을 바라보며 화난 얼굴이 아닌 환한 얼굴로 바뀌는, 추한 얼굴이 아닌 아름다운 얼굴로 바뀌는 오늘이 되었으면 참 좋겠습니다. 마치 매일 보는 산도 봄, 여름, 가을, 겨울이면 그 풍경이 바뀌듯 얼굴도 나이에 따라서 그 풍경이 바뀌고 있는 것처럼, 그런 의미에서 얼굴은 그 사람의 역사이며, 살아가는 현장이며, 그 사람의 풍경입니다.

이제 막 걷기 시작한 사람, 중턱에 오른 사람, 거의 정상에 오른 사람, 정상에 올랐다고 끝이 아닙니다. 산은 산으로 이어지는 것, 인생도 삶은 삶으로 다시 이어지는 것, 한 걸음 한 걸음 걸을 수 있다는 것이 행복이지 정상에 오르는 것만이 목적이 아닙니다. 쉽게 쉽게 생각하며 우리 함께 인생의 산맥을 넘는 것입니다. 산들이 이어지는 능선들이 바로 우리가 사는 인생입니다.

인간은 자연을 사랑할 수 있어야 합니다. 하늘을 사랑하고 해와 달과 별과 불과 나무와 짐승들과 그 밖의 온갖 자연을 사랑해야 합니다. 이 자연을 사랑하지 아니하고 무관심하게 산다면 행복해질 수 없습니다. 나아가서 사람은 천지와 만물을 지으신 하나님을 사랑해야 합니다.

지혜로운 삶은 몸에는 향기, 눈에는 총기, 얼굴에는 화기, 마음에는 열기, 행동에는 용기, 어려울 땐 끈기, 자존심 꺾일 때는 오기, 일곱 가지 기운으로 지혜로운 삶 이어가셔요.

어려움 많은 요즘, "힘내세요."라는 배려의 말 한마디가 큰 희망과 행복이 됩니다. '배려'의 아름다움이 가득한 하루, 건강과 기쁨의 하루, 멋지고 신나는 행복의 하루로 보내시기를 소망합니다.

10. 행복한 하루

"여호와여 위대하심과 권능과 영광과 승리와 위엄이 다 주께 속하였사오니 천지에 있는 것이 다 주의 것이로소이다 여호와여 주권도 주께 속하였사오니 주는 높으사 만물의 머리이심이니이다"(대상 29:11).

독일의 철학자 칸트는 행복의 세 가지 조건에 대해 이렇게 말합니다.

"첫째, 할 일이 있고, 둘째, 사랑하는 사람이 있고, 셋째, 희망이 있다면 그 사람은 지금 행복한 사람이다."

우리가 행복하지 않은 건 내가 가지고 있는 걸 누리고 감사하기보다, 내가 가지고 있지 않은 걸 탐내기 때문이라고 합니다.

행복해지고 싶다면 내가 가지고 있는 것들, 내 주변에 있는 사람들을 아끼고 사랑해야 합니다. 남이 나를 행복하게 만들어 주기를 기다리지 말고, 나 스스로 행복을 느끼고 행복을 만들어 가면 그 결과, 주변 사람들에게 행복 바이러스를 퍼뜨리는 겁니다.

즉, 행복은 '셀프'(self)입니다. 행복의 씨앗을 내 스스로 만드는 것이 중요합니다. 행복은 향수와 같다고도 말합니다. 자신에게 먼저 뿌리지 않고서는 남에게 향기를 줄 수 없습니다.

멋진 사람보다는 따뜻한 사람이 되세요. 멋진 사람은 눈을 즐겁게 하지만, 따뜻한 사람은 마음을 데워 줍니다. 잘난 사람보다는 진실한 사람이 되세요. 잘난 사람은 피하고 싶지만, 진실한 사람은 곁에 두고 싶습니다. 대단한 사람보다는 좋은 사람이 되세요. 대단한 사람은 부담을 주지만, 좋은 사람은 행복을 줍니다. 행복이 'self'인 것처럼 오늘도 주변의 모든 분들과 따뜻하고 진실되게 좋은 생각으로 살아갑시다.

행복한 하루란 아침에 눈 떴다는 사실에 감사하고, 편안하게 호흡할 수 있는 것에 감사하고, 내 의지대로 걸을 수 있으매 감사하고, 아직은 남과 나눌 것이 있다는 것에 감사하고, 마음 기댈 곳이 있다는 것에 감사하고, 따뜻한 친구가 있다는 것에 감사하는 것입니다. 고마운 사람, 좋은 사람, 나를 아는 모든 사람들에게 감사하고, 오늘은 미운 사람에게도 감사함을 느끼고 그 감사함을 전하고 싶습니다. 항상 감사해야 할 일이 많은 삶 속에서 감사하지 않고, 원망하고 책망하며 비난하고 살지는 않는지요?

많은 이들이 인생의 역전을 꿈꾸고 있습니다. 로또 복권이나 전 세계의 관심을 끌고 있는 드라마 오징어 게임도 인생 역전을 꿈꾸는 드라마로 과연 그런 인생 역전이 행복한 것일까요? 지금 불우한 환경으로 인생의 역전을 간절히 바라고 계십니까? 불우한 환경이 결코 불행은 아닙니다.

사람은 끝났다 하고 사탄은 안 된다고 하지만, 하나님의 사람에게는 역전의 은총이 있습니다.

기도의 무릎을 꿇고 하나님과 친밀해지십시다. 승리의 근원은 하나님께 있으며 역전의 은총은 주님 앞에 무릎 꿇고 기도하는 자에게 일어납니다. 우리 하나님은 역전의 명수이십니다. 아침에 일어나면 기다려지는 당신의 문안 인사가 나에게는 큰 힘이 됩니다. 우리가 산다는 게 뭐 있나요? 건강하고 즐겁게 사는 것이 행복한 인생 아니겠어요. 삶에도 여백의 공간이 있어야 아름답습니다. 내 삶에 여백이 클수록 사랑과 행복을 넉넉히 채울 수 있기 때문입니다.

땅을 보고 웃었는데 할 일이 있었고, 사람을 보고 웃었는데 친구가 생기고, 하늘을 보고 웃었는데 내일이 보입니다. 웃음, 웃는데 인색해선 안 되겠네요. 미소는 사람이 지을 수 있는 가장 아름다운 선물이랍니다. 성격은 얼굴에서 나타나고, 본심은 태도에서 나타나며, 감정은 음성에서 나타납니다. 센스는 옷차림에서 나타나고, 청결함은 머리카락에서 나타나며, 섹시함은 옷맵시에서 나타납니다. 그리하여 사랑은 이 모든 것에서 나타납니다.

미움은 가질수록 더 거슬리며, 원망은 보탤수록 더 분하고, 아픔은 되씹을수록 더 아리며, 괴로움은 느낄수록 더 깊어지고, 집착은 할수록 더 질겨지는 것이니, 부정적인 일들은 모두 지우는 게 좋습니다. 지워버리고 나면 번거롭던 마음이 편안해지고, 마음이 편안해지면, 사는 일이 언제나 즐겁습니다.

칭찬은 받을수록 더 잘하게 되고, 정은 나눌수록 더 가까워지며, 사랑은 베풀수록 더 애틋해지고, 몸은 낮출수록 더 겸손해지며, 마음은 비울수록 더 편안해지고, 행복은 더 커지는 것이니 평범한 일상생활에서도 언제나 감사한 마음으로 즐겁고 밝게 사는 것보다 더 좋은 게 또 있을까요?

황혼의 멋진 삶은 건강입니다. 이 복 저 복 많이 있지만 그중의 제일은 건강 복입니다. 아무도 알 수 없는 내일이 있기에 우리는 날마다 새로운 꿈을 꾸고 희망과 설렘을 가질 수 있습니다. 우리가 진짜 행복을 느낄 때는 내 것이 많을 때가 아니라 내가 좋아하는 것을 함께 나눌 사람이 있을 때입니다. 생각나고, 보고 싶고, 그리워하는 사람이 있다는 건 행복한 것입니다. 가장 행복한 사람은 특별한 이유 없이도 삶을 즐길 줄 아는 사람이며 사소함에 행복을 느끼며 사는 사람입니다.

철학자 플라톤은 행복의 조건으로 다섯 가지를 들었습니다.

플라톤의 행복론(幸福論)

첫째 : 먹고, 입고, 살고 싶은 수준에서 조금 부족한 듯한 '재산'(財産).

둘째 : 모든 사람이 칭찬하기에 약간 부족한 '용모'(容貌).

셋째 : 자신이 자만하고 있는 상황에서, 사람들이 절반 정도밖에 알아주지 않는 '명예'(名譽).

넷째 : 겨루어서 한 사람에게 이기고, 두 사람에게 질 정도의 '체력'(體力).

다섯째 : 연설을 듣고서, 청중의 절반은 손뼉을 치지 않는 '말솜씨'가 행복입니다.

조금은 부족하고, 모자란 상태에서, 그 부족한 부분을 채우기 위해, 노력하는 나날의 삶 속에 행복이 있다는 플라톤!

과유불급(過猶不及) : 지나침은 부족함과 마찬가지! 조금은 비워둬야 채울 수 있다는 것이 플라톤의 행복론입니다.

플라톤이 제시한 다섯 가지 조건은 전부 다 조금은 부족하고 모자라는 상태입니다. 플라톤은 '모자람의 행복'을 제시한 것입니다. 약간 모자라는 듯한 삶, 여기에 행복의 비결이 있다고 했습니다.

산다는 건 어제도 내일도 아닌 오늘이 행복해야 합니다. 예쁜 미소와 함께 행복한 하루 보내세요. 소리 없이 피어나 먼 곳까지 향기를 날리는 한 송이 꽃처럼 주변에 달콤한 향기를 전하는 행복한 하루 보내세요. 우리 아프지 말고 마음 늙지 말고 항상 멋지게 건강하게 살아요. 지나간 청춘은 다시 오지 않지만, 가슴속에 청춘은 영원히 늙지 않으리. 현실을 즐기는 행복한 날 되세요.

인생을 보람 있게 산다는 것은 어제도 내일도 아니고 오늘이 행복해야 합니다. 사연 없는 사람 없고, 아픔 없는 사람 없습니다. 고독도 외로움도 아픔도 슬픔도 모두 살아있기에, 느낄 수 있는 감정을 그냥 감사하며 삽시다.

연기처럼 사라질 인생입니다. 모든 것에 너무 집착하지 마십시오, 바람처럼 날아갈 인생입니다. 욕심부리지 마십시오. 구름처럼 흩어질 인생입니다. 연연해하지 마십시오. 한 줌의 흙이 될 인생입니다. 가볍게 사십시오. 앞길이 뒷길보다 짧음을 아니까 연기처럼 사라질 인생입니다. 찬란히 여유 있게 훌훌 털며 삽시다.

11. 마음을 얻는 10가지 대화법

"경우에 합당한 말은 아로새긴 은 쟁반에 금 사과니라"(잠 25:11).

우리는 많은 사람들과 대화를 통해, 많은 것들을 하곤 합니다. 예를 들어 사람들을 설득하여 사업을 하고, 마케팅을 하고 영업을 합니다. 힘으로도 열 수 없는 문이 마음의 문입니다. 돈으로도 열 수 없는 문이 마음의 문입니다. 그러나 부드럽고 사랑스러운 말 한마디에 쉽게 열리는 것이 마음 문입니다.

사람의 마음을 얻는 기본적인 대화법 10가지

1) 상대방을 좋아하라

"사람은 자기자신을 좋아하는 사람을 좋아한다." -로마 시인-

서로 좋아하는 사람끼리는 편안하게 대화를 잘 나눌 수 있습니다. 대화를 잘 하려면 상대방을 좋아하는 것이 중요합니다. 싫은 사람을 억지로 좋아하라는 것이 아니라 다른 사람을 대할 때 호의를 갖고 소중하게 대하려고 노력하는 것이 중요하다는 뜻입니다.

2) 경청하라

"내 귀가 나를 가르쳤다." -칭기즈칸-

경청하는 자세를 길러야 합니다. 판단은 추후에 해도 늦지 않습니다. 대부분의 상담 대가들은 상대방에 대한 판단을 최대한 미룹니다. 그들은 어린아이처럼 호기심 가득한 눈으로 내담자를 봅니다. 잘 아는 이야기를 들을 때도 혹시 잘못 보는 게 아닐까 최대한 생각합니다.

이것은 단순한 소통기법이 아닌 세상을 대하는 과학자의 마음가짐에 오는 호기심입니다.

3) 존중하라

"인간은 저마다 신의 아들이므로 모든 인간이 중요하다는 사실을 잊지 않는다면 자연스럽게 좋은 대인관계를 유지할 수 있을 것이다."

- 헨리 카이저 -

서로의 다름을 인정하고 존중하십시오.

저마다 성격이 다르고 개성이 다른 사람들이 살아가는 곳에서는 끊임없이 갈등이 발생하게 마련입니다. 직장 상사나 동료, 친구나 이웃 간은 물론 직장 내 부서 간, 노사 간, 특정단체 등에서도 갈등은 자주 발생합니다.

4) 인정하라

"너도 옳고, 다른 너도 옳고, 또 다른 너도 옳다."(三可宰相) - 황희 -

'충분히 인지하는 것'을 가리키는데 하나님께서 세상 모든 것을 주관하시는 분으로 믿고 고백하는 것을 의미한다고 볼 수 있습니다. 그래서 범사에 그를 인정한다고 하는 것은 우리가 하는 모든 일을 주관하고 이루는 분이 하나님이라는 사실을 알고 믿으라는 것입니다. 즉, 하나님을 하나님으로 인정하라고 하시는 것입니다.

5) 인내하라

"화가 치밀어 오르거든 마음속으로 열을 세라. 열까지 세어도 화가 가라앉지 않으면 백까지 세라." -토마스 제퍼슨-

예수님은 "그러나 끝까지 견디는 자는 구원을 얻으리라"(마 24:13)라고 말씀하셨습니다. 주를 따라 걸어가는 십자가의 길은 험난하고 어렵습니다. 늘 사탄의 각종 시험이 난무하고, 사람과 사람 사이에는 늘 충돌이 생깁니다. 이런 상황에서 우리가 참고 견디는 인내심이 없다면 주를 따라 마지막까지 가기 어렵습니다. 그렇게 되면 구원은 논할 의미조차 없습니다.

6) 이해하라

"그 사람은 영 맘에 들지가 않아. 그 사람에 대해 더 많이 알아야겠어."
-링컨-

"그런즉 너희가 어떻게 행할지를 자세히 주의하여 지혜 없는 자 같이 하지 말고 오직 지혜 있는 자 같이 하여 세월을 아끼라 때가 악하니라 그러므로 어리석은 자가 되지 말고 오직 주의 뜻이 무엇인가 이해하라"(에베소서 5:15~21).

7) 비난하지 마라

"함부로 내뱉은 말은 상대방의 가슴속에 수십 년 동안 화살처럼 꽂혀 있다." -롱펠로-

삶을 살아가면서 절대 타인을 비난하지 마십시오. 좋은 사람들은 당신에게 행복을 줄 것이고, 나쁜 사람들은 당신에게 경험을 줄 것이고, 최악의 사람들은 당신에게 교훈을 줄 것이고, 최상의 사람들은 당신에게 추억을 줄 것이기 때문입니다.

8) 칭찬하라

"좋은 말을 남에게 베푸는 것은 베나 비단옷을 입히는 것보다 따뜻하다."(善言煖於布帛) - 순자 -

사소한 것을 칭찬하십시오. 칭찬에 인색하게 되는 것은 사소한 장점을 무시하기 때문입니다. 큰일에 대해서만 칭찬하려고 작정하면 칭찬할 기회를 한 번도 만들지 못할 수도 있습니다. 남들이 보지 못하는 사소한 장점들을 찾아 칭찬을 해주었을 때 의외의 효과가 있습니다.

9) 미소 지어라

"세상에서 가장 인색함은 밝은 웃음을 아끼는 일이다. 눈가의 근육을 조금만 움직여서 한두 번 미소 짓는 것만으로도 사람들에게 행복감을 안겨줄 수 있는데 그것조차 안 하는 사람이 있다.” - 바덴 -

행동은 말보다 소리가 더 크며, 특히 미소는 이렇게 말합니다. “나는 당신을 좋아합니다. 당신이 나를 행복하게 합니다. 당신을 만나서 아주 기쁩니다.”

10) 유머를 사용하라

“운명과 유머는 같이 세계를 지배한다.” -하비 콕스-

유머는 친화 작용이 있습니다. 유머를 사용하면 긴장이 풀리고 친밀감이 생깁니다. 수천 번을 듣고 수만 번을 들어도 언제나 기분 좋은 말은 “고마워요.”입니다. 사랑, 감사, 성공 모두 다 이루어 명품인생 되시길 바랍니다.

12. 창업가 정신

"너는 마음을 다하여 여호와를 신뢰하고 네 명철을 의지하지 말라 너는 범사에 그를 인정하라 그리하면 네 길을 지도하시리라"(잠 3:5~6).

창업가(entrepreneur)란 단어는 프랑스어 동사 'entreprendre'에서 유래됐는데 그 뜻은 '시도하다' '모험하다' 등을 의미합니다. 다시 말해서 새로운 기업을 계속해서 설립하는 기업가를 말합니다. 따라서 기업가 정신은 위험과 불확실성을 무릅쓰고 이윤을 추구하고자 하는 기업가의 모험적이고 창의적인 정신을 가리킵니다.

창업가 정신 혹은 기업가 정신은 외부환경 변화에 민감하게 대응하면서 항상 기회를 추구하고, 그 기회를 잡기 위해 혁신적인 사고와 행동을 하고, 그로 인해 시장에 새로운 가치를 창조하고자 하는 생각과 의지가 있어야 합니다. 기업을 이끄는 사람이 자신만의 경영 철학이 없다면 그 기업은 처음엔 성공할지 몰라도 위기에 봉착하게 되면 결국 무너지기 쉽습니다.

이는 꼭 기업에만 국한되는 얘기가 아닙니다. 사람 역시 마찬가지입니다. 고로 기업가를 꿈꾸고 있지 않다고 해도 훗날을 대비해 자신만의 기업가 정신, 경영 정신, 나아가 삶의 정신을 한 번쯤 고민해 보길 바랍니다. 어느 나라, 어느 사회가 발전하려면 기업이 발전하여야 합니다. 기업이 발전하려면 기업을 이끄는 기업인들의 기업가 정신이 왕성하여야 합니다.

만일 자신이 하는 일을 스스로 하찮게 여긴다면 스스로 하찮은 존재가 될 것이요, 아무리 하찮은 일이라도 최선을 다하면 프로가 된다는 보편적 진리를 깨우쳐야 할 것입니다. 직업에 귀천이 없다는 말이 있듯, 어떤 일도 함부로 우열의 가치를 매길 수 없습니다. 스스로 나의 일을 어떤 마음과 태도로 대하느냐에 따라 그 일은 내 인생의 소명이 되기도 하고, 아무 의미 없는 시간 낭비가 되기도 합니다. 내가 하는 일을 사랑하는 것이 핵심입니다.

경영학에는 기업가 정신의 핵심으로 3가지를 꼽습니다.

1) 창조 정신
2) 개척 정신
3) 공동체 정신

그런데 이런 기업가 정신을 가장 잘 일러주는 책이 성경입니다. 성경은 경영학과 경제학의 교과서라 할 만큼 경영과 경제에 대한 가르침이 많습니다. 특히 기업가 정신으로 말하자면 성경은 으뜸가는 교과서입니다. 창세기 1장에는 하나님께서 사람을 지으시던 때의 기록이 나옵니다.

하나님께서 사람을 지으시던 때에 하나님처럼 지으셨다고 하였습니다. '하나님처럼'이란 말은 '하나님의 형상'이라고 일컫습니다.

하나님의 형상에는 5가지가 포함됩니다.

1) 영이신 하나님
2) 사랑이신 하나님
3) 창조하시는 하나님
4) 공동체로 계시는 하나님
5) 자유하시는 하나님

하나님의 형상에 대한 이런 정의가 기업가 정신과 상통합니다. 위에 적은 바와 같이 기업가 정신은 창조 정신, 개척 정신, 공동체 정신입니다. 이런 내용이 하나님 형상의 내용과 맥을 같이 합니다.

특히 창조정신이 중요합니다. 창조정신은 기업가 정신의 핵심을 이룹니다. 창조정신 없이 이 난세에 기업을 일으키고 유지할 수 없습니다. 그런 창조정신을 얻으려면 창조하시는 하나님의 영, 곧 성령을 받아야 하고 창조력의 교과서인 성경에서 영감과 상상력과 비전(Vision)을 받아야 합니다. 창조적인 인재, 창조정신을 체득(體得)한 인재들이 늘어날 때 한국경제가 일어나고 한국 사회는 활성화되어 나갈 것입니다.

기업가 정신이란 '기업이 얼마나 넓게, 멀리 바라보는가?' '기업이 사회적 책임을 지려고 하는가?'라는 두 부분이 그 기준이 된다고 생각합니다. 이 두 요소가 충족되었느냐에 따라 올바른 기업가 정신이 있느냐의 문제가 갈린다는 것입니다.

먼저 기업이 멀리 바라본다는 것은 미래를 생각한다는 것을 뜻하고, 넓게 바라본다는 것은 다양하고 열려있는 창의적 사고를 한다는 뜻입니다. 기업에 있어 이 두 부분은 매우 중요합니다.

당장 손익에 연연하지 않고 미래를 내다보며 시나브로 준비를 해나가는 것이 성공을 이끌어낸다는 것은 이미 공공연한 사실입니다. 또한, 21세기는 4차 산업혁명의 시대로 불리며 로봇의 수준이 점차 발전해가고 있습니다. 이는 곧 반복 업무와 기계적인 업무를 담당하는 사람의 일자리가 로봇으로 대체된다는 것을 의미합니다.

따라서 기계가 차지할 수 없는, 인간만이 할 수 있는 창의적인 업무를 해나가는 것이 21세기를 이끌어나갈 사람들의 과제입니다. 이러한 과제는 개인뿐만 아니라 기업에도 같이 적용됩니다. 따라서 미래를 준비하며 창의적인 사고를 통해 기업이 운영되기 위해선 기업의 리더가 이러한 가치를 추구해야 합니다. 다시 말해, 기업가 정신에 이와 같은 요소가 포함되어 있어야 한다는 말입니다.

앞서 말했던 두 가지의 기준 중 '기업이 사회적 책임을 지려고 하는가?'라는 부분이 기업가 정신에 반드시 포함되어야 한다고 말한 이유는 어쩌면 모두가 알고 있을지도 모릅니다. 기업이 단순히 이윤만을 추구하며 각종 불법적인 방법으로 소비자의 삶과 입장을 고려하지 않는다면 그건 제대로 된 기업이라고 할 수 없습니다. 또한, 사회적 책임은 기업을 이루는 생존, 성장, 책임이라는 3가지 요소 중 하나에 포함되기도 합니다.

따라서 사회적 책임을 지려고 하는 것은 어쩌면 기업가 정신에서 당연한 점일지도 모릅니다. 기업가 정신은 기업에서 매우 중요합니다. 기업을 대표하는 기업가의 가치관이 담겨 있는 만큼 기업가 정신에 따라 기업이 추구하는 가치가 드러나며 그 가치에 따라 기업이 운영됩니다. 그러므로 만약 기업가를 꿈꾸고 있다면 자신은 어떤 기업가 정신을 가져야 하는가에 대해 진지한 고민이 필요합니다.

경쟁과 협력은 과학의 영역뿐만이 아닙니다. 사람과 사람 사이에도 늘 존재합니다. 경쟁과 협력 속에 서로 성장하고 발전도 합니다. 우정을 쌓기도 하고 반목과 배신을 경험하기도 합니다. 중요한 것은 경쟁과 협력의 목표와 방향성입니다. 끝내 자기중심적인 열망에 머무느냐, 이타적 공동체적 목표를 갖느냐에 따라 경쟁과 협력의 열매가 달라집니다. 결국은 자기와의 경쟁과 협력입니다.

13. 세계적인 기업 삼성이 성장하기까지의 이야기

"이는 우리 기업의 보증이 되사 그 얻으신 것을 속량하시고 그의 영광을 찬송하게 하려 하심이라"(엡 1:14).

스토리텔링(Story Telling)과 스토리두잉(Story Doing). 스토리는 전달하면 '스토리텔링'(Story Telling)이 되지만, 실천하면 '스토리두잉'(Story Doing)이 됩니다. 스토리두잉이 있어야 스토리는 공유되고, 이 과정이 지속되면 기업의 실천은 일회성 이벤트가 아니라, 기업의 DNA로 뿌리내립니다. 특별한 관계는 말로만 만들어지지 않습니다. 크건 작건 경험할 수 있는 액션 프로그램이 지속돼야 스토리는 사실이 됩니다.

스토리텔링은 굴곡이 있어야 재미가 있습니다. 늘 기쁘고 늘 행복하기만 하면 누가 그 이야기를 들으려 하겠습니까? 고점과 저점, 기쁨과 슬픔, 행복과 불행이 뒤섞이고 겹쳐져야 흥미진진해집니다. 스토리두잉은 이를 실제 행동과 실천으로 옮기는 것입니다. 그냥 옮기는 것이 아니라 저점을 고점으로, 슬픔을 기쁨으로, 불행을 행복으로 전환시키는 것입니다. 그런 스토리두잉이어야 비로소 스토리텔링도

제 빛을 냅니다.

인생에서 제일 중요한 것은 만남입니다. 독일의 문학자 한스 카롯사는 "인생은 너와 나의 만남이다."라고 말했습니다. 인간은 만남의 존재입니다. 산다는 것은 만난다는 것입니다. 부모와의 만남, 스승과의 만남, 친구와의 만남, 좋은 책과의 만남, 많은 사람과의 만남입니다. 인간의 행복과 불행은 만남을 통해서 결정됩니다.

여자는 좋은 남편을 만나야 행복하고, 남자는 좋은 아내를 만나야 행복합니다. 학생은 훌륭한 스승을 만나야 실력이 생기고, 스승은 뛰어난 제자를 만나야 가르치는 보람을 누리게 됩니다. 자식은 부모를 잘 만나야 하고, 부모는 자식을 잘 만나야 합니다.

씨앗은 땅을 잘 만나야 하고, 땅은 씨앗을 잘 만나야 합니다. 백성은 왕을 잘 만나야 하고, 왕은 백성을 잘 만나야 훌륭한 인물이 됩니다. 인생에서 만남은 모든 것을 결정합니다. 우연한 만남이든 섭리적 만남이든 만남은 중요합니다. 인생의 변화는 만남을 통해 시작됩니다. 만남을 통해 우리는 서로를 발견하게 됩니다. 서로에게 의미를 부여하기 시작합니다.

삼성 호암 이병철 회장과 이 씨 아저씨 이야기

이 씨 아저씨는 대구상고를 나와 양조장에서 경리사무를 보던 사람입니다. 그의 성품은 단 돈 1원 한 장이라도 속임 없는 계산과 정직으로 일하였기에 절대로 사장을 속이거나 장부를 속이는 일이 없었습니다. 그런 양조장이 새로운 오너에게 인계되었으나, 정직하고 성실하게 일 잘 한다는 평을 들었기에 새로운 사장님도 양조장 경리 일을 계속 보도록 하였으며, 오히려 더 많은 중책을 맡기기까지 하였습니다.

그 당시 다른 양조장의 경리들은 횡령과 장부 누락 등으로 은밀하게 푼돈을 챙기는 것을 관행처럼 여겼던 시절이었지만, 이 답답한 이 씨 아저씨는 단 한 푼도 챙기지 않았습니다. 그의 곧은 이런 성품에 사장님은 또 다른 양조장과 과수원 등의 모든 경영을 맡기고 본인은 서울에서 무역업을 새롭게 시작했습니다.

그리고 무역업으로 양조장 사장님은 큰 성공을 거두어 더 많은 돈을 벌고 있었기에 양조장이나 과수원의 경영에 대해서는 일절 관여하지 않았지만, 그래도 이 씨 아저씨는 추호의 부정이 없었습니다. 너무 정도를 걸었기에 오히려 주위에서는 답답하다는 핀잔을 들으면서까지 양조장 두 곳과 과수원 수익을 조금씩 불려 나갔습니다. 그리곤 얼마 후 전쟁이 터져 피난을 미쳐 떠나지 못한 양조장 사장님은 가족들과 같이 혜화동에서 숨어 지내다가 서울이 수복되었으나 사업장 등이 완전히 폐허가 되었기에 가족들을 데리고 지방에 있는 양조장으로 내려갑니다.

중일 전쟁을 거쳐서 한국동란을 맞이하였기에 사장님의 재산은 한 푼도 융통이 불가한 상태였습니다. 그런 와중에 양조장에 도착하니 보통 사람이라면 대부분 전쟁 통에 운영자금을 횡령하여 피난을 핑계로 도망하는 일이 대다수였지만, 이 씨 아저씨는 그 자리에서 계속 성실하게 근무하고 있었습니다.

양조장 사장님은 이 답답한 이 씨 아저씨한테 양조장과 과수원 등의 운영 결과를 묻자 그동안 벌어 모아둔 돈 3억 원을 바치면서 "군납 등으로 영업이 잘 되었습니다."라고 말하자 양조장 사장님은 울먹이면서 "야! 이 친구야 자네가 이렇게 큰돈 3억 원을"하고 말하며 자기 자녀들에게 이 씨 아저씨에게 우리 집안은 항상 이 일을 잊지 않고 고마워해야 한다고 강조하셨습니다.

그 후 3억 원을 종잣돈으로 다시 전후 무역업과 제조업을 시작해 오늘날 세계적인 기업 삼성으로 성장하게 되었습니다. 그 경리 아저씨의 성함은 '이창엽 사장님'이시고, 그 양조장 사장님의 성함은 '호암 이병철 회장님'이십니다. 그 후 이창엽 사장님은 삼성의 주요 계열사에 근무하신 후 정년퇴직하였으며, 삼성 창업주 호암 이병철 회장님은 이창엽 사장님을 항상 곁에 두고 평생 우애를 나눴다고 합니다.

정직과 성실을 그대의 벗으로 삼으라고 합니다. 아무리 누가 그대와 친하다 하더라도 그대의 몸에서 나온 정직과 성실만큼 그대를 돕지는 못합니다. 남에게 믿음을 잃었을 때에 사람은 가장 비참한 것입니다. 백 권의 책보다 하나의 성실한 마음이 사람을 움직이는 힘이 더 클 것이라고 생각합니다.

조직과 인생에서 성공적인 관계 형성의 가장 중요한 요소는 신뢰입니다. 신뢰란 서로 간의 관계를 연결하는 접착제와 같습니다. 조직과 인생뿐만이 아닙니다. 정치도 사업도 교육도 신뢰가 핵심입니다. 신뢰는 모든 것의 시작이고 모든 것의 끝입니다. 최종적 궁극적 성공의 비결은 신뢰에 있습니다. 문제는, 쌓기는 힘들어도 한순간에 무너질 수 있습니다. 그래서 두렵고 무서운 것입니다.

현대 사회가 물질문명에 기초하고 있는 것은 분명하지만, 다른 한편으론 물질문명이 지닌 한계에 대해서도 명확히 인식하고 현명하게 대응해야 합니다. 이러한 기조에서 나온 것이 '탈(脫) 물질주의'의 흐름입니다. 물질주의가 경제적 성공에 따라 사회적으로 서열화되는 구조를 갖고 있다면, 탈(脫) 물질주의는 지속 가능한 삶과 사회적 책임을 중심에 두고 있습니다.

쉽게 말하면 돈이 매우 필요하고 중요하지만, 그러나 돈이 전부가 아니라는 말입니다. 어찌 보면 단순하고 쉬운 말 같지만, 사실은 매우 어려운 말이기도 합니다. 자기 삶의 중심 가치로 삼아 실천하기는 더욱 어렵습니다.

하지만 '물질의 바다'에서 노를 젓되 또 다른 영역으로 존재하는 '탈(脫) 물질의 바다'를 향해 헤엄칠 수 있어야 자신의 생존력과 사회적 가치도 함께 올라가게 됩니다. 진정한 성공과 행복은 물질과 탈물질의 융합에 있습니다.

요즈음 코로나19로 인해 우리의 삶은 육체적 정신적 고통과 경제적으로 엄청난 피폐함 속에 나날을 큰 슬픔으로 지새우는 국민들이 많이 있습니다. 지난 삶 가운데 온갖 어려움을 이겨낸 지혜와 슬기로 하면 된다는 자신감을 가지고 기업가 정신으로 다시 한 번 힘을 냅시다.

정의는 항상 살아 있으며 자유민주주의를 위해 수많은 선조들의 피 흘림이 결코 헛되지 않도록 나라도 지킵시다. 또한 기업가 정신으로 세계 속의 자랑스러운 대한민국이 될 수 있도록 헌신합시다. 하나님의 크신 은혜로 우리 모두의 삶이 항상 평화로우며 무궁한 성장과 전진이 이어지기를 축복합니다.

Part 5

건강하게 오래 사는 방법

1. 건강하게 오래 사는 방법

"사랑하는 자여 네 영혼이 잘됨 같이 네가 범사에 잘되고 강건하기를 내가 간구하노라"(요삼 1:2).

사람의 가치는 바로 건강한 몸입니다. 당신의 몸을 대신해 아파줄 사람은 이 세상에 아무도 없습니다. 물건을 잃어버리면 다시 찾거나 사면되지만, 하나뿐인 생명은 한번 잃으면 영원히 돼 찾을 수 없는 것입니다. 험한 세상을 살다 보면 아플 때도 있고 눈물 날 때도 있습니다. 지위가 높은 사람도 무너질 때가 있습니다. 찬란한 태양도 빗방울에게 자리를 내어줄 때가 있듯이, 마음을 조금만 내려놓으면 아픔도 슬픔도 그냥 지나갑니다.

많은 걸 소유하고 드높은 명예를 얻었다 해도 걱정 없이 사는 건 아닙니다. 높이 올라갈수록 더 거센 바람과 맞서야 하고, 많이 가질수록 감당해야 할 무게가 더 커질 수 있습니다. 삶은 오십 보 백 보입니다. 누가 더 마음을 비우느냐 누가 더 마음을 여느냐 하는 차이가 있을 뿐입니다. 그에 따라 마음의 감옥을 짓기도 하고, 허물기도 합니다.

그러므로 돈과 권력이 있다 해도 교만하지 말고 부유하진 못해도 사소한 것에 만족을 알며, 피로하지 않아도 휴식할 줄 알며, 아무리 바빠도 움직이고 또 움직이며 운동하십시오. 돈, 권력, 지위도 건강이 없으면 모두 쓸데없는 쓰레기에 불과하답니다. 그러므로 아프지 않아도 해마다 건강검진을 받아 보시고, 목마르지 않아도 물을 많이 마시며, 괴로운 일 있어도 훌훌 털어버리는 법을 배우며, 양보하고 베푸는 삶을 사시기를 바랍니다.

성경 전체를 보면 인생을 '나그네와 행인'이라고 했습니다. 인생은 나그네와 같아서 괴로움이나 즐거움이나 눈 깜박할 사이에 지나갑니다. 아브라함도 '나그네'라고 했고, 야곱도 '나그네'라고 했습니다.

인생이 나그네와 같다는 것은 어떤 뜻일까요? 인생은 이 세상에서 나그네처럼 살다가 떠나간다는 뜻일 것입니다. 인생은 안개와 같이 잠깐이라는 뜻입니다.

어린 시절은 아침과 같고, 젊은 시절은 낮과 같고, 늙은 시절은 저녁과 같이 잠깐 지나가는 것이 우리의 인생입니다. 인생이 나그네라는 뜻은 사람이 세상에서 떠나갈 때에 모든 것을 두고 가야 된다는 의미입니다. 우리가 세상에 잠시 사는 동안에는 모든 것을 누리고 살아가지만, 세상의 나그네 생활을 마치고 고향인 하늘나라로 떠나갈 때에는 그 좋은 것들을 하나도 가지고 가지 못하는 것이 인생(人生)입니다.

우리는 나그네 같은 인생을 살면서 봉사하고 베풀면서 더불어 잘 살아야 합니다.

옛말에 '수노근선고(树老根先枯) 인노퇴선쇠(人老腿先衰)'란 말이 있습니다. '나무는 뿌리가 먼저 늙고 사람은 다리가 먼저 늙는다'라는 뜻입니다.

과학적으로 입증된 1분 30초 법

밤에 자다가 일어나서 화장실에 가야 할 때 지켜야 할 매우 중요한 사항입니다. 이때는 갑작스럽게 깨어서 정상적인 생리적 요구를 만들기 위해 과학적으로 입증된 '1분 30초 법'을 숙지해 두십시오. 누군가가 건강 상태가 좋았는데 밤에 아무 이유 없이 갑자기 사망했다고 하는 얘기를 한 번쯤은 들어봤을 것입니다.

그 사람이 잠에서 깨어나 화장실에 가기 위해 서둘러 침대에서 일어났을 때 뇌가 조금 더 쉬어야 할 시간이 필요한데 쉬지 못함으로 인해 뇌졸중이 일어납니다. 그 경우들이 대부분 혈액순환과 관계된 기립성 빈혈에서 비롯된 뇌졸중이라는 것입니다.

그러니까 긴 시간 앉았거나, 누었거나 잠을 자다 일어나면 온몸에 가라앉았던 혈액이 뇌에까지 전달될 시간이 필요한데 모든 조직들이 퇴화하고 있는 중장년들에게는 그 시간이 꼭 필요하기 때문에, 그럴 경우 30초씩 3번에 걸쳐 '1분 30초 법'을 습관 들일 필요가 있다는 것입니다.

이것은 매우 중요한 것이어서 꼭 잊지 않도록 습관적으로 지켜야 한다는 것입니다. 그 방법은 간단합니다. 잠에서 깨었거나, 누었다가 일어날 때는 다음과 같이 하면 좋습니다.

① 눈을 뜨고도 약 30초가량 그냥 누워 있어야 한다.

② 일어나면 침대 아래로 발을 내리거나 앉은 자세로 30초가량 그대로 있어야 한다.

③ 곧게 일어설 때도 위기를 염두에 두고 30초 정도 느린 동작으로 몸을 세운 뒤 움직인다. 이러한 단계를 거치면 나이와 관계없이 갑작스러운 뇌졸중에서 생존할 기회가 커집니다.

예방은 치유보다 낫습니다.

사람은 늙어 가면서 대뇌에서 다리로 내려보내는 명령이 정확하게 전달되지 않고 전달 속도도 현저하게 낮아집니다. 삼황오제(三皇五帝) 시대 황제(黃帝) 때부터 1911년 청나라 왕조가 멸망할 때까지 수천 년의 역사를 통하여 558명의 제왕(帝王)이 있었는데 그중에 396명은 황제(皇帝)라고 불렀고 162명은 왕이라고 불렀습니다.

진시황(秦始皇) 때부터 1911년 청나라의 마지막 황제 부의(溥儀)까지 2,100여 년 동안 335명의 황제가 있었는데 그들의 평균수명은 고작 41살에 지나지 않았습니다. 우리나라의 임금들도 중국의 황제들보다 더 나은 것이 없습니다. 조선 27명의 임금들은 평균 수명이 37살이었고, 고려의 임금 34명의 평균 수명은 42살이었으며 고려 귀족들의 평균 수명은 39살이었습니다.

그렇다면 어떻게 해야 병 없이 오래 살 수 있는가? 불로장생의 비결은 선단(仙丹)과 선약(仙藥), 산삼이나 웅담, 녹용 같은 값비싼 보약에 있는 것이 아닙니다. 예로부터 민간에 전해 오는 속담에 다리가 튼튼해야 장수한다는 말이 있습니다. 사람은 다리가 튼튼하면 병 없이 오래 살 수 있습니다. 사람의 다리는 기계의 엔진과 같습니다. 엔진이 망가지면 자동차가 굴러갈 수가 없습니다.

사람이 늙으면서 가장 걱정해야 하는 것은 머리카락이 희어지는 것도 아니고 피부가 늘어져서 쭈글쭈글해지는 것도 아닙니다. 다리와 무릎이 불편하여 거동이 어려워지는 것을 제일 걱정해야 합니다.

미국에서 발행하는 '예방'(Prevention)이라는 잡지에 장수하는 사람의 전체적인 특징에 대해 다리 근육에 힘이 있는 것이라고 정의하였습니다. 장수하는 노인들은 걸음걸이가 바르고 바람처럼 가볍게 걷는 것이 특징입니다. 두 다리가 튼튼하면 백 살이 넘어도 건강합니다. 두 다리는 몸무게를 지탱하는데 고층건물의 기둥이나 벽체와 같습니다.

사람의 전체 골격과 근육의 절반은 두 다리에 있으며 일생 동안 소모하는 에너지의 70%를 두 다리에서 소모합니다. 사람의 몸에서 가장 큰 관절과 뼈는 다리에 모여 있습니다. 젊은 사람의 대퇴골은 승용차 한 대의 무게를 지탱할 수 있는 힘이 있으며 슬개골(膝蓋骨)은 자기 몸무게의 9배를 지탱할 수 있는 힘이 있습니다.

대퇴부와 종아리의 근육은 땅의 인력과 맞서 싸우고 있으며 늘 긴장 상태에 있으므로 견실한 골격과 강인한 근육, 부드럽고 매끄러운 관절은 인체의 '철(鐵)의 삼각(三角)'을 형성하여 중량을 지탱하고 있습니다. 두 다리는 사람의 교통수단입니다. 다리에는 온몸에 있는 신경과 혈관의 절반이 모여 있으며 온몸에 있는 혈액의 절반이 흐르고 있습니다.

그러므로 두 정강이가 튼튼하면 경락이 잘 통하여 뇌와 심장과 소화 계통 등을 비롯하여 각 기관에 기와 혈이 잘 통합니다. 특별히 넓적다리의 근육이 강한 사람은 틀림없이 심장이 튼튼하고 뇌기능이 명석한 사람입니다.

미국의 학자들은 걷는 모습을 보면 그 사람의 건강 상태를 가늠할 수 있다고 했습니다. 70살이 넘은 노인들이 한 번도 쉬지 않고 400m를 걸을 수 있으면 그렇지 못한 또래의 노인들보다 6년 이상 더 오래 살 수 있다고 발표했습니다. 노인들이 멀리 걷고, 걷는 속도가 빠르며 바람과 같이 가볍게 걸으면 건강하게 오래 살 수 있습니다.

미국 정부의 노년 문제 전문 연구 학자 '사치'(Schach) 박사는 20살이 넘어서 운동을 하지 않으면 10년마다 근육이 5%씩 사라지며 뼛속의 철근이라고 부르는 칼슘이 차츰 빠져나가고 고관절과 무릎 관절에 탈이 나기 시작한다고 하였습니다. 그로 인해 부딪히거나 넘어지면 뼈가 잘 부러집니다.

노인들의 뼈가 잘 부러지는 가장 큰 이유는 고골두(股骨頭)가 괴사하는 것입니다. 통계에 따르면 고관절이 골절된 뒤에 15퍼센트의 환자가 1년 안에 죽는 것으로 나타났습니다. 그렇다면 어떻게 해야 다리를 튼튼하게 할 수 있는가? 쇠는 단련(鍛鍊)해야 강해집니다. 쇠붙이를 불에 달구어 망치로 두들겨서 단단하게 하는 것을 단련이라고 합니다.

연철(軟鐵)은 단련하지 않으면 강철(鋼鐵)이 되지 않습니다. 칼을 만드는 장인이 무른 쇳덩어리를 불에 달구어 두들겨야 명검(名劍)을 만들 수 있습니다. 사람의 다리도 마찬가지입니다. 단련(鍛鍊)해야 합니다. 다리를 단련하는 가장 좋은 방법은 걷는 것입니다. 다리는 걷는 것이 임무입니다.

다리를 힘들게 하고 피곤하게 하고 열심히 일하게 하는 것이 단련입니다. 건강하게 오래 살려면 걸으십시오. 걷고 또 걸으십시오. 50대에는 하루에 한 시간씩 걷고, 60대에는 하루에 두 시간씩 걸으며, 70대부터는 하루에 세 시간에서 다섯 시간씩 걸으십시오. 그러면 건강하게 오래 살 수 있습니다.

2. 건강을 유지하는 비법

"너희 몸은 너희가 하나님께로부터 받은 바 너희 가운데 계신 성령의 전인 줄을 알지 못하느냐 너희는 너희 자신의 것이 아니라 값으로 산 것이 되었으니 그런즉 너희 몸으로 하나님께 영광을 돌리라"(고전 6:19~20).

75세 이후로는 혈당과 혈압 콜레스테롤과 과체중 등에 묶여서 먹고 싶은 것, 마시고 싶은 것들을 너무 참지 마시고 맛있게 즐겁게 드시는 것이 건강하게 지내는 비법이라고 합니다. 사람은 누구나 죽고 싶은 것이 아니라 영원히 살고 싶은 자연스러운 욕망을 가지고 있습니다. 항상 희망차고 밝은 마음으로 생활을 설계해 나갑시다.

건강을 유지하는 비법

서로 사랑하십시오. 사랑의 감정은 면역 기능을 강화시킵니다. 사랑은 사랑을 주는 사람과 받는 사람 모두를 치료해 줍니다. 용서는 뇌세포의 유전인자로 하여금 'NCF'를 방출케 하여 뇌세포를 재생시켜주고, 몸 안의 치료제인 '알파 엔도르핀'을 만들어 각종 궤양을 치료해 주고 막힌 곳을 뚫어줍니다. 유전 인자에는 일생일대의 건강 기록이 수록되어 있음이 밝혀졌습니다.

서로 용서하십시오. 용서를 잘하는 사람이 건강합니다. 용서와 관련해서 "용서할 줄 아는 사람이 원한을 품고 지내는 사람보다 심신 양면에서 건강합니다."라고 미국 국립 건강관리 연구소의 심리학자 마이클 매컬 로프 박사는 동아일보(99. 8. 28) 해외토픽에서 말하였습니다.

적극적인 사고방식

일본「뇌내 혁명」저자 '시게오' 박사는 말하기를, '싫다'는 생각은 '노르아드레날린'을 만들어 유전자를 상하게 하고 질병과 노화를 가져옵니다. 그러나 '좋다'는 생각은 뇌내 모르핀의 일종인 '베타엔도르핀'을 분비시켜 면역력과 기억력을 증진시키고 세포를 젊게 해줍니다.

웃음은 놀라운 명약이며 치료제입니다

사람은 웃을 때 면역계를 튼튼하게 하는 '사이토카인'이라고 하는 행복 호르몬이 우리 몸 안에서 만들어집니다. 사이토카인(Cytokines)의 일반적인 역할은 면역반응 및 염증반응의 매개체로 역할하며, 짧은 시간 일회성으로 분비됩니다. 사이토카인의 기능은 자연면역의 매개체, 림프구의 활성, 생장 및 분화의 조절 능력, 염증세포의 활성능력, 미성숙 백혈구의 생장 및 분화의 촉진제 역할을 합니다.

프랑스의 '루빈스타인' 박사는 그의 저서 「웃음의 심신의학」에서 "웃음은 모르핀에 가까운 진정 작용을 갖고 있어 엔도르핀의 분비를 촉진하고 호흡에 의한 산소와 이산화탄소의 교환을 네 배로 하며, 또 소화관을 휘저어서 섞게 하여 변비에 효과가 있을 뿐 아니라 간 기능 부전을 막는 작용도 하고 있다."라고 했습니다. '웃으면 복이 온다'라는 말을 과학적으로 설명한 것입니다. 웃음은 큰 치료 효과가 있습니다.

희망을 버리지 마십시오.

포기하지 않는 사람은 꿈이 있는 사람이며, 열정이 있는 사람입니다. 당신에게 '말기 암 선고, 수술 불가능, 재발로 인한 좌절, 병원에서의 사형선고, 그리고 엄청난 치료비' 등의 상황이 닥친다면 당신은 어떻게 처신할 것입니까? 최악의 경우에도 절대로 포기하지 마십시오. 창조주가 우리 몸을 만들 때 결코 질병에 의해 맥없이 무너지게 만들지 않았다는 것을 확신하십시오. 어떤 병은 고칠 수 있는 병인데도 너무 늦게 또는 무지 때문에 일찍 죽을 수 있습니다. 부지런히 일하고 운동하며 최선을 다하여 사십시오.

'일'은 인류를 사로잡는 모든 질환과 비참을 치료해 주는 주요한 치료제입니다. 서로를 치료하기 위해 우리가 할 수 있는 가장 가치 있는 일은 서로의 이야기에 귀를 기울여 주는 것입니다.

오늘날 우리는 건강을 위협하는 오염된 공기, 자동차 매연, 전자파 소음, 화학물질, 발암물질, 핵 방사능, 농약, 오염된 수돗물 등 인체의 면역체계를 공격하는 물질들이 범람하는 시대에 살고 있습니다.

야생동물에게는 비만이 없습니다. 적당한 운동은 몸을 병들게 하지 않으며 비만과 변비, 고혈압과 당뇨병, 뇌졸중 등 대부분의 성인병 예방에 커다란 유익을 줄 것입니다.

모든 생활에서 자제를 나타내십시오.

생활에서 즐거움과 자제와 편안한 잠은 의사와 인연의 문을 닫습니다. 사람은 건강할 때 삶의 의미가 있습니다. 건강이 매우 귀중한 것이기에 시간과 땀과 노력과 재물과 생명까지도 소비할 값어치가 있는 것입니다. 헛된 욕심을 버리고 지금 자신의 건강에 힘쓰십시오.

건강과 수면(睡眠)과 부는 한번 잃었다가 되찾았을 때 그 가치를 잘 알 수 있습니다. 어리석은 일 중에 가장 어리석은 일은, 어떤 이익을 위하여 건강을 희생하는 일입니다. 지나친 것도 해롭고, 모자라는 것도 해롭습니다. 사람이 건강할 때 행복하고 모든 것이 아름답습니다. 건강한 신체와 맑은 정신을 가진 자에게는 모든 것이 아름답게 보입니다. 돈을 잃는 것은 일부를 잃는 것이며, 건강을 잃는 것은 전부를 잃는 것입니다.

자연을 가까이하십시오.

약초를 사랑하십시오. 깊은 산속의 나무에서 나오는 물질인 '피톤치드'(phytoncide)는 식물이 자라나는 과정에서 자신을 보호하기 위하여 발산하는 방향 물질로 거담, 강장, 심폐기능 강화, 혈압조절, 인체의 피로를 떨어뜨리는 등의 효능이 있는 것으로 밝혀졌습니다. 사람은 누구나 영원히 살고 싶은 욕망을 가지고 있습니다.

의학박사 '앤 사이먼스', '바비 해 세브링', '마이클 캐슬 먼' 공저 「의사를 부르기 전에 - 300가지 이상의 의료 문제에 대한 안전하고 효과적인 자기 관리」라는 책에서 최상의 건강을 누리게 해주는 일곱 가지 비법을 다음과 같이 말하였습니다.

① 건강에 좋은 것을 먹고 마시라.
② 정기적으로 운동을 하라.
③ 담배를 피우지 말라.
④ 충분한 휴식을 취하라.
⑤ 스트레스에 대처하라.
⑥ 긴밀한 사회적 유대 관계를 유지하라.
⑦ 질병과 사고의 위험성을 줄이기 위해 신중한 예방 조처를 취하라.

스트레스를 줄이는 5가지 방법

① 어떤 일이 일어나도 최선을 다한다.
② 날마다 자연과 만나고 발밑의 땅을 느낀다.
③ 일 또는 산책을 하면서 몸을 움직인다.
④ 날마다 다른 사람과 무엇인가 나눈다. 혼자이면 누군가에게 편지를 쓴다.

⑤ 삶과 세계에 대해 생각해 보고, 생활에서 유머를 찾는다.

멕시코 사회 보장 연구소 '엘 우리베르살'지에서는 스트레스를 완화하기 위해서 다음 다섯 가지를 추천하고 있습니다.

① 하루 여섯 시간에서 열 시간까지 몸이 필요로 하는 만큼 수면을 취한다.

② 아침에는 제대로 갖추어진 균형 잡힌 식사를 하고, 점심은 보통 정도로 그리고 저녁은 가볍게 먹는다.

③ 지방이 많이 함유된 식품을 적게 먹고, 소금 사용량을 제한하며, 40세가 넘은 경우에는 우유와 설탕 섭취량을 줄이라.

④ 조용히 사색에 잠길 시간을 내기 위해 노력한다.

⑤ 지속적으로 자연과 접하면 스트레스는 더욱 줄어들게 된다.

일본의 후생성에서 권장하는 암 예방을 위한 식사지침 9가지

① 소금기가 많은 음식을 피한다.

② 소식으로 총 칼로리 섭취량을 줄이며 지방을 적게 먹는다.

③ 야채류 특히 녹황색 야채(당근, 호박 등)나 생야채, 감귤류 등 카로틴이나 비타민 C가 풍부한 것을 많이 먹는다.

④ 알코올음료를 과다하게 마시지 않는다.

⑤ 도정을 보다 적게 한 곡류(현미 등), 야채류, 콩류, 버섯류, 해조류 등 식이섬유가 풍부한 식품을 많이 먹는다.

⑥ 열량이 많은 음료와 음식물을 피한다.

⑦ 검게 타버린 고기나 생선은 피하는 것이 안전하다.

⑧ 편식 및 같은 음식을 반복해서 먹는 것을 피하고 여러 가지 음식을 균형 있게 먹는다.

⑨ 규칙적인 식사를 하고 잘 씹어 먹는다.

대한 암 협회에서 권장하는 암 예방을 위한 14가지 사항

① 편식하지 말고 영양분을 골고루 균형 있게 섭취한다.

② 황록색 야채를 주로 한 과일 및 곡물 등 섬유질을 많이 섭취한다.

③ 우유와 된장의 섭취를 권장한다.

④ 비타민 A, C, E를 적당량 섭취한다.

⑤ 이상체중을 유지하기 위해 과식하지 말고 지방분을 적게 먹는다.

⑥ 너무 짜고 매운 음식과 너무 뜨거운 음식은 피한다.

⑦ 불에 직접 태우거나 훈제한 생선이나 고기는 피한다.

⑧ 곰팡이가 생기거나 부패한 음식을 피한다.

⑨ 술은 과음하거나 자주 마시지 않는다.

⑩ 담배는 금한다.

⑪ 태양광선, 특히 자외선에 과다히 노출하지 않는다.

⑫ 땀이 날 정도의 적당한 운동을 하되 과로는 피한다.

⑬ 스트레스를 피하고 기쁜 마음으로 생활한다.

⑭ 목욕이나 샤워를 자주하여 몸을 청결하게 한다.

미국 암 협회에서 추천하는 암 예방을 위한 식생활 7가지

① 몸무게를 적당히 유지시켜라. 몸무게가 40% 이상 늘어나면 대장암, 전립선암, 담낭암, 난소암, 자궁암의 발생 위험이 증가한다.

② 음식을 골고루 섭취하라. 암 발생을 낮추는 데 도움 된다.

③ 매일 다양한 야채와 과일을 섭취하라. 폐암, 전립선암, 방광암, 식도암, 위암, 직장암의 발병 위험을 감소시킬 수 있다.

④ 빵, 곡물, 야채, 과일 등 고 섬유질 음식(high fiber diet)을 섭취하라. 결장암, 위암을 줄일 수 있다.

⑤ 지방질 섭취를 줄인다. 고(高) 지방질 음식은 암 유발 요인이 될 수 있다. 특히 유방암, 결장암, 전립선암을 일으킬 수 있을지 모른다.

⑥ 술을 절제하라. 술을 많이 마시거나 술을 마시면서 담배를 피우게 되면 구강암, 후두암, 식도암, 간암의 위험을 증가시킬 수 있다.

⑦ 소금에 절인 음식의 섭취를 줄여야 한다. 식도암과 위암의 발병률을 감소시킬 수 있다.

3. 뇌의 노화를 늦추는 방법

"누구든지 언제나 자기 육체를 미워하지 않고 오직 양육하여 보호하기를 그리스도께서 교회에게 함과 같이 하나니 우리는 그 몸의 지체임이라"(엡 5:29~30).

자기 몸을 미워하는 사람은 아무도 없습니다. 오히려 자기 몸을 돌보고 소중히 여깁니다. 그리스도께서 교회를 양육하고 보살피듯이 모두 자기 몸을 양육하고 보살핍니다.

80세 넘어서도 말이 젊은이 못지않게 빠르고, 대화에 쓰는 단어가 풍부한 사람들을 봅니다. 고등학교 졸업 학력이지만, 은퇴 후에 새로운 직업이나 배움에 뛰어드는 '70세 청년'도 있고, 영어 수상 소감으로 전 세계를 휘어잡은 '시니어'도 있습니다.

반면 박사 공부까지 한 사람이 70대 중반에 치매로 고생하는 경우도 꽤 있습니다. 나이 들면서 어쩔 수 없이 생물학적으로 퇴화하는 뇌를 닦고, 조이고, 기름치면 노화를 늦춰가며 총명하게 지낼 수 있습니다.

◇ 뇌(腦)는 어떻게 늙어가나?

약 70세부터 사용하는 단어 수가 줍니다. 말하는 속도나 대화 구성 등 언어 능력도 떨어지기 시작합니다. 상황을 판단하고 정보를 처리하는 능력은 다만 특별한 질병이 없다면, 80세 정도에도 유지됩니다.

시간이 점점 길어져도, 기다리면 제대로 그런 일을 마칩니다. 나이 들어 뇌신경세포 수는 감소하나, 그 안에서 새로운 신경망을 만들어서 뇌 기능을 보상토록 합니다.

기억력은 최신 것부터 떨어집니다. 새로 만난 사람의 이름이나 어제 먹었던 메뉴가 잘 생각이 나지 않습니다. 이른바 휘발성 기억력이 낮아집니다.

70세가 넘어가면 뇌 혈류량이 젊었을 때보다 20% 정도로 감소합니다. 뇌혈관 동맥경화로 혈관이 좁아지는 탓입니다.

담배를 피우거나, 고혈압·고지혈증·고혈당 등이 있으면 뇌 혈류(血流) 감소가 촉진됩니다.

이 때문에 초고령에서는 혈관성 치매가 원인을 알 수 없는 알츠하이머 치매만큼 발생합니다. 하루 두 잔 이상의 음주는 뇌 기능 감소를 증가시킵니다.

◇ 끊임없이 머리를 굴려야 뇌가 싱싱!

눈· 귀· 코· 입이 즐거우면, 뇌에도 좋습니다.

보기에 좋은 것을 보고, 즐거운 것을 많이 듣고, 맛있는 음식을 자주 먹으면 뇌에 좋다는 의미입니다. 시력을 잃으면 사물을 잃고, 청력을 잃으면 사람을 잃는다는 말이 있듯이, 뇌는 시력과 청력의 자극으로 움직입니다. 청력이 떨어지면 보청기로 만회하고, 시야가 뿌예지면, 백내장 수술 등으로 시력과 시야를 회복시켜야 합니다. 모두 뇌를 위해서입니다.

맛을 음미하며 씹어 먹는 식사가 뇌를 크게 자극합니다. 이를 위해 위아래 맞물리는 치아를 최대한 많이 보존해야 합니다. 치아를 잃었으면 임플란트로 채워, 씹는 능력을 유지해야 합니다. 호기심은 뇌를 끝까지 작동시키는 온(on) 스위치입니다. 매일 다니던 길거리를 산책하더라도 평소와 다르게 새로 바뀐 게 있는지 유심히 관찰하며 다니는 게 좋습니다.

새로 생긴 가게가 있으면 들러보고, 어디서 어떤 물건이나 식품이 싸고 좋은 것을 파는지 알아보러 다니면, 뇌 기능이 활성화됩니다. 다양한 책 읽기와 그림 보기, 음악 감상 등 예술적 경험은 새로운 신경망을 만들어 생각을 풍부하게 하고, 사고를 유연하게 만듭니다. 외국어 같은 처음 접하는 학습은 깨어 있는 뇌세포를 늘리는 데 가장 좋습니다.

매일 하던 것을 아무 생각 없이 반복하는 생활은 뇌세포를 오프(off)로 만들어 노화를 촉진합니다. 카드놀이, 낱말 맞추기, 산수 풀이 등 일부러 시간 내 머리 쓰기를 꾸준히 하는 게 좋습니다.

여러 사람과 지속해서 교류하는 것도 뇌를 깨웁니다. 대화에 참여하려면 뉴스도 자세히 보게 되고, 바깥출입하려면 옷매무새도 챙기게 됩니다.

거동이 불편해지는 초고령의 나이가 되면 멀리 있는 친구나 식구보다, 동네에서 어울리는 사람들이 더 소중합니다. 나이가 많이 들수록 학연, 혈연, 직장 등 연고 중심 어울림보다 지역 중심 어울림을 늘려야 합니다.

뇌는 저수지와 같습니다. 평소에 저수지에 물이 충분히 차 있으면 가뭄이 와도 버팁니다. 일상에서 머리를 끊임없이 굴리고 오감(五感)을 즐겁게 하며 살면 뇌가 싱싱해집니다!

노화는 발부터 시작된다고 합니다. 늙어도 발은 튼튼해야 합니다. 우리가 나이 들면서 흰머리, 처진 피부, 주름을 두려워할 필요는 없지만 중요한 것은 발입니다.

장수의 징후 중 US Magazine 'Prevention'에서 요약한 것처럼 강한 다리 근육이 가장 중요하고 필수적인 요소로 나열되어 있음이 밝혀졌습니다.

2주만 다리를 움직이지 않으면 다리 근력이 10년 감소합니다. 덴마크 코펜하겐 대학의 연구에 따르면 남녀노소 모두 2주 동안 비활동을 하는 동안 다리 근력이 20~30년 노화에 해당하는 3분의 1로 약해질 수 있습니다. 다리 근육이 약해지면 나중에 재활운동과 트레이닝을 해도 회복하는데 오랜 시간이 걸립니다.

따라서 걷기, 자전거 타기와 같은 규칙적인 운동은 매우 중요합니다. 모든 체중, 부하가 고정되어 발에 얹혀 있습니다. 발은 인체의 무게를 지탱하는 일종의 기둥입니다.

오늘도 더욱 힘차게 걸으며 즐겁게 사시기 바랍니다.

4. 신비한 인체의 비밀

"하나님이 자기 형상 곧 하나님의 형상대로 사람을 창조하시되 남자와 여자를 창조하시고 하나님이 그들에게 복을 주시며 하나님이 그들에게 이르시되 생육하고 번성하여 땅에 충만하라, 땅을 정복하라, 바다의 물고기와 하늘의 새와 땅에 움직이는 모든 생물을 다스리라 하시니라" (창 1:27~28).

인간을 창조된 특별한 피조물이라고 생각한다면, 우리가 인체를 공부해야 하는 여러 가지 이유를 찾을 수 있습니다. 우리 몸이 얼마나 정교하게 만들어졌는지 알게 되면 창조주가 분명 존재한다는 것을 깨닫게 됩니다. 정교하게 설계된 인체는 알 수 없는 자연의 힘에 의해 서서히 단계적으로 진화되어 만들어질 수 있는 것이 아닙니다.

창조주 하나님의 계획과 설계로 창조되었다는 설명만이 인체에서 발견되는 복잡한 메커니즘을 설명할 수 있는 최선입니다. 성경에는 하나님이 우주와 그 안의 모든 것을 창조하셨다고 기록되어 있습니다. 그중 가장 소중한 작품인 인간은 하나님께서 우리 인간을 자기 형상대로 만드시고 땅을 정복하고 모든 생명체를 다스리도록 하셨습니다.

인간은 오묘하고 신비로운 하나님의 걸작품입니다. 배고픔을 느낄 때는 입의 도움을 받아야 하고, 가려울 땐 손을 도움을 받아야 합니다. 이처럼 하나님께서는 당신이 만드신 인체가 서로 돕고 조화를 이루어 살아가게 하셨습니다.

우리 몸은 음식으로 힘을 얻지만, 마음은 생각으로 힘을 얻습니다. 좋은 생각은 마음의 힘이 됩니다. 사랑, 희망, 기쁨, 감사, 열정, 용기, 지혜, 정직, 용서는 마음을 풍성하고 건강하게 합니다. 사랑은 주는 사람도 받는 사람도 행복해지는 마법입니다. 그러나 스트레스가 몸에 미치는 영향은 당신이 생각하는 것보다 훨씬 더 광범위합니다.

긴장과 부정적 정신 상태가 장기간 지속되면, 우리의 건강에 심각한 영향을 미치게 되고, 만성 스트레스가 쌓이면 그 영향이 우리를 장악하고, 약해지게 만듭니다. 스트레스가 우리에게 미치는 영향은 요통, 두통, 목 근육 경련, 근육 긴장이 나타날 수 있습니다.

의사들의 말에 따르면, 그러한 증상들은 흔히 만성 스트레스와 관련이 있다고 합니다. 지속적인 스트레스는 창의력과 생산성을 저해할 뿐만 아니라 의욕을 떨어뜨리고 대인 관계에 좋지 않은 영향을 미칠 수 있습니다.

또한 과민성 대장 증후군, 설사, 식도 경련을 일으킬 수도 있습니다. 만성 스트레스는 그보다 훨씬 더 심각한 결과를 초래할 수 있습니다. 장기적인 스트레스는 뇌졸중, 심장 마비, 신부전, 심혈관 질환, 당뇨병을 일으키거나 악화시킬 수 있습니다.

신비한 인체의 비밀

1) 피가 몸을 완전히 한 바퀴 도는 데에는 46초가 걸린다.

2) 혀에 침이 묻어있지 않으면 맛을 알 수 없고, 코에 물기가 없으면 냄새를 맡을 수 없다.

3) 갓난아기는 305개의 뼈를 갖고 태어나는데 커가면서 여러 개가 합쳐져서 206개 정도로 줄어든다.

4) 두 개의 콧구멍은 3~4 시간마다 그 활동을 교대한다. 한쪽 콧구멍이 냄새를 맡는 동안 다른 하나는 쉰다.

5) 뇌는 몸무게의 2%밖에 차지하지 않지만, 뇌가 사용하는 산소의 양은 전체 사용량의 20%이다. 뇌는 우리가 섭취한 음식물의 20%를 소모하고 전체 피의 15%를 사용한다.

6) 피부는 끊임없이 벗겨지고, 4주마다 완전히 새 피부로 바뀐다. 우리는 부모님이 물려주신 이 천연의 완전 방수의 가죽옷을 한 달에 한 번씩 갈아입는 것이 된다. 한 사람이 평생 동안 벗어버리는 피부의 무게는 48kg 정도로 1,000번 정도를 새로 갈아입는다.

7) 우리의 키는 저녁때보다 아침때의 키가 0.8cm 정도 크다. 낮동안 우리가 서 있거나 앉아 있을 때 척추에 있는 물렁한 디스크 뼈가 몸무게로 인해 납작해지기 때문이다. 밤에는 다시 늘어난다.

8) 우리의 발은 저녁때 가장 커진다. 하루 종일 걸어 다니다 보면 모르는 새 발이 붓기 때문이다. 그러므로 신발을 사려면 저녁때 사는 것이 좋다.

9) 인간의 혈관을 한 줄로 이으면 112,000km로써 지구를 두 번 반이나 감을 수 있다.

10) 인간의 뇌는 고통을 느끼지 못한다. 가끔 머리가 아픈 것은 뇌를 싸고 있는 근육에서 오는 것이다.

11) 남자의 몸은 60%가, 여자의 몸은 54%가 물로 되었기 때문에 대개 여자가 남자보다 술에 빨리 취한다.

12) 아이들은 깨어 있을 때보다 잘 때 더 많이 자란다.

13) 지문이 같을 가능성은 64,000,000,000대 1(640억 대 1)이다. 그러므로 이 세상 사람들의 지문은 모두 다르다.

14) 한 단어를 말하는데 650개의 근육 중 72개가 움직여야 한다.

15) 남자는 모든 것의 무게가 여자보다 많이 나가지만 단 하나, 예외가 있는데 여자가 지방을 더 많이 가지고 있다. 이것이 여자를 아름답게 만든다.

우리 몸의 신체기관이 제일 무서워하는 것은 무엇일까요?

1) 위는 차가운 것을 두려워한다.

2) 심장은 짠 음식을 두려워한다.

3) 폐는 연기를 무서워한다.

4) 간은 기름기를 무서워한다.

5) 콩팥은 밤새우는 것을 두려워한다.

6) 담낭은 아침을 거르는 것을 무서워한다.

7) 비장은 마구잡이로 아무거나 막 먹는 것을 두려워한다.

8) 췌장은 과식을 두려워한다.

5. 하나님께 쓰임받는 자

"너는 진리의 말씀을 옳게 분별하며 부끄러울 것이 없는 일꾼으로 인정된 자로 자신을 하나님 앞에 드리기를 힘쓰라"(딤후 2:15).

누군가에게 쓰임받는다는 것은 참으로 복되고 행복한 일입니다. 더구나 하나님께 쓰임받음은 큰 영광입니다. 하나님께서는 아무나 함부로 쓰시는 분이 아니시기 때문입니다.

거룩하신 하나님은 우리의 외형적 조건이 아무리 훌륭해도 깨끗하지 않으면 사용하시지 않습니다.

사람은 하나님의 존귀함을 닮아 하나님의 형상으로 지음받았습니다. 천지창조 엿샛날 인간을 흙으로 빚어 만들고 코에 불은 생기에 엔도르핀, 세로토닌, 도파민, 다이돌핀과 같은 놀라운 치료제를 받았습니다.

1) 엔도르핀: 우리 몸속에서 생성되는 치료제로 그냥 웃기만 하면 나오는 만병통치약입니다.

2) 세로토닌: 편안할 때 나오는 호르몬제로써 자주 만들어집니다.

좋은 곳에 갈 때, 좋은 소식을 들을 때, 좋은 음악을 들을 때, 감사한 생각을 할 때, 수시로 생산되는 치료제입니다.

3) 도파민: 몸을 유연하게 해줍니다. 연애할 때, 사랑할 때, 사랑을 받을 때, 사랑하는 사람을 만났을 때, 로맨틱한 분위기에 젖었을 때 나오는 약으로 사랑만 하면 나오는 구하기 쉬운 치료제입니다.

4) 다이돌핀: 지금까지 제시한 제품 중에 가장 우수한 제품입니다. 자기 몸에서만 생산되며, 다른 사람에게서 받을 수도 줄 수도 없는 제품입니다. 엔도르핀이 암을 치료하고 통증을 해소하는 효과가 있는 것은 이미 알려진 이야기지만, 이 다이돌핀의 효과는 엔도르핀의 4,000배이며, 뇌하수체 호르몬입니다.

그럼 이 다이돌핀은 언제 우리 몸에서 생성될까요? 바로 '감동받을 때'입니다. 좋은 노래를 듣거나 아름다운 풍경에 사로잡혔을 때, 전혀 알지 못했던 새로운 진리를 깨달았을 때, 엄청난 사랑에 빠졌을 때, 이때 우리 몸에서는 놀라운 변화가 일어납니다. 노래를 들을 때 감동받을 때 나오는 호르몬으로 감동의 정도에 따라 생성되는 양의 차이가 납니다.

우리는 이미 예수 그리스도의 피로 깨끗함을 받았습니다. 이 깨끗함을 유지하기 위해 날마다 진리의 말씀을 분별하며 욕망을 피하고 의와 믿음, 사랑과 화평의 삶을 살아가야 합니다.

나는 진정 하나님 편에 서서 하나님의 뜻대로 쓰임받는 자가 되기를 위해 기도하고 있는지요?

그리스도인이라면 누구나 가장 바라고 원하는 것이 있습니다. '어떻게 하면 하나님의 일에 쓰임받을 수 있을까?' 하는 것입니다. 그리고 이왕이면 크게 쓰임받기를 원합니다.

하나님은 구체적으로 어떤 사람을 쓰실까요?

첫째, 하나님의 마음에 합당한 자를 쓰십니다.

시편에서 하나님은 다윗을 향해 '내 마음에 합한 자'라고 했습니다. 그리고 내 뜻을 이루게 하리라고 하셨습니다. 하나님은 곧 거룩하고 깨끗하며 망령되고 허탄한 신화를 버리고 경건에 이르기를 연습한 자를 쓰신다는 말씀입니다.

둘째, 순종하는 자를 쓰십니다.

하나님의 사랑은 순종에 정비례한다고 할 수 있습니다. 성경에 보면 "나의 계명을 지키는 자라야 나를 사랑하는 자니 나를 사랑하는 자는 내 아버지께 사랑을 받을 것이요 나도 그를 사랑하여 그에게 나를 나타내리라"(요 14:21)라고 했습니다. 곧 순종은 하나님께서 가장 기뻐하시는 일이라는 것입니다.

욕심이 있거나 신령한 소리를 들을 귀가 없는 자는 순종할 준비가 돼 있지 않아 하나님께서 쓰시지 않으십니다.

하나님이 우리를 사랑하심으로 말미암아 우리는 죄에서 벗어나 하나님의 자녀가 되는 권세를 얻었습니다. 그래서 우리도 하나님을 사랑합니다. 우리의 입술로 그 사랑을 고백하며 그 사랑 가운데 살아갑니다. 하나님이 나를 사랑하시고 내가 하나님을 사랑하니 내게 은혜도 주시고 축복도 주십니다. 그런데 그 사랑을 위해 내가 헌신하고 거룩한 부담을 갖는 일에는 슬그머니 뒷걸음질을 합니다.

하나님이 가장 기뻐하시는 일이 한 생명이 주께로 돌아오는 것인데 그 일에는 더더욱 그렇습니다. 정말 하나님을 사랑하는 것일까요? 내가 받은 축복과 은혜 앞에서는 하나님을 사랑한다 하지만, 내가 짊어져야 할 십자가 앞에서는 그 사랑이 어디로 갔습니까? 주님의 일에 말없이 순종해야 합니다.

셋째, 사랑의 사람을 쓰십니다.

요셉은 형들이 자기를 미워했어도 그는 미움, 시기, 질투를 사랑으로 바꿨습니다. 그 사랑으로 형들에 대한 모든 감정을 덮었습니다. 결국엔 그 일을 통해 가족을 살리고, 민족을 살리시고자 했던 하나님의 계획이었던 것을 깨닫게 되었으니까요.

모세도 모든 백성들이 불신앙의 죄를 지었어도 중보기도로 바꿨습니다. 그는 온유함으로 백성들을 위해 하나님께 간구했던 지도자였습니다.

오늘 주님은 '나는 너를 위하여 희생했건만 너는 나를 위하여 무엇을 했느냐?'라고 물으십니다.

그 물음에 우리는 어떤 답을 드려야 할까요? 주를 위해 받은 사랑을 나누는 자가 돼야 하지 않을까요? 우리 주위엔 따뜻함이 절실한 사람들이 너무 많습니다. 그들에게 주님의 사랑을 나눠 주는 사랑이 넘치는 교회와 성도들이 되기를 축복합니다.

넷째, 믿음 있는 자를 쓰십니다.

하나님의 일을 감당함에 결코 빼놓을 수 없는 조건이 있습니다. 그것은 믿음입니다. 하나님도 독자 이삭을 바칠 수 있는 아브라함의 믿음을 보시고 그를 사용하셨습니다. 히브리서 11장에서 볼 수 있듯이 믿음으로 하나님의 일에 쓰임받았던 믿음의 선진들을 통해 하나님의 역사를 이루어 가신 것을 볼 수 있습니다.

그러므로 우리 역시 믿음을 준비해야 합니다. 하나님께 인정받는 믿음, 하나님의 마음을 움직일 수 있는 믿음을 준비하여 하나님으로부터 귀히 쓰임받는 자가 되어야 합니다.

모든 사람이 시대정신의 영향을 받지만, 믿음으로 사는 이들은 시대의 풍조보다 하나님의 선하시고 기뻐하시고 완전하신 뜻이 무엇인지를 분별해야 합니다. 우리의 왕은 하나님이십니다. 하나님의 섭리에 겸손히 순종해야 합니다.

6. 장수를 결정하는 요인

"내 아들아 나의 법을 잊어버리지 말고 네 마음으로 나의 명령을 지키라 그리하면 그것이 네가 장수하여 많은 해를 누리게 하며 평강을 더하게 하리라"(잠 3:1~2).

질병을 예방하고 건강하게 장수하는 삶을 바라는 것은 예나 지금이나 변함이 없는 듯합니다. 건강은 금은보화보다 더 중요하고 그 무엇보다 소중한 것이라고 생각합니다. 돈이 많아도 건강하지 못하다면 무슨 소용이 있겠습니까?

건강은 건강할 때 지키라는 말이 있습니다. 육체라는 유한한 존재를 가지고 살아가는 인간은 성공, 명예, 쾌락, 돈과 같은 욕망에 몰두하다가 어느 순간 건강의 균형을 잃고 질병으로 고통스러워하기가 쉬운 존재입니다.

주변 환경은 주어지기도 하지만, 내가 찾아가고 만드는 것이기도 합니다. 그 환경에 따라 기분과 감정이 달라지고, 그날 하루가 달라집니다. 내가 찾아간 숲속의 새소리, 시원한 산바람, 향기로운 산 내음, 가벼운 운동, 건강한 밥상은 전적으로 나의 선택 사항입니다. 내가 선택해 나에게 제공하는 것들이 나를 변화시킵니다. 자나 깨나 작동하고, 무의식 속에서도 나를 움직입니다.

“위대한 일은 없다. 오직 작은 일들만 있을 뿐이다. 그걸 위대한 사랑으로 하면 된다.”

처음 이 글귀를 보았을 때 순간 머릿속이 멍해졌습니다. 위대한 일은 없습니다. 오직 작은 일들만 있을 뿐입니다. 그걸 위대한 사랑으로 하면 됩니다. 위대한 일만을 찾아다녔으니 지금까지 만날 수 없었던 것입니다. 위대한 일은 원래부터 없었습니다. 위대한 건 작은 일들을 대하는 내 마음이었습니다. 매순간 아주 작은 일들을 행복한 마음으로 할 수 있다면 그것이 위대한 것입니다. 그 마음이 바로 위대한 것입니다.

멋진 그림을 그린 화가라면 그가 한 일은 종이 자르고, 물감 짜고, 바닥 치우고, 붓질하고, 끊임없이 붓질하고… 여기엔 위대하다 할 만한 일이 따로 없습니다. 우리가 하는 모든 일들이 그러하지 않을까요? ‘위대한 일’을 좇느라 스트레스를 받으며 지금 눈앞에 놓인 일과 사람을 건성으로 대한다면 나는 그저 스트레스를 받는 마음 조급한 사람일 뿐입니다.

고대 그리스의 명의 ‘히포크라테스’는 자연을 거스르는 지나침을 경계하며 우리 삶에서 가장 귀중한 것을 챙기도록 건강에 관해 “우리 몸은 이미 100명의 명의를 지니고 있다.”라는 명언을 남겨주셨습니다. 우리 몸속의 명의들을 일깨워 주느냐 마느냐는 오로지 자기자신에게 달려 있음을 명심해야 한다는 것입니다.

서울대병원 내과 이은봉 교수는 걸음은 질(質)이 아니라 양(量)이라고 했습니다. 걷는 속도보다 얼마나 걷는지가 장수를 결정한다고 합니다. 최근 미국 의사 협회지에 미 국립 암 연구소가 주도적으로 수행한 '걷기와 장기간 사망률'과의 관계를 분석한 논문이 실렸습니다. 연구에서는 40세 이상 미국인 4,840명을 대상으로 몸에 속도계를 부착시키고 일주일간 매일 몇 보를 걸었는지 조사한 후, 사망률을 10년에 걸쳐서 분석했습니다.

그 결과, 참여자들의 평균 걸음 수는 매일 9,124보였는데, 하루에 4천 보 미만 걷는 경우는 1,000명 중 사망자가 76.7명꼴이었습니다. 4천~8천 보 미만 걸음을 걷는 경우는 21.4명으로 낮아졌고, 8천~1만 2천 보 미만 걸음을 걷는 경우는 6.9명으로 더 줄었습니다. 그 이상을 걷는 경우는 4.8명에 불과했습니다. 하루에 4천 보 걷는 경우와 비교해서, 8천 보를 걸으면 사망률이 51% 낮아지고, 1만 2천 보를 걸으면 65%나 낮출 수 있었습니다.

걷는 속도가 빠를수록 사망률도 낮아졌지만, 빠른 걸음에 의한 효과는 실제로 매일 걷는 보행 수에 의한 효과로 밝혀졌습니다. 이 연구로 하루에 만 보를 걸으면 건강에 좋다는 속설이 실증적으로 증명됐습니다. 휴대폰에 만보기 기능이 있어서 하루에 얼마나 걸었는지 쉽게 확인할 수 있습니다. 5천 보 이하는 문제가 있습니다. 이 연구로 얼마나 빨리 걷는가보다, 하루에 최소한 8천 보 이상은 걷는 게 장수 지름길인 것을 알게 됐습니다.

자기 몸을 미워하는 사람은 아무도 없습니다. 오히려 자기 몸을 돌보고 소중히 여깁니다. 한 연구 결과에 의하면, 상당수의 건강 문제는 생활 방식 때문인 것으로 나타났습니다. 따라서 좋은 생활 방식을 길러 나가면 건강이 나아질 것입니다.

능력이 있다고 반드시 행복한 건 아닙니다. 가진 것이 많다고 반드시 행복한 건 아닙니다. 예쁘다고 반드시 행복한 것도 아닙니다. 행복의 단 한 가지 조건은 주어진 것에 만족하는 것입니다. 남의 것을 부러워하지 않고, 남의 것을 탐하지 않고, 내 것이 아닌 것에 부러워하지 않고, 작은 것에 감사하며 살 수 있는 것이 어쩌면 크나큰 행복이 아닐까요?

어느 노인이 개구리 한 마리를 잡았는데 개구리는 이렇게 말했습니다. "키스를 해주시면 저는 예쁜 공주로 변할 거예요." 그런데 이 말을 들은 노인은 키스는커녕 개구리를 주머니 속에 넣어 버렸습니다. 개구리는 깜짝 놀라 "키스를 하면 예쁜 공주와 살 수 있을 텐데요. 왜 그렇게 하지 않죠?" 하고 물었습니다. 그랬더니 노인은 "솔직히 말해 줄까? 너도 내 나이가 되어 보면 공주보다 말하는 개구리가 더 좋을 거야."라고 대답했습니다.

친구가 귀해지는 은퇴기에는 이야기할 상대가 더욱 중요해집니다. 노인이 예쁜 공주보다 주머니 속에 늘 지니고 다닐 수 있는 말하는 개구리를 선택한 이유가 여기에 있습니다.

그리스 철학자 에피쿠로스는 "한 사람이 평생을 행복하게 살아가기 위해 필요한 것 가운데 가장 위대한 것은 친구다."라고 말하였습니다. 주어진 삶을 멋지게 엮어가는 위대한 지혜는 우정입니다. 신은 인간이 혼자서는 행복을 누릴 수 없도록 만들었습니다. 행복은 친구가 있는 사람만이 누릴 수 있는 특권입니다. 주위 사람들을 칭찬하고, 자신도 이웃과 친구에게 필요한 사람으로 살아야 인생이 훨씬 아름다워집니다.

부모와 자식, 친구, 스승 등 관계 속에서 인간의 운명은 결정됩니다. 운명은 타고나는 것이 아니라, 관계를 통한 선택일 뿐입니다. 누구나 관계 속에서 자신의 내면을 일깨우고 운명을 개척하면 어떠한 위기라도 극복할 에너지를 얻는답니다.

심장마비는 어느 날 갑작스레 생기는 것 같지만, 사실 30일 전부터 몸에서 위험하다는 경고 신호를 보낸다는 것입니다. 하버드대학 연구에 따르면 심장마비 증상이 예고 없이 오는 경우는 10명 중 2명 정도로 그 수가 적습니다.

심장전문의가 알려주는 심장마비 한 달 전 몸이 보내는 7가지 전조증상입니다.

1) 이유 없는 피로

집에서 침대커버를 정리하거나 가볍게 샤워하는 것만으로 몸이 피곤하면 이는 심장마비 전조증상일 수 있습니다. 특히 이런 비정상적인 피로감은 남성보다 여성에게 많습니다.

2) 복통, 소화불량

소화불량·복통 같은 증상은 평소 누구나 겪습니다. 하지만 심장질환으로 인해 나타날 수도 있습니다. 남성보다 여성에게 더 많이 나타납니다. 미국 질병관리본부 통계에 따르면 복통 환자의 50%가 심장마비를 진단받습니다.

3) 숨이 가쁜 증상, 현기증

심장이 충분한 산소를 보내지 못할 때 숨이 가쁜 증상이 나타나는데 혈관이 막혔다는 신호일 수 있습니다. 조금만 움직여도 금방 숨이 찬다면 위험한 징조입니다. 숨 가쁨은 6개월 전부터 나타날 수 있습니다.

4) 과도한 식은땀

식은땀도 심장마비의 초기 증상일 수 있습니다. 특히 여성은 폐경으로 오해할 수도 있습니다. 심장마비 전조증상 경우는 '밤'에 더 땀을 많이 흘립니다.

5) 무기력

기력이 떨어지는 것은 근육 내 산소 부족이 원인일 수 있는데, 무기력증은 보통 심장마비 증상 중에서 가장 먼저 나타나곤 합니다.

6) 불면증, 수면장애

불면증은 심장마비와 뇌졸중의 위험과 관련이 큽니다. 특히 여성에게 더 흔하게 나타납니다. 심장마비를 일으킨 사람은 수개월 전부터 불안감과 불면증을 경험하는 경우가 많습니다.

7) 가슴 통증

심장마비를 겪은 대부분의 사람은 짓누르는 가슴 통증이나 불편함을 경험합니다. 일부는 큰 가슴 통증 없이 가슴 근처 부위에 압박감이나 쥐어짜는 느낌을 받을 수 있습니다. 심장근육이 충분한 산소 공급을 받지 못하는 신호입니다. 이런 심장질환 건강 상식은 지금은 아프지 않더라도 나중에 심장마비 예방에 큰 도움이 될 수 있으니 꼭 참고하시기 바랍니다.

'Shakespear'의 중년을 즐기는 9가지 생각

첫째, 학생으로 계속 남아 있어라.
둘째, 과거를 자랑 마라.
셋째, 젊은 사람과 경쟁하지 마라.
넷째, 부탁받지 않은 충고는 굳이 하려고 하지 마라.
다섯째, 삶을 철학으로 대체하지 마라.
여섯째, 아름다움을 발견하고 즐겨라.
일곱째, 늙어가는 것을 불평하지 마라.
여덟째, 젊은 사람들에게 세상을 다 넘겨주지 마라.
아홉째, 죽음에 대해 자주 말하지 말라.

위의 9가지 생각을 늘 명심하시고 남은 삶 주 안에서 행복과 사랑이 가득한 하루하루 보내시기를 바랍니다.

7. 100살의 비결

"사랑하는 자여 네 영혼이 잘됨 같이 네가 범사에 잘되고 강건하기를 내가 간구하노라"(요삼 1:2).

사랑하기만도 너무 짧은 인생입니다. 나는 누구를 미워하고 있는가? 나는 누구를 욕하고 있는가? 나는 누구에게 짜증내고 있는가? 나는 누구에게 화를 내고 있는가? 나는 누구에게 섭섭해 하고 있는가? 인생은 짧습니다. 100년을 산다 해도 우주의 시간으로 보면 한 순간입니다. 사랑하며, 행복하게 살기에도 시간이 모자랍니다. 하물며 누구를 미워하고 짜증내며 살기에는 시간이 너무 아깝습니다. 짧은 인생을 길게 사는 방법이 있습니다. 건강하게 사랑하고 감사하며 찰지게 사는 것입니다.

사람들은 어느 정도 나이가 들고, 어떤 지위에 오르고 경험이 쌓이면 새로운 것을 배우지 않고 궁금한 것이 없어지며 질문이 사라지기 시작합니다. 그때부터 퇴화하고 성장을 멈추고 심지어는 죽어가기 시작합니다. 질문이 없어지면, 특히 자신에게 질문을 멈추기 시작하면 정체되고 퇴보하게 됩니다. 자기자신에게 스스로 질문을 던지고 그 답을 찾는 끊임없는 배움과 도전이 우리 삶에 반드시 계속되어야 합니다.

젊은 세포와 늙은 세포에 같은 자극을 줬습니다. 자외선도 쏘이고, 화학물질 처리도 했습니다. 저강도 자극에서는 차이가 없었습니다. 그러나 고강도 자극을 하자 예상과는 반대의 결과였습니다. 고강도 자극에서 젊은 세포는 반응하다 죽었지만, 늙은 세포는 죽지 않았습니다. 2년 이상 같은 실험을 했습니다. 결과는 같았습니다. 그래서 내린 결론이 '노화는 증식을 포기한 대신 생존을 추구한다'라는 것이었습니다.

평생 노화를 연구해 온 박상철(72) 전남대 석좌교수는 이 연구 결과를 보고, "노화는 죽기 위한 과정이 아니라 살아남기 위해 최선을 다하는 과정이다."라며 노화에 대한 인식을 확 바꿨습니다. 박 교수가 노화과정을 긍정적으로 보고, 당당하게 늙음을 맞이해야 한다고 주장하는 이유입니다. 생명은 죽기 위해 태어난 것이 아니라, 살기 위해 태어난 존재이기 때문입니다.

전 세계적으로 100세가 넘게 장수한 사람들을 보면 언제나 부지런히 일하고 논밭을 어슬렁거리고 빨래도 하고 청소도 하면서 몸을 꾸준히 움직이는 사람들이 대부분입니다. 나이가 들었다고 명퇴하여 경로당에 가만히 앉아서 담배 피우고 바둑 장기로 황혼기를 보내는 것보다 잠드는 그날까지 열심히 움직이며 살아가는 것이 노년기의 건강 비법이요 행복이라고 말할 수 있습니다.

최근 한 세미나에서 박 교수는 '늙지 않고, 아프지 않기 위한 먹거리'에 대해 이야기했습니다. 그는 '장수의 비밀을 아는 사나이'라는 별명을 가진 세계적인 장수 과학자입니다. 10년 이상 한국과 세계의 백 세인들을 직접 만나며 그들의 식습관을 관찰한 박 교수는 한국 특유의 장수 먹거리를 찾아냈다고 합니다. 현대판 불로초인 셈입니다.

그 첫 번째 불로초가 바로 들깻잎이었습니다. 그는 들깻잎의 효용을 분석했습니다. 국내 최고 장수지역인 구례, 곡성, 순창, 담양 등의 장수마을 주민들의 들깻잎 소비량이 다른 지역에 비해 훨씬 많았습니다. 이들 주민은 들깻잎을 날로 먹거나 절여 먹었습니다. 또한 들기름에 나물을 무치고, 전을 지지고, 들깻잎을 날로, 혹은 된장이나 간장에 절여 드셨어요. 들깻가루는 추어탕 등에 듬뿍 넣어 드셨습니다. 들깨가 오메가3 지방산의 주요 공급원 역할을 했던 것입니다.

고등어, 연어 등에 많은 오메가3 지방산은 필수 지방산으로 필수적인 장수 영양소입니다.

두 번째 한식에서 찾아낸 불로 식품이 된장, 간장, 청국장, 김치 등의 발효식품이었습니다.

육식하지 않으면 비타민 B12가 부족합니다. 이 영양분은 조혈 기능뿐 아니라 뇌 신경 기능 퇴화 방지에 중요한 역할을 합니다. 그런데 우리나라 백 세인의 혈중 비타민 B12 농도는 정상이었고, 육류를 주식으로 하는 서양인들보다 높게 나왔습니다. 어찌 된 일일까요?

박 교수는 연구 결과 원재료인 콩이나 두부, 야채 상태에서는 전혀 발견되지 않던 비타민 B12가 발효과정에서 생성된다는 것을 알았습니다.

박 교수는 우리 민족의 전통식단이 바로 한류 케이-다이어트(K-diet)의 핵심이라고 합니다. 세계적으로 대표적인 장수 식단으로 알려진 지중해 식단에서는 올리브오일을 많이 먹고, 그린란드 식단에서는 생선(오메가3)을 많이 먹습니다. 한국의 장수 식단은 채소도 신선한 형태가 아닌 데치거나 무쳐 먹는데 이런 조리 과정을 통해 장수에 도움 되는 영양분이 늘어난다는 것입니다.

서울대 의대에서 생화학을 전공한 박 교수가 노화 문제에 관심을 갖게 된 것은 서울 한복판에 있는 탑골 공원에서 노인들이 무료 급식하는 점심을 먹기 위해 길게 줄 서 있는 것을 본 뒤였습니다. 무력해 보였습니다. 그래서 노인들에게 무료로 요리법을 가르치고, 식단도 개발했습니다. 당당한 노년을 위한 처방이었습니다. 자립하고 독립하는 길이기도 했습니다.

요리를 배운 노인들은 한결같이 요리가 이렇게 쉬운 줄 몰랐다고 이야기했습니다. 물론 간단한 요리이지만 한 번도 주방 일을 하지 않았던 노인들에겐 새로운 경험이었습니다.

건강한 장수를 위해선 움직이라고 박 교수는 강조합니다. 선진국 백 세인의 남녀 비율은 1:4~1:7로 여성이 많은데, 한국은 1:10으로 현격히 여성이 많다는 것입니다. 이는 한국 남성이 유난히 몸을 움직이지 않기 때문이라고 박 교수는 진단합니다.

뜻대로 되는 일 거의 없습니다. 좋은 일에 나쁜 일이 겹치고, 나쁜 일 속에 더 안 좋은 일의 싹이 피어납니다. 그때마다 언제든 기민하게 대응할 수 있도록 유연성을 길러야 합니다. 몸과 마음의 이완이 필요한 것입니다. 편안히 천천히 걷는 시간, 평화롭고 깊은 호흡을 하는 시간, 그 시간을 통해 우리 몸은 다시 충전되고 용수철처럼 튕겨 오를 수 있습니다.

당당한 노년을 위한 골드인생 3원칙

첫째는 '하자'입니다.

뭐든지 하면서 노년을 보내야 한다는 것입니다. 장수인들의 특징은 늘 뭐든지 한다고 했습니다. 나이가 들었다고 움츠리지 말고 적극적으로 자신이 좋아하고, 할 수 있는 것을 찾아야 합니다.

두 번째는 '주자'입니다.

자신의 능력을 사회에 봉사하고 기부하며 베푸는 것입니다. 나이가 먹었다고 받으려 하지 말고 뭔가 주려고 애쓰면 아름답고 당당한 노년이 된다는 것입니다.

세 번째 원칙은 '배우자'입니다.

일반적으로 은퇴를 하는 50, 60대를 지나 적어도 30년 이상 적극적으로 사회에 참여하고 살고 싶다면 새로운 사회와 문화, 과학에 대한 배움에 조금의 주저함이나 망설임이 없어야 한다는 것입니다. 잘 살아야 잘 떠날 수 있습니다. 두려움 없이 떠나려면 미련이 남지 않게 하루하루 최선을 다해야 합니다. 그것이 백 세인들이 우리에게 주는 가장 큰 교훈입니다.

아무리 말이 좋고 합당하여도 그것을 실행치 않으면 그냥 말이나 글에 불과하지만, 그것을 행동으로 옮기면 그것은 크나큰 성과를 줍니다. 자신의 머리에 아인슈타인의 지식이나 지혜가 있은들 그것을 사용치 못하면 무슨 소용이 있으며, 무식한 자와 무엇이 다르겠습니까! 100개를 알면서 아무것도 하지 않는 자보다 1개를 알면서 1개를 실행하는 자가 훨씬 똑똑하지 않습니까!

＊ 꼭 실천해야 합니다.

① 들깻잎 많이 먹자!
② 발효식품 많이 먹자!
③ 일하자!
④ 가진 것을 나누어 주자!
⑤ 무엇이든지 배우자!

8. 삶이 즐거워지는 20가지 지혜

"여호와를 경외하는 것이 지혜의 근본이요 거룩하신 자를 아는 것이 명철이니라"(잠 9:10).

하나님을 경외한다는 것은 첫째 말씀을 사랑함으로 귀 기울이며 그 계명을 충실히 지키는 것이고, 둘째 하나님을 두려워하므로 악에서 떠나는 것입니다.

참 지식과 지혜의 근원이 하나님으로부터 시작한다는 말씀입니다. 하나님을 모르면 지혜로울 수 없습니다. 세상 지식은 하나님의 피조물들에 의한 정보에 그치는 것입니다.

삶이 즐거워지는 20가지 지혜

1) 좋은 취미를 가지면 삶이 즐겁지만, 나쁜 취미를 가지면 늘 불행의 불씨를 안고 살게 됩니다.

2) 오늘 하루도 좋은 날로 만들려는 사람은 행복의 주인공이 되고, '나중에'라고 미루며 시간을 놓치는 사람은 불행의 하수인이 됩니다.

3) 힘들 때 손잡아 주는 친구가 있으면 이미 행복의 당선자이고 그런 친구가 없다고 생각한다면 이미 행복 낙선자입니다.

4) 사랑에는 기쁨도 슬픔도 있다는 것을 아는 사람은 행복하고, 슬픔의 순간만을 기억하는 사람은 늘 불행합니다.

5) 작은 집에 살아도 잠잘 수 있어 좋다고 생각하면 행복한 사람이고, 작아서 아무것도 할 수 없다고 생각하는 사람은 불행한 사람입니다.

6) 남의 마음까지 헤아려 주는 사람은 이미 행복하고, 남이 자신을 이해해 주지 않는 것만 섭섭한 사람은 이미 불행합니다.

7) 미운 사람이 많을수록 행복은 반비례하고, 좋아하는 사람이 많을수록 행복은 정비례합니다.

8) 너는 너, 나는 나라고 하는 사람은 불행의 독불장군이지만, 우리라고 생각하는 사람은 행복 연합군입니다.

9) 용서할 줄 아는 사람은 행복하지만, 미움을 버리지 못하는 사람은 불행합니다.

10) 작은 것에 감사하는 사람은 행복한 사람이고, '누구는 저렇게 사는데 나는' 이라고 생각하면 불행한 사람입니다.

11) 나를 닦고 조이고 가르치는 사람은 행복 기술자가 되겠지만, 게으른 사람은 불행의 조수가 됩니다.

12) 아침에 '잘 잤다' 하고 눈을 뜨는 사람은 행복의 출발선에서 시작하고, '죽겠네'라고 말하는 사람은 불행의 출발선에서 시작하는 것입니다.

13) 도움말을 들려주는 친구를 만나면 보물을 얻은 것과 같고, 잡담만 늘어놓는 친구와 만나면 보물을 빼앗기는 것과 같습니다.

14) 웃는 얼굴에는 축복이 따르고, 화내는 얼굴에는 불운이 괴물처럼 따릅니다.

15) 미래를 위해 저축할 줄 아는 사람은 행복의 주주가 되고, 당장 쓰기에 바쁜 사람은 불행의 주주가 됩니다.

16) 사랑을 할 줄 아는 사람은 행복한 사람이고, 사랑을 모르는 사람은 불행한 사람입니다.

17) 불행 다음에 행복이 온다는 것을 아는 사람은 행복의 번호표를 예약한 사람이고, 불행은 끝이 없다고 생각하는 사람은 불행의 번호표를 들고 있는 사람입니다.

18) 시련을 견디는 사람은 행복 합격자가 되겠지만, 포기하는 사람은 불행한 낙제생이 됩니다.

19) 고난 속에서도 희망을 가진 사람은 행복의 주인공이 되고, 고난에 굴복하고 희망을 포기한 사람은 비극의 주인공이 됩니다.

20) 남의 잘 됨을 기뻐하는 사람은 자신도 잘 되는 기쁨을 맛보지만, 두고두고 배 아파하는 사람은 고통의 맛만 볼 수 있습니다.

다 부질없습니다. 사람이 살아 있을 때는 쓸 돈이 없어서 아쉽고, 죽을 때는 다 못 쓰고 죽어서 아쉽답니다.

중국 저장성의 경제계 인물 왕쥔야오 회장은 38세에 죽었는데, 그 부인이 19억 위안(한화로 약 380억 원) 예금을 가지고, 왕쥔야오의 운전기사와 재혼을 했다고 합니다.

이 운전기사는 “전에 난 나 자신이 왕 회장님을 위해 일한다고 생각했지만, 이제서야 왕 회장님이 날 위해 열심히 일하고 있었다는 걸 알게 되었다.”라고 말하며 행복에 겨워했답니다. 이 기막힌 사실은 더 건강하게 오래 사는 것이 키 크고, 돈 많고, 잘생긴 것보다 중요하다는 걸 설명해 주고 있습니다.

누가 누구를 위해 일하는 것이 될지는 아무도 알 수 없습니다. 최고급 핸드폰 기능 중 70%는 못 쓴답니다. 최고급 승용차가 낼 수 있는 속도 중 70%는 불필요하답니다. 초호화 별장 면적의 70%는 비어 있답니다. 사회활동의 70%는 의미 없는 것이랍니다. 집안의 생활용품 중 70%는 놔두기만 하고 쓰지 않는답니다. 한 평생 아무리 많은 돈을 벌어도, 70%는 다른 사람이 또는 다른 사람을 위해 쓴답니다.

결국 삶이란 간단명료하게 사는 게 복잡하게 사는 것보다 좋고, 순간순간 최선을 다하되 그 결과에 대하여는 인연의 법칙에 맡기고, 지금 이 순간 내 옆에 있는 분들과 즐겁게 사는 인생이 정말 멋진 모습인 것입니다. 오늘도 최선을 다하는 삶, 멋진 삶, 후회 없는 삶 만드시길 바랍니다.

사랑의 주님!

남의 잘 됨을 기뻐하는 사람 되게 하옵소서. 작은 약속을 소홀히 하며 남에게 마음 닫아걸었던 잘못을 뉘우칩니다. 진정 오늘밖엔 없는 것처럼 시간을 아껴 쓰고 모든 일을 용서하면 그것 자체로 행복을 느낄 수 있다는 것을 깨닫게 하옵소서.

듣고 보고 말할 것 너무 많아 항상 깨어 살기 쉽지 않지만, 눈은 순결하게, 마음은 맑게 지니도록 고독해도 빛나는 노력을 계속하게 하옵소서.

이미 지나간 일에 연연해하지 않게 하옵소서. 누군가로부터 받은 따뜻한 사랑과 기쁨을 안겨주었던 크고 작은 일들과 오직 웃음으로 가득했던 시간들만 기억하게 하옵소서.

앞으로 다가올 일을 걱정하지 않게 하소서. 불안함이 아니라 가슴 뛰는 설렘으로, 두려움이 아니라 가슴 벅찬 희망으로 오직 꿈과 용기를 갖고 살아가게 하옵소서.

더욱 지혜로운 사람으로 살아가게 하옵소서. 바쁠수록 조금 더 여유를 즐기고, 부족할수록 조금 더 가진 것을 베풀며, 어려울수록 조금 더 지금까지 이룬 것에 감사하게 하옵소서.

그리하여 삶의 이정표가 되게 하옵소서.

먼 훗날 자신이 걸어온 길을 뒤돌아볼 때 그때 내 삶이 바뀌었노라고 말하게 하옵소서.

예수님의 이름으로 기도드립니다. 아멘.

9. 지혜로운 삶

"지혜를 얻은 자와 명철을 얻은 자는 복이 있나니 이는 지혜를 얻는 것이 은을 얻는 것보다 낫고 그 이익이 정금보다 나음이니라 지혜는 진주보다 귀하니 네가 사모하는 모든 것으로도 이에 비교할 수 없도다"(잠 3:13~15).

사람은 다섯 가지를 잘 먹어야 합니다.

① 음식을 잘 먹어야 한다.
② 물을 잘 먹어야 한다.
③ 공기를 잘 먹어야 한다.
④ 마음을 잘 먹어야 한다.
⑤ 나이를 잘 먹어야 한다.

이것이 건강한 삶의 비결이기도 하지만, 우리가 존경받는 삶의 길이기도 할 것입니다.

"중년의 나이를 넘으면 삶의 보람과 의미를 찾기보다는 존경을 받아야 한다."라는 말이 있습니다. 저는 '존경을 받지 못할지언정 욕은 먹지 말아야 한다'라는 신념을 지니고 삽니다.

패션 디자이너 '코코 샤넬'은 '스무 살의 얼굴은 자연의 선물이고, 쉰 살의 얼굴은 당신의 공적이다'라는 명언을 남겼습니다. 중년 이후의 얼굴은 그 사람 인생에 대한 결과라 할 수 있을 것이므로 나이를 잘 먹는다는 것은 정말로 어려운 것입니다. 따라서 큰 업적이나 칭찬을 받기보다는 지탄받거나 상대방에게 상처 주지 않는 인생이 더 위대한 삶이 아닐까 생각합니다.

도둑은 잡지 말고 쫓으라는 말이 있습니다. 경행록에도 "남에게 원수를 맺게 되면 어느 때 화를 입게 될지 모른다."라고 했고, 제갈공명도 죽으면서 '적을 너무 악랄하게 죽여 내가 천벌을 받게 되는구나'라고 후회하며 "적도 퇴로를 열어주며 몰아붙여야 한다."라는 말을 남겼습니다.

得道(득도)

종이를 찢기는 쉽지만 붙이기 어렵듯, 인연도 찢기는 쉽지만 붙이긴 어렵습니다. 마음을 닫고 입으로만 대화하는 건, 서랍을 닫고 물건을 꺼내려는 것과 같습니다. 살얼음의 유혹에 빠지면 죽듯이, 설익은 인연에 함부로 기대지 마십시오. 젓가락이 반찬 맛을 모르듯 생각으론 행복의 맛을 모릅니다. 사랑은 행복의 밑천이고, 미움은 불행의 밑천입니다.

무사(武士)는 칼에 죽고, 궁수(弓手)는 활에 죽듯이, 혀는 말에 베이고, 마음은 생각에 베입니다. 욕정에 취하면 육체가 즐겁고, 사랑에 취하면 마음이 즐겁고, 사람에 취하면 영혼이 즐겁습니다. 그 사람이 마냥 좋지만, 좋은 이유를 모른다면 그것은 숙명입니다.

한 방향으로 자면 어깨가 아프듯, 생각도 한편으로 계속 누르면 마음이 아픕니다. 열 번 칭찬하는 것보다 한 번 욕하지 않는 게 훨씬 낫습니다. 좌절은 '꺾여서 주저앉다'라는 뜻입니다. 가령 가지가 꺾여도 나무줄기에 접을 붙이면 살아나듯 의지가 꺾여도 용기라는 나무에 접을 붙이면 의지는 죽지 않고 다시 살아납니다.

실패는 '실을 감는 도구'를 뜻하기도 합니다. 실타래에 실을 감을 때 엉키지 않고 성공적으로 감으려면 실패가 반드시 필요하듯 실패는 '성공의 도구'입니다.

굶어보면 압니다. '밥이 하늘'인 걸.
목마름에 지쳐보면 압니다. '물이 생명'인 걸.
코 막히면 압니다. '숨 쉬는 것만도 행복'인 걸~!
일이 없어 놀아보면 압니다. '일터가 낙원'인 걸.
아파보면 압니다. '건강이 엄청나게 큰 재산'인 걸.
잃은 뒤에 압니다. '그것이 참 소중하다'라는 걸.
이별하면 압니다. '그이가 천사'인 걸.
지나 보면 압니다. '고통이 추억'인 걸.
불행해지면 압니다. '아주 작은 게 행복'인 걸~!
죽음이 닥치면 압니다. '내가 세상의 주인'인걸.

이 세상의 주인공은 나입니다. 오늘도 멋지고 당당하게 사시길 바랍니다.

설니홍조(雪泥鴻爪)

중년의 나이를 넘으면 존경을 받지 못할지언정 욕은 먹지 말아야 합니다. 소동파의 시에 설니홍조(雪泥鴻爪)라는 표현이 있습니다. '기러기가 눈밭에 남기는 선명한 발자국'이란 뜻입니다. 그러나 그 자취는 눈이 녹으면 없어지고 맙니다.

인생의 흔적도 이런 게 아닐까요? 언젠가는 기억이나 역사에서 사라지는 덧없는 여로. 뜻있는 일을 하면서 성실하게 살고 하늘을 우러러 한 점 부끄럼 없이 지내는 일이 참 어렵습니다.

중국 고사에 강산이개(江山易改), 본성난개(本性難改)라는 문장이 있는데, '강산은 바꾸기 쉽지만, 본성은 고치기 힘든 것 같다'라는 뜻입니다. 나이 먹을수록 본성이 잇몸처럼 부드러워져야 하는데 송곳처럼 뾰족해지는 경우가 많습니다.

소크라테스가 "너 자신을 알라"라고 일갈했을 때, 그의 친구들이 "그럼, 당신은 자신을 아느냐?"라고 되물었답니다. 그때 소크라테는 "나도 모른다. 그러나 적어도 나는 나 자신을 모른다는 것은 알고 있다."라고 말했답니다. 자신의 부끄러움을 아는 것이 본성을 고치는 첩경이 될 수 있습니다.

'사향노루 이야기'입니다.

어느 숲속에서 살던 사향노루가 코끝으로 와 닿는 은은한 향기를 느꼈습니다. '이 은은한 향기의 정체는 뭘까? 어디서, 누구에게서 시

작된 향기인지 꼭 찾고 말 거야.'

그러던 어느 날, 사향노루는 마침내 그 향기를 찾아 길을 나섰습니다. 험준한 산 고개를 넘고 비바람이 몰아쳐도 사향노루는 발걸음을 멈추지 않았습니다. 온 세상을 다 헤매도 그 향기의 정체는 찾을 수가 없었습니다.

하루는 깎아지른 듯한 절벽 위에서 여전히 코끝을 맴도는 향기를 느끼며 어쩌면 저 까마득한 절벽 아래에서 향기가 시작되는지도 모르겠다는 생각이 들었습니다. 사향노루는 그 길로 한 치의 망설임도 없이 절벽을 내려가기 시작했습니다. 그러다가 한쪽 발을 헛딛는 바람에 절벽 아래로 추락하고 말았습니다.

사향노루는 다시는 일어날 수 없었습니다. 하지만 사향노루가 쓰러져 누운 그 자리엔, 오래도록 은은한 향기가 감돌고 있었습니다. 죽는 순간까지 향기의 정체가 바로 자신이라는 것을 몰랐던 사향노루의 슬프고도 안타까운 사연은 어쩌면 우리들의 이야기인지도 모릅니다.

지금 이 순간, 바로 여기, 나 자신에게서가 아니라 더 먼 곳, 더 새로운 곳. 또 다른 누군가를 통해서 행복과 사랑, 진정한 삶의 의미를 찾을 수 있을 것이라고 믿고 있는 우리들이야말로 끝내 자신의 가치를 발견하지 못하고 비명횡사한 사향노루가 아닐까요?

우리가 최고의 향기를 풍기고 있는 소중한 존재임을 잊지 말고 살았으면 좋겠습니다.

마땅히 있어야 할 자리

어떤 미국 사람이 파리에 있는 어느 골동품 가게에서 오래되고 낡아 빛바랜 진주 목걸이를 장식품이 마음에 들어 좀 비싼 듯했지만 500달러에 사서 미국으로 돌아왔습니다.

그러다 현찰이 좀 필요해서 그것을 집 근처에 있는 보석상에 가지고 갔더니 보석상 주인은 한참 동안 감정을 한 후 상기된 표정으로 20,000달러를 주겠다고 했습니다. 일단 그것을 가지고 집으로 돌아왔다가 그다음 날 꽤 알려진 골동품 가게를 찾아갔습니다. 골동품 가게의 주인도 역시 한참 동안 감정을 한 후에 50,000달러를 드리겠습니다.

그는 더 놀랐습니다. 그래서 그는 솔직하게 골동품 가게 주인에게 물었습니다.

"아니, 색깔이 다 바랜 진주 목걸이인데 왜 그렇게 값이 많이 나갑니까?"

그러자 골동품 가게 주인은 의외라는 듯이 이렇게 말했습니다.

"아니, 아직도 모르고 계셨습니까?"

그러면서 돋보기를 진주 목걸이에 들이대면서 자세히 쳐다보라고 했습니다. 그랬더니 거기에 깨알같이 작은 글씨로 '사랑하는 조세핀에게 황제 나폴레옹으로부터'라고 적혀 있었습니다. 그리고 오른 편에는 나폴레옹 황제의 친필 사인이 들어 있었습니다.

가게 주인은 이렇게 말했습니다.

"이 진주 목걸이의 자체만으로는 불과 몇 십 불에 지나지 않습니다. 그러나 여기에 적혀 있는 글씨와 친필 사인 때문에 그렇게 값이 많이 나가는 것입니다."

그러니까 보석 값보다는 거기에 적힌 글 값이 훨씬 더 비쌌던 것입니다.

아무리 진주 목걸이에 황제 나폴레옹의 사인이 있다 할지라도 그것이 고물상에 있으면 불과 500불짜리밖에 안 되는 것입니다. 그러나 마땅히 있어야 할 자리에 있으니까 엄청난 진가를 발휘하고 있는 것입니다.

살아가면서 있어야 할 자리를 찾아 스스로의 가치를 높여 나갈 수 있기를 바랍니다.

10. 침묵의 터널

"말이 많으면 허물을 면하기 어려우나 그 입술을 제어하는 자는 지혜가 있느니라"(잠 10:19).

꽃은 피어날 때 향기를 토하고, 물은 연못이 될 때 소리가 없습니다. 언제 피었는지 알 수 없는 정원의 꽃은 향기를 날려 자기를 알립니다. 마음을 잘 다스려 평화로운 사람은, 한 송이 꽃이 피듯 침묵하고 있어도 저절로 향기가 납니다.

한평생 살아가면서 우리는 참 많은 사람과 만나고, 참 많은 사람과 헤어집니다. 그러나 꽃처럼 그렇게 마음 깊이 향기를 남기고 가는 사람을 만나기란 쉽지 않습니다.

인간의 정이란 무엇일까? 주고받음을 떠나서 사귐의 오램이나 짧음과 상관없이, 사람으로 만나 함께 호흡하다 정이 들면서, 더불어 고락도 나누고, 기다리고, 반기고, 보내는 것 아닌가요? 기쁘면 기쁜 대로 슬프면 슬픈 대로, 있으면 있는 대로 없으면 없는 대로, 또 아쉬우면 아쉬운 대로 그렇게 소담하게 살다가 미련이 남더라도 때가 되면 보내는 것이 정이 아니던가요?

대나무가 속을 비우는 까닭은 자라는 일 말고도 중요한 게 더 있다고 했습니다. 바로 제 몸을 단단하게 보호하기 위해서입니다. 대나무는 속을 비웠기 때문에, 어떠한 강풍에도 흔들릴지언정 쉬이 부러지지 않는다고 했습니다.

며칠 비워 둔 방 안에도 금세 먼지가 쌓이는데, 돌보지 않은 마음 구석인들 오죽하겠습니까? 누군가의 말처럼 산다는 것은 끊임없이 쌓이는 먼지를 닦아내는 것일지도 모릅니다. 덧없이 흘러가는 세월 속에 상처받지 말고, 아프지 말고, 기쁘고, 즐겁고, 행복하게 보내고 오늘도 즐겁고 좋은 시간이 되길 바랍니다.

세상엔 말들이 너무 많습니다. 좋은 말도 많고, 듣기 싫은 말은 더 많습니다. 깊은 사색과 명상 없이 뱉어지는 얕은 말들이 세상을 혼탁하게 만들고 분열과 좁은 시야를 강요합니다. 지나친 지식과 상식 쌓기로 편견, 고정 관념으로 앞을 가려 나쁜 관점을 만들기 쉽습니다. 지금은 침묵이 필요한 시간입니다. 자신과 사회에 도움이 되지 못하는 온갖 소음 같은 잡소리는 침묵의 터널에서 발효를 시킬 때입니다.

이해하지 못해 여전히 미운 세상. 기존 역지사지는 지나치게 이상적이기만 해서 도리어 논점만 흐리는 용도로 쓰입니다. 그런 의미에서 제안보다는 직설적인 의사전달이 필요합니다. 역지사지의 새로운 접근. 역으로 자기가 뭘 잘못했는지 알게 해줘야 합니다. 타인에게 피해를 주고도 일말의 반성조차 없는 사람들에게는 친절한 쌍 것이 되어준다는 마음가짐으로 말입니다.

'친절한 쌍 것이 된다'라는 뜻은 일각에선 이러한 행동을 보고 거칠다 할 수 있습니다. 반은 맞고 반은 틀린 말이 아닐까 싶습니다. 무슨 일이나 역지사지(易地思之)가 필요합니다. 감정의 골이 깊을수록 그것이 곪지 않도록 말입니다. 그래서 원(怨)의 대상에게 울분을 토하는 것보다 용서를 주고받는 것이 중요합니다. 사람은 쉽게 변하지 않는다고 하니, 용서가 아니라면 해소라도 할 수 있지 않을까 싶습니다.

차라투스트라는 서른이 되었을 때 고향과 고향의 호수를 떠나 산으로 들어갔습니다. 여기서 그는 십 년의 세월을 지치지도 않고 정신과 고독을 즐기며 살았습니다.

> "나는 베풀어주고 나누어주려 합니다. 인간들 가운데서 현명한 자들이 다시 그들의 어리석음을 기뻐하고, 가난한 자들이 다시 그들의 넉넉함을 기뻐할 때까지." -니체의 '차라투스트라는 이렇게 말했다' 중에서-

서른의 나이는 특별합니다. 예수도 서른에, 차라투스트라도 서른에 새 길을 열었습니다. 예수는 광야로 들어가 40일 금식을 했고, 차라투스트라는 산으로 들어가 10년 수행을 했습니다. 그리고 인류의 영혼과 정신세계에 지대한 영향을 주었습니다. 베풀고 나누는 삶의 의미와 가치를 가르쳐주었고, 그 궁극의 목표는 기쁨임을 알려 주었습니다. 그 기쁨 가운데 단연 최고는 가난한 자가 넉넉함으로 기뻐하는 것입니다. 사회적 공동체적 기쁨입니다.

지금 혹시 내 인생이 왜 이렇게 꼬이나 싶어 괴롭다면 무엇이 나를 힘들게 하고 있는지 종이에 하나씩 하나씩 써놓고 나서 그것이 정말 그렇게 힘들어할 만한 가치가 있는지 생각해 보는 것입니다. 별것도 아닌 일을 가지고 지나치게 고민하는 것도 자존심 상하는 일 아닌가요? 인생길을 달리다 보면 누구나 터널을 만나게 돼 있습니다. 터널이 어둡다고 멈춰 선다면, 그보다 어리석은 일이 어디 있겠습니까? 조금만 지나면 곧 터널 끝이 나오는데 말입니다.

일이 어렵고 힘들면 그것을 헤쳐나가기보다는 피해 가고 싶어서 이리저리 머리를 굴립니다. 터널이 어두워도 그냥 지나가야 하듯이, 삶이 힘들더라고 그냥 천천히 앞으로 나아가다 보면 곧 터널 끝에 이릅니다. 그렇듯 힘든 삶도 어느새 지나가고 옛이야기 할 때가 있겠죠. 요즘 갈수록 더욱 힘들어지는 세상이지만, 더욱 긍정적인 감사의 마음으로, 웃으며 좋은 하루를 보내시길 바랍니다.

11. 혈루증 여인의 절박한 용기

"예수께서 그 누운 것을 보시고 병이 벌써 오래된 줄 아시고 이르시되 네가 낫고자 하느냐, 너희가 너희 하나님 나 여호와의 말을 들어 순종하고 내가 보기에 의를 행하며 내 계명에 귀를 기울이며 내 모든 규례를 지키면 내가 애굽 사람에게 내린 모든 질병 중 하나도 너희에게 내리지 아니하리니 나는 너희를 치료하는 여호와임이라"(요 5:6, 출 15:26).

절박한 혈루증 여인의 용기 있는 믿음은 예수님으로 하여금 병의 치유뿐 아니라 그동안 병을 앓으며 가졌던 마음과 영혼의 병까지 모두 치료받게 하였습니다.

"사랑하는 자여 네 영혼이 잘됨 같이 네가 범사에 잘되고 강건하기를 내가 간구하노라"(요삼 1:2).

예수님은 단지 우리 육신의 병만 고치길 원하지 않습니다. 육신의 병과 마음의 병 그리고 죄로 인해 죽어가는 영혼의 병까지 모두 치료하시는 치유자이십니다.

"내 이름을 경외하는 너희에게는 공의로운 해가 떠올라서 치료하는 광선을 비추리니 너희가 나가서 외양간에서 나온 송아지 같이 뛰리라" (말 4:2).

예수님의 치유는 지금도 계속되고 있습니다. 주님의 치유능력을 믿는 모든 자들은 그 기적을 언제라도 경험할 수 있습니다. 예수님께서 이 땅에 오셔서 하신 사역을 3가지로 요약하면 가르치시고, 전파하시고, 치유하시는 것이었습니다.

각종 질병들과 연약한 것들을 다 고치셨습니다. 눈먼 자, 말 못하는 자, 못 듣는 자, 중풍병자, 혈루증, 손 마른 자, 귀신들린 자, 심지어 죽은 자도 살리셨습니다.

오늘날에도 이런 기적은 수없이 일어나고 있습니다. 주님은 전능하시기 때문입니다. 우리를 사랑하시기 때문입니다.

'자비의 집'이라 불리는 베데스다 못가에는 허황된 전설에 소망을 둔 많은 환자들이 모여 있었습니다. 오늘날 이 세상도 베데스다처럼 거짓된 신화로 가득합니다. 수많은 사람들을 짓밟고서라도 1등을 하면 그것이 성공이라고 말하는 사탄의 거짓된 속삭임에 많은 사람들이 속아 물이 동하기만을 기다리고 있습니다.

문제는 교회마저도 거짓된 자비의 베데스다 같은 세상의 축소판은 아닐까요?

이곳에 예수님이 찾아오셔서 묻고 계십니다. "네가 낫고자 하느냐?"라고 말입니다. 변명이나 불평이 아닌 단지 주님만 바라보기를 원하십니다.

행복의 치유 효과는 빛처럼 빠르게 주변으로 퍼집니다. 하나의 감동적인 생각이 인터넷을 통해서 순식간에 수백만 명의 사람에게 전달되듯이, 한 사람의 행복도 무한대로 확장될 수 있습니다. 행복은 전염병처럼 기하급수적으로 증식해서 무질서한 곳에 질서를, 분열된 곳에 화합을 창조합니다.

행복도 바이러스와 같습니다. 무서운 전염력이 있다는 점에서 그렇습니다. 물론 전염의 방향은 전혀 다릅니다. 일반 바이러스는 사람을 병들게 하지만, 행복 바이러스는 사람을 살리고 치유해 줍니다. 한 사람의 행복이 자신만의 것에 머물면 전염력이 없습니다. 나의 행복과 함께 다른 사람까지도 행복하게 만들 때 치유 효과는 극대화됩니다.

꽃잎이 모여 꽃이 되고, 나무가 모여 숲이 되고, 미소가 모여 웃음이 되듯, 기쁨이 모여 행복이 되는 것입니다.

12. Covid 19와 오미크론의 증상 및 치유 방법

"하나님은 아프게 하시다가 싸매시며 상하게 하시다가 그의 손으로 고치시나니, 여호와 내 하나님이여 내가 주께 부르짖으매 나를 고치셨나이다"(욥 5:18, 시 30:2).

전 세계에서 어느 나라도 Covid 19 치료제를 개발하지 못한 때에 놀랍게도 국내에서 세계 최초로 코로나 치료제를 개발했는데 그것은 셀트리온의 렉키로나입니다. 자랑스러운 대한민국의 국민으로서 자부심을 가집니다.

그 외에도 우리나라 현대바이오에서 코로나19 경구제가 임상실험에서 '안전한 약'임을 입증했습니다. 현대바이오의 코로나19 경구용 항바이러스 CP-COV03가 동물에 이어 사람에게서도 안전성과 높은 생체이용률을 입증한 것으로 나타났습니다.

대웅제약은 코로나19 치료제로 개발 중인 '호이스타정'(성분명 카모스타트 메실레이트)의 연구결과에서 국내 경증 환자 치료 효과가 입증됐다고 밝혔습니다.

국내에서 코로나 환자들에게 사용되고 있는 먹는 코로나 치료제에는 화이자의 '팍스 로비드'가 있습니다.

Covid-19 기저질환 사망자가 높은 이유는 아스피린과 이부프로펜(혈행 개선 및 진통제) 등 평소 먹는 약 때문입니다. WHO에서 이미 파악하고 있는 내용으로 기사로 여러 차례 보도되었고 아스피린 및 이부프로펜 등의 약을 먹지 말고 타이레놀 등으로 바꿀 것을 권고했습니다.

코로나19는 바이러스로 존재하는 것이 아니라 방사선에 노출된 박테리아와 혈액 응고로 사람을 사망에 이르게 하는 것으로 밝혀졌습니다.

Covid-19는 인간에게 혈전을 유발하는데 정맥에서 호흡을 어렵게 만드는 혈전을 유발합니다. 뇌, 심장, 폐가 산소를 공급받지 못해 사람들이 빨리 죽게 됩니다.

의사들은 호흡곤란 원인을 찾기 위해 코로나19로 인한 사망자를 부검했습니다. 팔, 다리 및 기타 신체 부위를 열어 주의 깊게 검사한 결과, 의사들은 혈관이 확장되고 혈전이 가득 차서 혈류를 차단하고 몸 전체의 산소 흐름을 감소시켜 사망에 이르게 한다는 것을 깨달았습니다.

이것은 혈관 내 응고(혈전)의 치료 방법으로 질병을 치료할 수 있음을 나타냅니다. 그들이 Covid-19에 대한 두려움을 극복하고 이것이 바이러스가 아니라 방사선에 조사된 박테리아임을 이해할 수 있었습니다. 면역력이 매우 낮은 사람만 주의해야 합니다. 이 방사선은 또한 염증과 저산소증을 유발합니다.

Covid-19와 오미크론의 5가지 증상

1) 식은땀

오미크론에 감염되면 일반 코로나의 공통 증상인 발열, 기침, 피로감 외에, 밤이 되면 옷이 흠뻑 젖을 만큼 식은땀이 많이 난다는 것이 큰 차이점입니다.

2) 발진

땀띠같이 울퉁불퉁하고 가려운 발진이 손과 발에 나타나 며칠 또는 몇 주간 이어집니다.

3) 감기 증상과 비슷함

심한 피로감과 열이 나서 감기와 비슷하고 심한 두통과 근육통이 나타지만 일반 코로나19의 미각과 후각 마비 증세는 없습니다.

4) 동상과 비슷한 증상

손가락, 발가락, 얼굴, 다리 등의 피부에 붉은색 또는 자주색 작은 돌기가 나타나 따끔거려 동상에 걸린 것처럼 보일 수 있습니다.

5) 두드러기

두드러기가 신체 어느 부위에 붉은 반점으로 가렵거나 따끔거리며 나타나지만, 일반 두드러기와 같이 사라지거나 항히스타민제로 치료가 됩니다.

이상과 같은 증상이 나타나면 선별 검사를 받아봐야 하지만 무증상인 사람은 검사가 필요 없고, 이젠 가봐야 검사해 주지도 않는다고 합니다.

1단계;

신체 통증, 눈의 통증, 두통 구토 설사, 콧물 또는 코 막힘, 기운 없음, 눈의 충혈감, 배뇨 시 화상 느낌, 열이 나는 느낌, 목이 따가운 느낌(인후염). 증상의 일수를 1일, 2일, 3일 날짜 세는 것이 매우 중요합니다. 열이 나기 전에 행동해야 합니다.

주의: 물, 특히 정수 된 물을 많이 마시는 것이 매우 중요합니다. 목을 건조하지 않게 유지하고 폐를 깨끗하게 하기 위해 물을 많이 마시십시오.

2단계; (4일에서 8일까지)

염증성, 미각 및 후각 상실, 최소한의 움직임으로도 피곤함, 흉통(늑골), 가슴의 압박감, 허리 통증(신장 부위)-바이러스는 말초신경을 공격합니다.

피로와 숨 가쁨-사람이 아무것도 하지 않고 앉아 있어도 숨이 차는 경우입니다. 피로는 사람이 단순한 일을 하기 위해 움직여도 피곤함을 느끼는 것입니다.

수분과 비타민 C가 많이 필요합니다. Zinc(아연), Vitamin D도 복용하면 더욱 좋습니다. Covid-19는 산소를 결합하므로 혈액의 질이 나빠지고 산소가 적습니다.

3 단계-치유;

9일째에 치유 단계가 시작되며 14일(회복기)까지 지속될 수 있습니다. 치료를 미루지 마십시오. 빠를수록 좋습니다. 15~20분 동안 햇볕 쬐고 최소한 7~8시간 동안 수면을 취하십시오. 하루에 1.5리터의 물을 마십니다. 모든 음식은 뜨거워야 합니다(차갑지 않음).

코로나 바이러스의 pH 범위는 5.5~8.5입니다.

그래서 우리가 해야 할 일은 바이러스를 제거하는 것입니다. 그것은 바이러스의 산성 수준보다 더 많은 알칼리성 식품을 섭취하는 것입니다. 바나나, 녹색 레몬 → 9.9 pH. 노란색 레몬 → 8.2 pH. 아보카도-15.6 pH. 마늘-13.2 pH. 망고-pH 8.7. 귤-8.5 pH. 파인애플-12.7 pH. 물랭이-22.7 pH. 오렌지-9.2 pH. 등 입니다.

대한민국 2.200여 가지를 발명한 한상관 교수의 글을 소개합니다. 그는 지금까지 2.200여 가지를 발명하고 20년 전에 통합산업 훈장과 대한민국 최고의 발명왕으로 선정된 사람입니다.

"코로나와 오미크론을 완벽하게 즉시 치료하는 방법을 알려 드립니다.

맥주 컵에 소금 한 숟가락 넣고 미지근한 물을 반 컵 정도 채우고 녹인 소금물을 마시면 됩니다. 설탕이나 꿀을 섞으면 먹기 좋습니다. 소금물을 먹고 나서 조금 있으면 몸속의 뇌와 폐, 간, 위 속과 목 주위에 기생하던 코로나 균들에 의해 구토를 하게 됩니다.

그래도 10분 정도를 참고 계시다가 구토하고 나서 30분 후에 다시 같은 방법으로 소금물을 마시게 되면 처음보다 더 진정된 상태로 진행하게 됩니다. 3시간 후에 소금물 반 컵을 또 마시고 또다시 3시간 정도의 간격을 두고 소금물 반 컵을 또 마시면 언제 아팠느냐? 할 정도로 멀쩡해집니다.

병원에서 암 환자에게 소금물 링거를 투여하는 치료법과 같은 원리입니다. 즉 일시적으로 우리 몸의 미네랄 농도를 높여서 질병을 치료하는 방법입니다. 이 방법은 순간적으로 미네랄 농도를 높여서 코로나를 박멸하는 원리이기 때문에 효과가 매우 빠르게 나타납니다. 링거 치료법은 시간이 많이 걸리기 때문에 효과가 적습니다.

이 방법은 병원에서 소금물로 위 속을 세척하여 치료하는 소금물 관장 치료법과 비슷한 원리이기 때문에 절대로 해롭지 않습니다. 실행하신 분들 모두가 오히려 몸의 상태가 매우 좋아졌다고 하십니다. 이 방법으로 코로나와 오미크론을 완치한 분들이 많이 계시다는 것은 완벽한 사실적 증거입니다.

또 다른 예방법은 소금물을 가습기에 넣고 전자파로 소금물을 가열하면 소금물 가습기에서 미네랄 안개가 나오는데 그 안개를 매일 10분 정도만 마셔도 감기, 몸살, 독감, 코로나 예방은 물론 각종 질병을 치유하는 데 크게 도움이 된다는 사실을 알려드립니다. 이 방법을 4개월 동안 매일 6시간 이상 실시하여 해소 천식 가래를 완치한 분도 계십니다.

기침 가래가 심하신 분들이 실행하여 보니 단 몇 시간이 안 지나서 바로 기침 가래가 뚝하고 완치된 분들이 많습니다. 이 증상으로 고생하시는 분들은 소금물 가습기 치료법을 즉시 실천하셔서 고생을 끝내시기 바랍니다. 폐결핵과 폐암, 각종 암을 소금물 가습기로 치료하면 방사선 치료보다도 더 효과가 좋다고 하시면서 실행하고 계신 분들이 많이 있습니다.

폐결핵 환자나 암 환자들이 이 방법을 사용하면서부터 가래가 발생되지 않는다고 합니다. 암 치료하시는 분들이 방사선 효과보다 소금물 가습기 효과가 더 좋다고 하시면서 고맙다고 하시는 분들이 많습니다. 콧속이 깨끗해지면서 뇌와 간과 폐의 상태가 좋아지기 때문입니다. 특히 임산부들이 소금물 가습기를 매일 사용해 주면 태아의 뇌가 좋아지기 때문에 입덧을 안 함은 물론이려니와 천재가 태어날 확률이 높다는 사실은 과학적으로도 증명되고 있는 사실입니다.

어린이와 학생들이 소금물 가습기를 매일 사용하게 되면 질병에 걸리지 않게 되고 더 강해지면서 공부를 잘하게 됩니다. 그리고 짭조름하게 먹는 학생과 싱겁게 먹는 학생의 공부 성적을 비교해 보면 확실히 짭조름하게 먹는 학생이 공부를 더 잘 한다는 것은 과학적 증거입니다.

막 태어난 신생아들이 질병에 안 걸리는 원리를 분석해 보면 쉽게 이해를 할 수가 있습니다. 그러나 임산부가 싱겁게 먹으면서 출산한 신생아는 매우 허약한 체질로 태어나기 때문에 아토피 피부병과 같은 각종 질병에 시달리게 됨은 물론이려니와 두뇌의 구조가 저능

아로 태어날 확률이 매우 높다는 사실을 알려드립니다.

소금은 절대로 해로운 물질이 아니라 우리 몸에 없어서는 아니 될 매우 유익한 나트륨 물질이라는 것을 알아야 합니다. 우리나라 천일염 소금은 외국 소금보다도 염도가 낮아서 매우 좋습니다. 외국 소금은 염도가 높아서 매우 해롭습니다. 외국의 소시지를 비롯하여 거의 모든 음식은 거의 다 짭조름합니다.

장수하시는 어르신들이 먹는 음식을 자세히 분석해 보면 장수하고 계신 모든 어르신들이 짭조름하게 식사를 하고 계시고 항상 소금으로 양치질을 하고 계시다는 사실은 매우 정확한 증거입니다. 바닷물고기와 민물고기 중 누가 더 장수하는지를 확인해 보면 거북이는 200살 이상을 살고 있고 그린란드 빙하 속에는 528세의 장수를 누리고 있는 심해 상어가 살고 있다는 방송 보도를 보신 분들은 바닷물의 존재성을 아실 것입니다.

물을 많이 먹어야 장수할 수 있다며 저염식을 주장한 황수관 박사와 서방파 김태촌 두목도 싱겁게 음식을 섭취하여 오다가 피가 썩는 패혈증으로 60대에 하늘나라로 가셨습니다.

음식은 항상 입맛에 맞게 약간 짭조름하게 섭취해야만 혈액의 미네랄 농도가 150세 이상을 장수하게 만들어 주는 0.9%(링거 수액 기준) 염도를 항상 유지할 수 있습니다. 미네랄 농도 즉 소금물의 농도를 0.9%를 항상 유지해 주어야만 우리 몸이 건강하게 되고 질병 없이 아름다운 150세 인생을 사시게 됩니다.

모든 암 환자분들의 공통점은 싱겁게 먹고 있을 뿐만 아니라 물을 많이 먹고 있기에 소금물 농도가 0.2~0.5% 정도밖에 안 되므로 암에 걸리는 것입니다. 암은 염증입니다. 짭조름하게 음식을 먹어주면 염증이 자연 치유되기 때문에 절대로 암에 걸리지 않습니다. 이 수치는 정확한 진실입니다. 위의 방법을 꼭 실천하여 코로나 후유증으로 사망하시거나 평생 고생하시는 일이 없기를 바랍니다.

코로나 예방접종을 하기 전, 후에 바로 소금물 반 컵을 마시면 부작용을 원천적으로 예방하게 된다는 사실도 알려드립니다. 예방접종은 약한 코로나 균을 내 몸에 투여하는 것인데 그 균을 일시에 사멸시켜 후유증을 없애 주는 것이 소금물이라는 사실입니다. 약국에서 판매하는 식염수를 사용해도 좋으나 천일염이면 더욱 좋습니다.”

13. 장수 비결에 탁월한 식재료

"하나님이 그들에게 복을 주시며 하나님이 그들에게 이르시되 생육하고 번성하여 땅에 충만하라, 땅을 정복하라, 바다의 물고기와 하늘의 새와 땅에 움직이는 모든 생물을 다스리라 하시니라"(창 1:28).

장수의 비결은 먹는 것은 절반으로, 걷는 것은 2배로, 웃는 것은 3배로, 사랑은 무한정으로 하라는 말이 있습니다. 병을 치유하는 것은 의사나 약이 아니라 우리 몸의 '자연 치유력'입니다. 대부분의 사람들은 수술이나 약으로 병이 낫는다고 생각하지만, 실제 병을 낫게 하고 건강을 회복시키는 데에는 자연 치유력이 가장 중요한 역할을 합니다. 대부분의 질환이 생활습관으로 인한 병인만큼 자연의 섭리에 따른 바른 음식과 바른 습관, 바른 마음의 실천을 통해 건강한 생활을 하고 질환을 예방하는 것이 바람직합니다.

건강에서 가장 중요한 것은 바른 음식 섭취입니다. 음식이야말로 최고의 명약(名藥)이자 만병(萬病)을 다스리는 근원입니다. 잘못된 음식과 생활 습관으로 건강을 잃었을 때도 인류가 오랫동안 섭취해서 안전성이 검증된 식품을 약(藥) 대신 활용하는 방법을 창안하게 되었습니다.

음식은 생약과 같습니다. 가장 안전하고 부작용도 가장 적습니다. 철분이 많은 시금치는 조혈(造血)을 도와주고, 대추는 몸의 열을 높여주고, 미나리는 열을 식힙니다. 이런 식재료들을 잘 조합해 음식치유 레시피를 만들어 보급하는 것도 국민 건강에 직접적으로 기여하는 일입니다.

만병이 음식에서 오듯, 만병을 다스리는 근원도 음식에 있습니다. 젊을 적 식탁에는 꽃병이 놓이더니 늙은 날 식탁에는 약병이 줄을 섭니다. 인생은 고작 꽃병과 약병 그 사이인 것을!

최근 영국의 저명한 학술지의 발표에 의하면 2030년에 이르면 한국인의 기대 수명이 평균 90세를 돌파할 것으로 예측된다고 합니다. 세계 1위의 장수국가가 될 전망이며 또한, 평균 90세의 수명은 인류역사상 최초라고 합니다.

학자들의 분석으로 현재 전 세계에서 최고의 장수식품으로 주목받고 있는 대한민국의 보물! '김치'의 효능에 대해 알아보겠습니다.

김치의 효능

배추김치는 객담을 배출하고 묵은지와 김치찌개로 먹으면 위염, 위궤양, 위암을 막는데, 만병의 예방약입니다. 숨이 가빠서 2층도 오르기 힘든 사람은 동치미가 최고랍니다. 몇 달 먹고 천식도 나았다고 합니다. 김치는 근육에 힘이 없고 무력하게 된 것도 고친다고 합니다. 천식은 몸이 산성화가 되어서 생깁니다. 정맥류나 치질 치료에 동치미가 최고입니다. 김치는 숙성시켜 먹어야 좋습니다.

멍이 잘 드는 사람은 간이 나쁜 사람입니다. 간 기능이 떨어지면 혈소판 감소증과 백혈병이 잘 생깁니다. 김치로 멍과 허혈을 없애줍니다. 근무력증의 가장 큰 원인은 설탕입니다. 간이 산성화가 되면 근육이 약해집니다. 시어 꼬부라진 김치 국물을 먹으면 손톱, 인대, 연골, 혈관이 튼튼해지고 피로물질이 안 쌓여서 힘든 일을 해도 피곤을 안 느낍니다.

김치를 먹으면 머리카락도 질겨지고 발목도 튼튼해집니다. 머리카락이 질겨지면 혈관도 튼튼해집니다. 김치를 안 먹으면 혈관, 근육, 자궁이 약해지고 출혈이 잘 생깁니다. 쪽파 김치는 간경화, 지방간, 혈우병, 당뇨병을 고칩니다.

김치는 몸의 산성화를 막고, 간 기능을 좋게 하고, 근육이 튼튼해지고, 혈액을 깨끗하게 합니다. 혈관이 약하면 중풍과 동맥경화가 됩니다. 김치는 불로초이고 만병통치약입니다. 무김치, 무청 김치, 총각김치, 동치미, 갓, 순무, 민들레, 씀바귀, 우엉, 미나리, 질경이, 고들빼기, 부추, 오이로 담근 김치를 열심히 먹어야 건강하게 산답니다.

비가 내리는 날엔 막걸리 한 잔에 회포를 풀기 딱 좋은 날입니다. 비 오는 풍경을 바라보며 갓 나온 파전에 막걸리를 걸치는 것만큼이나 운치 있는 일이 또 있을까요. 우리의 감성을 젖게 하는 막걸리지만 사람들은 의외로 막걸리에 대해 잘 모르는 부분이 있습니다.

시중 상품마다 차이가 있지만 보통 생막걸리 100ml에는 1억~100억 마리의 유산균이 들어있습니다. 이는 요구르트의 100배 이상에 달하는 양으로 장 건강을 활발하게 해주고 유해 성분을 없애는 효과가 있습니다.

막걸리의 효능

막걸리는 소주나 맥주와는 다르게 지방간 억제 효과가 있다고 합니다. 적당히 마시면 대표적인 막걸리 효능으로 간 기능 개선 효과가 있습니다. 막걸리에는 유산균이 들어있습니다. 이 유산균이 장속의 균을 없애주는 역할을 해서 면역력을 높여줍니다. 막걸리의 달달한 맛이 위액 분비를 촉진시킨다고 합니다. 입맛 없을 때 입맛을 돌아오게 한다는 것입니다. 막걸리에는 식이섬유가 풍부합니다. 장 활동을 도와주고, 변비 예방에도 좋습니다.

멸치의 효능

멸치는 종합 보양제입니다. 멸치라 하면 가장 먼저 떠오르는 것이 칼슘(Ca)입니다. 그러나 그것은 멸치를 통으로 먹었을 때만 맞는 말입니다. 대가리 떼고 똥 빼고 먹는다면 칼슘 없는 단백질만 섭취하게 된다는 사실을 꼭 기억해야 합니다. 멸치는 척추동물입니다. 멸치에는 칼슘뿐만 아니라 칼슘보다 더 중요한 건강 요소를 함유하고 있는 기관이 있습니다. 그건 바로 멸치 똥(내장)입니다.

치매 예방에도 멸치똥(내장)은 그 위력을 발휘합니다. 요즘 판매

되고 있는 멸치는 햇볕을 쪼이지 않고 실내에서 열풍으로 말린 제품이 대다수이기 때문에, 칼슘만 있고 비타민D는 없으므로 멸치 구입 후 각 가정에서 하루 동안 햇볕에 쪼인 후(비타민D 생성) 사용하는 것이 좋다고 합니다. 멸치 하면 바로 생각나는 것이 뼈에 좋다는 것인데 멸치는 칼슘, 인, 단백질이 풍부하게 함유되어 있어서 뼈에 아주 좋다고 합니다.

성장기 어린이뿐 아니라 어르신들 골다공증 예방에도 좋습니다. 혈액순환에 좋습니다. 멸치에 함유되어 있는 타우린이 콜레스테롤 수치를 낮춰주고, 혈압을 정상적으로 지켜줘서 혈액순환에 아주 좋다고 합니다. 두뇌 발달에도 좋습니다. 멸치에 함유된 오메가3, DHA가 두뇌발달에 좋은 영향을 미칩니다. 또한 뇌세포의 활성화를 도와줘서 기억력 향상에도 도움이 됩니다. 신경 안정에 좋습니다.

우리 몸속에 칼슘이 부족하면 평소보다 예민해지고 초조해지거나 짜증이 난다고 하는데, 이는 혈액이 잘 흐르지 않으면서 혈액이 산성화되기 때문입니다. 칼슘이 풍부한 멸치를 많이 먹어야 하는 이유입니다. 멸치에 함유되어 있는 니아신이 항암 작용을 한다고 합니다.

토마토의 신비

토마토를 순수한 우리말로 말하면 '일년감'이라 부르고 한자로는 남만시(南蠻柹)라 하는데 토마토는 세계 10대 건강음식 중 하나로 건강에 매우 좋은 채소입니다. 토마토는 일반적으로 다른 과일에 비해 저당도 저칼로리 식품이며 당분의 질량이 3% 정도밖에 되지 않습니다. 웬만큼 많이 먹어도 살이 찌거나 과도한 영양분이 체내에 축적되지 않습니다. 게다가 엄청나게 풍부한 섬유질을 포함하고 있어 몸속 노폐물의 빠른 배설을 도와주고 있습니다.

그런데 얼마 전 토마토에 대하여 기적 같은 일이 일어났습니다. 고개 숙인 남자들의 생식기능을 현저히 높여주는데 토마토가 최고라는 연구결과가 나왔습니다. 영국의 데일리 메일 인터넷판을 보면 미국 클리블랜드 클리닉 생식의학센터의 아쇼크 아가왈 박사는 토마토에 붉은색을 띠게 하는 성분인 리코펜이 정자의 수를 최고 70%까지 증가시킨다고 밝히고 있습니다. 한마디로 토마토를 많이 먹으면 성욕이 70%가 되살아난다는 연구입니다.

참고로 토마토는 그냥 먹어도 영양가가 풍부하지만 토마토를 찌거나 익혀 먹으면 심장을 튼튼하게 하고 암과 싸우는 능력을 증가시켜 암 예방 및 치료에 탁월하며 토마토에 열을 가할 경우 비타민C는 감소하지만 유익한 화합물인 파이토케미컬의 일종인 리코펜(토마토나 다른 과일을 붉게 만드는데 관여하는 카로티노이드 색소)이 증가하여 암이나 심장질환을 줄이고 노화 방지에 특히 탁월합니다. 특히 여자들은 토마토를 익혀 먹으면 노화 방지는 물론 늙지 않고 항상 싱싱한 젊음을 유지할 수 있다고 합니다.

토마토의 효능

각종 암의 항암 효과가 뛰어나고 동맥경화를 막아주며 혈압을 낮추게 합니다. 부종을 없애고 당뇨병을 예방하고 소화를 돕고 피로회복에도 좋습니다. 토마토 영양성분 함량은 수분 92.0%, 단백질 2.0g,

탄수화물 4.6g, 칼슘 4mg, 인 70mg, 비타민 A, C 21mg. 아무튼 토마토는 단맛은 별로지만 '신의 음식'이라 말할 수 있는 유익한 과일이 아니라 채소입니다.

날 김과 파래의 효능

날 김과 파래는 암과 같은 종양도 가볍게 녹이는 성분이 풍부하게 들어 있습니다. 김은 뇌는 물론 머리카락까지 새것으로 만듭니다. 나이가 들면 뇌가 노화되어 기억력이 약해져서 건망증이 오는데 하루 김 한 장이 이를 되돌릴 수 있습니다.

뇌세포에 독소가 쌓여 뇌가 산성화되면 기억이 지워지고 인지력 이해력 등이 떨어집니다. 기억력 저하는 대개 납이 몸속에 쌓여 납중독으로 인해 생깁니다. 뇌세포에 기억을 기록하는 소자는 아연인데 인체가 납과 아연을 구별하지 못합니다. 아연으로 기록한 것은 도장을 새긴 것과 같아서 오래 남지만 납으로 기록한 것은 마치 물에 쓴 것과 같아서 즉시 지워져서 없어져 버립니다.

김과 파래를 먹고 기억력이 좋아지는 것은 식물성 유기 아연이 풍부하게 들어 있기 때문입니다. 그런데 김이나 파래에 열을 가하면 아연을 비롯한 미네랄 성분이 날아가 버리거나 활성을 멈춘 불용성 무기물 상태로 변합니다. 그래서 김이나 파래는 반드시 날것으로 먹어야 합니다.

날 김을 하루 한 장씩 먹으면 기억력이 좋아지고 머리카락이 검어지고 콩팥 기능도 좋아집니다. 김에는 우수한 단백질과 칼슘, 철, 마그네슘, 아연 같은 알칼리성 미네랄이 많이 들어 있습니다.

정자의 주요 성분은 아연을 비롯한 알칼리성 물질로써 날 김이나 파래로 정을 길러주면 뇌와 신장과 머리칼은 물론 무병장수합니다. 하루 한 장 이상씩 1년만 꾸준히 먹으면 눈처럼 하얀 머리카락이 까맣게 바뀝니다.

김을 굽든지 기름과 소금을 발라 조미하여 먹으면 효과가 없을뿐더러 반대의 결과가 옵니다. 김은 파래가 많이 섞여 있는 돌김이 가장 좋습니다. 뇌 분야로만 말할 것 같으면 다시마나 감태나 매생이가 김과 파래를 따라올 수 없습니다. 날 김을 더 맛있고 효과 있게 먹는 방법은 조선간장으로 김국을 만드는 것입니다. 거기다 조선간장은 당뇨를 없애고 만 가지 해독작용을 합니다.

보약보다 좋은 누룽지의 효능

누룽지는 모든 중금속과 독소를 해독시킵니다. 쌀은 산성식품입니다. 누룽지는 약알칼리입니다. 누룽지는 가장 훌륭한 영양물질인 동시에 가장 훌륭한 해독제입니다. 누룽지는 몸속에 있는 수은, 납, 카드뮴 같은 중금속, 기름때, 농약성분 등 인공 합성 유독 물질을 분해하여 몸 밖으로 나오게 하며 혈액을 깨끗하게 해줍니다.

가장 좋은 것은 보리 누룽지입니다. 보리 누룽지는 쌀 누룽지보다 백배는 더 훌륭하고 보리밥보다는 열배는 더 훌륭하며 최고의 불로장생 식품입니다.

조선 최고의 명의 허준이 남긴 말

① 혈액의 응고를 막아주는 당근.
② 고지혈증을 예방하는 두부.
③ 콜레스테롤을 녹이는 꽁치.
④ 묵은 피를 걸러주는 부추.
⑤ 혈액의 독소를 빼내는 미역.
⑥ 활성산소를 제거하는 다시마, 카레 가루.
⑦ 혈관과 조직의 산화를 막는 검은깨.
⑧ 스트레스 해소에 좋은 녹차가루.

좋은 것 많이 드시고 늘 건강하시기 바랍니다.

Part 6

늙음의 미학(美學)

1. 늙음의 미학(美學)

"하나님이 말씀하시기를 말세에 내가 내 영을 모든 육체에 부어 주리니 너희의 자녀들은 예언할 것이요 너희의 젊은이들은 환상을 보고 너희의 늙은이들은 꿈을 꾸리라"(행 2:17).

노인에게도 의무는 있습니다. 자기의 인생은 자기의 것입니다. 딸이나 아들의 것도 아니고, 사회의 것도, 병원의 것도, 보험사의 것은 더욱 아닙니다. 삶을 마치는 순간까지 행복하게 살아야 할 의무는 노인이라고 해도 결코 면제되지 않습니다. 내 삶은 내 책임으로 내 계획대로 내 멋으로 살아야 합니다.

개성 있게 살며, 독립적으로 자유롭고 당당하게 살아야 노년이 아름답습니다. 삶을 사랑하고, 품위를 지키며, 아름답고 멋지게 살 책임은 노인 자신에게 있습니다. 나를 책임질 사람은 오직 나밖에 없기 때문입니다. 바르게 살아 삶을 즐기고, 행복해지는 것은 노인 자신의 가장 큰 책임이고 의무입니다.

노년의 새 의무는 건강을 지키는 것이고, 궁핍하지 않을 것이며, 범사에 감사하는 것이고, 긍정적으로 생각하고, 세상을 아름답게 보고, 삶을 사랑하며, 물심양면으로 자식과 남에게 짐이 되지 말고, 걸림돌 하나라도 치우며 살아야 합니다.

노후준비는 따로 있지 않고, 내 노후를 내가 확실하게 책임지는 것입니다. 멋진 노후를 원한다면, 젊을 때부터 방탕과 낭비를 멀리하고 부지런히 배우고 일하며 성실하게 사는 것입니다. 절제 없는 방탕과 낭비는 궁핍을 부르고 병을 재촉하여 고통을 더하게 합니다.

의무감이 없으면 게으름에 익숙해지고, 일이 주는 기쁨도 모르고 뻔뻔스럽고 염치없는 인간이 되어 비참한 노후를 맞이합니다. 노인의 책임과 의무는 축복의 통로이고 행복의 지름길입니다. 태어난 이상 잘 살아 즐겁고 행복하게 되는 것이 인간의 큰 의무이고 책임입니다. 삶은 오직 한 번밖에 허락되지 않음으로 죽음마저 당당히 맞아야 합니다.

흔히 노년을 상실 세대라고 합니다. 상실당하기 전에 버릴 것은 스스로 버리는 게 좋습니다. 인생의 종착역에는 1등실, 2등실이 따로 없습니다. 60대는 직업의 평준화, 70대는 건강의 평준화, 80대는 생명의 평준화라고 합니다. 잘나고 못 나고는 모두 거기서 거기인 것을 삶의 끝이요 생의 종착입니다.

품 안에서 벗어나고, 조직에서 벗어나고, 모든 구속에서 벗어나고, 미움도 짐도 벗어버리고, 원망과 괴로움을 끊어버리고, 불필요하고 과도한 탐욕이나 욕심의 분모도 버리고, 인생의 배낭 속에 즐길 낙

(樂) 하나만은 꼭 들어 있어야 합니다.

낙이 없는 인생은 사는 것이 아니라 생물학적인 인생일 뿐입니다. 등산의 쾌감을 흔히들 '마운틴 오르가슴'이라 합니다. 등산이든 무슨 취미든 최선의 낙이 오르가슴이 아닌가? 살아있는 동안에 오르가슴을 최대한으로 누리다 가는 인생이 성공한 인생이라고 합니다. 낙이 없는 인생은 권태의 연속일 뿐입니다.

똑같은 소금도 대상에 따라서 효과가 달라집니다. 미역에 뿌리면 팔팔하게 살아나지만, 배추에 뿌리면 시들시들 죽어버립니다. 똑같은 물도 소가 먹으면 우유를 생산하고, 뱀이 먹으면 독을 생산합니다. 인생도 마찬가지입니다. 즐겁게 사는 사람은 즐거울 낙(樂)인데, 불평하고 사는 사람은 괴로울 고(苦)로 바뀝니다. 당신의 배낭 속에는 무엇을 담을 것입니까?

오늘날도 성령님께서는 젊은이에게는 환상을, 늙은이에게는 꿈을 꾸게 만들어 주십니다. 지금도 성령님께서는 예수님의 십자가를 통하여 우리에게 영롱한 꿈을 주십니다.

역사상 위대한 하나님의 사람들은 모두 다 하나님께서 주신 꿈을 받아들여 그 꿈을 믿고 기도하며 산 사람들입니다. 그 꿈이 우리를 변화시키고 이끌어 갑니다. 아기를 잉태한 어머니가 큰 꿈을 마음속에 품고 큰 기대와 소망을 갖고 기도로 키우면 열 달 후에 예쁜 아기가 태어나는 것처럼 때가 되면 그 꿈이 현실로 이루어지는 것입니다.

내 남은 인생의 가장 젊은 날이 바로 오늘입니다. 어제 죽은 자가 그토록 소망하던 오늘입니다. 영리하고 재주가 있는 사람을 일러 총명하다고 하는데, 총(聰)은 귀가 밝다는 뜻이며, 명(明)은 눈이 밝다는 뜻입니다.

나이가 들면 눈과 귀가 어두워집니다. 모든 기능이 저하되어 자세히 볼 수 없고, 또렷하게 들을 수 없습니다. 하지만 문제없습니다. 쑥떡같이 얘기해도 찰떡같이 듣는 훈련을 평생 해온 그들이기 때문입니다. 요즈음의 젊은이들은 찰떡같이 얘기해도, 쑥떡같이 건성으로 들어버리니 낭패입니다.

어느 바람에 지는 줄 모르는 낙엽이 땅에 떨어지기까지는 순간이지만, 그럼에도 자세히 관찰해 보면 그것은 분명히 절규가 아니라 춤추는 모습입니다.

낙엽 지기 전의 마지막 모습은 어떠했을까? 아름다운 단풍이었습니다. 말년의 인생 모습도 낙엽처럼 화사하고 장엄한 파노라마(panorama)이어라.

적어도 나의 경우에는 봄꽃보다 가을 단풍을 더 아름답게 봅니다. 아침 이슬도 아름답지만, 해 질 녘의 저녁놀은 더 아름답습니다.

'삶의 유혹'과 '죽음의 공포' 이 두 가지에서 벗어나고자 고민하는 것이 인생의 참 공부입니다. 죽음을 향해 가는 길이, 늙음의 내리막길입니다. 등산도, 인생도 오르는 길 힘들지만, 내려가는 길은 더더욱 어렵습니다.

인생길 가다 보면 서로 만나 웃기도 하고 울기도 하고 그러면서 사는 게지. 뭐 그리 잘난 자존심으로 용서하지 못하고 이해하지 못하고 비판하고 미워하는지...

사랑하며 살아도 너무 짧은 우리네 삶.

베풀어주고 또 줘도 남는 것들인데 뭔 욕심으로 무거운 짐만 지고 가는 고달픈 나그네 인생인가?

왜 그리 마음의 문 굳게 닫아걸고 더 사랑하지 않고 더 베풀지 못하는지...

서로 아끼고 사랑해도 짧고 짧은 허망한 세월인 것을 미워하고 싸워봐야 서로 마음의 생채기 흔적만 가슴 깊이 달고 갈 텐데.

있으면 만져보고 싶고, 없으면 더 갖고 싶은 마음. 가지면 더 갖고 싶고, 먹으면 더 먹고 싶은 게 사람의 욕심이라 했고, 채울 때 적당히 없고, 먹을 때 그만함이 없으니 우리네 욕심 한도 끝도 없다하네...

내 마음에 내 분수를 적당한 마음 그릇에 담아두고 행복이라 느끼며 사는 거지...

뭐 그리 욕심부려 강하게 집착하고 놀부 같은 만인의 동화 속 주인공으로 생을 마감하려 하나...

흥부 같은 삶으로 남은 우리 인생길에 동참시킨다면 크게 진노하거나 슬퍼지는 삶은 없을 것 같네...

언제나 그러하듯 나누지 못한 삶을 살지라도 지금 만날 수 있으매 감사하고, 웃음을 안겨줄 수 있는 고향 같은 포근한 친구 있기에 오늘도 행복한 미소를 지어본다고 합니다. 그래서 삶의 길을 멋지게 내려가기 위해, 늙음의 미학을 찾아보는 것입니다.

늙음의 미학 제1장은 '비움의 미학'이다.

비움의 실천은 '버림'으로써 여백을 만드는 일입니다. 버림이란 말이 맞지만, 너무 냉혹하게 들릴 수도 있습니다. 점잖게 '나눔'이라 해도 좋습니다.

꽃이 비록 아름답지만, 꽃을 버려야 열매를 맺을 수 있습니다. 처녀가 설령 아름답지만, 처녀를 버려야 '옥동자', '옥동녀'를 낳을 수 있습니다. 죽음이란 '버림'의 끝입니다. 성취의 청춘도 아름답지만, 버림의 노년은 더욱 아름답습니다. 이것이 늙음의 미학입니다.

주먹을 쥐고 태어나는 것은, 세상에 대한 욕심이요, 손바닥을 펴고 죽는 것은, 모든 소유로부터의 비움입니다. 생의 가장 큰 가르침은 죽음입니다. 선현은 죽음으로써 인생의 진리를 깨우쳐줍니다. 채운다는 관점에서 보더라도, 비운 만큼만 채울 수 있습니다.

늙음의 미학 제2장은 '노련의 미학'이다.

노련이란 단어에는 늙을 노(老) 자를 씁니다. '노'자에는 '노련하다.'는 의미가 있습니다. 오랜 세월의 경륜에서 오는 노하우(know-how)가 있어, 노인은 노련한 경험의 결정체입니다. 노인은 돌다리도 두들겨보고 건너는 신중함이 있습니다. 술을 마셔도 젊은이처럼 속수무책으로 쓰러지지 않습니다. 그리하여 부도옹(不倒翁)이란 별명이 붙은 것입니다.

늙음의 미학 제3장은 '점잖음의 미학'이다.

노인이 되면 언행이 무겁되 어둡지 않습니다. 품격이 고상하되 야하지 않습니다. 그래서 '점잖다'라는 말이 성립됩니다. 곧 '젊지 않다'는 말입니다. 나이 들수록 더 깊이 생각하고, 더 순한 말을 해야 하는데, 그렇지 못하는 것은 '비수'를 품고 사는 것입니다.

젊은이처럼 감성에 쉬이 휘둘리거나, 분위기에 가볍게 흔들리지 않습니다. 지하철을 공짜로 타고 다니는 '지공 거사'로서 젊은이의 잘못을 보고도 잘 나무라지 않음은 힘과 용기가 없어서가 아니라, 그들도 그러한 시절을 겪어왔기 때문에 이해하고자 함입니다. 점잖음, 그것은 중후한 인생의 완결이자, 노인이 보여줄 수 있는 장엄한 아름다움입니다.

늙음의 미학 제4장은 '생각의 미학'이다.

노인이 되면 이런저런 생각이 많습니다. 그러다 보니 했던 말을 또 하기도 합니다. 하지만 그 생각은 일념통천(一念通天)의 지혜의 샘물입니다. '늙은이(늘그니)'는 '늘 그 자리에 있는 이'입니다. 생각이 깊고 많기 때문입니다. 그저 자리만 차지하고 있는 게 아니라, 세상을 염려하고, 가문을 지키면서, 늘 그 자리를 지키는 것입니다. 사고(思考)의 '고(考)' 자는 '늙을 노(老)' 변에 속하며 '생각하다.'는 뜻입니다. 노인회(老人會)나 기로연(耆老宴)은 생각이 많은 분들의 모임입니다.

늙음의 미학 마지막 장은 '3분의 2의 미학'이다.

흔히 몸은 늙었어도 마음은 아직 청춘이라고 항변하는데, 이 말은 사실입니다. 정신의 나이는 육신의 나이 3분의 2에 불과합니다. 60세면 40세로 생각하고, 90세면 60세로 생각합니다. 마음마저 육신과 똑같이 늙었다고 생각하면 삶이 위축됩니다. 죽는 날까지 젊은이의 기상으로 살아가야 합니다. 젊은 생각으로써 씩씩한 만년을 맞이해야 합니다.

인류의 평균연령이 급격히 늘어감에 따라, 온 세상이 고령화 사회로 접어들고 있습니다. 퇴직의 새벽을 맞이하면 인생의 새 단장(remodeling)을 반드시 해야 합니다.

아름다움의 끝은 죽음이다.

단풍잎이 어느 이름 모를 바람에 느닷없이 똑떨어지듯이 그렇게 죽는 것이, 오복의 하나인 고종명(考終命)입니다. 죽고 사는 것이 달려 있는 매우 위태한 고비를 일러, 사생관두(死生關頭)라고 합니다. 사관(死關)은 죽음의 관문(關門)인 것입니다. 낙엽 지듯 관문을 통과하는 것이 고종명(考終命)입니다.

목숨이 끊어진다는 말은 식도(食道)인 '목'과, 기도(氣道)인 '숨'이 끊어진다는 말입니다.

밥이 맛을 잃으면 30일 만에 죽게 되고, 공기가 맛을 잃으면 3분 만에 죽게 됩니다. 순간의 유명(幽冥)입니다.

나뭇잎 떨어지듯, 정전(停電)되듯, 눈 깜짝할 사이에 밝음과 어둠이 샛별 보듯 또렷합니다. 신(神)의 품에 다가가는 아름다운 구속…. 사유(思惟)의 대 자유(大自由), 자유(自遊)의 대 자유 속에서 늙어가는 즐거움을 그대는 아는가!

느티나무 잎 하나 빙그르르 휘돌며 떨어집니다. 내 삶의 끝자락도 저와 같습니다.

2. 늙음은 축복이다

"백발은 영화의 면류관이라 공의로운 길에서 얻으리라"(잠 16:31).

백발은 노인의 상징이며 노년의 영광을 의미합니다. 그래서 백발은 영화의 면류관이라 할 수 있습니다. 이 영광과 영화는 의로운 길에서 얻게 된다고 말씀하십니다. 이는 곧 장수하기를 원한다면 의로운 삶을 살아야 한다는 의미이기도 합니다.

여러 가지 이유로 인하여 늙어보지 못하고, 세상을 일찍 떠난 많은 사람들을 생각하면 마음이 아픕니다. 내가 늙었다는 것은 오래 살았다는 것이고, 사랑과 기쁨과 슬픔의 파란만장한 난관을 모두 이기고 살아왔다는 것입니다. 늙음은 사랑과 정을 나누며 즐겁고 행복할 수 있는 시간과 기회가 있었다는 것입니다.

시간은 삶의 기회이며, 진정한 축복입니다. 시간은 많은 것을 할 수 있고, 많이 행복할 수 있는 것이고, 많이 즐겁게 살 수가 있고, 많이 살았다는 것입니다. 시간이 없으면 아무것도 할 수 없습니다. 무슨 일을 선택하여 할 수 있는 시간이 있다는 것은 진정한 축복입니다.

고운 마음으로 바르게 열심히 살아온 모든 노인들에게는 늙음은 더할 수 없는 기쁨과 감사와 행복이며 축복입니다. 나이 들어가면서 젊을 때처럼 살고 싶어 하면 오늘이 불행해집니다. 젊을 때처럼 몸이 빠르지도 않고 변화에 적응도 잘 안되고 체력도 예전 같지 않은데, '예전처럼' 살고 싶다며 옛날에 잘 나갔을 때를 생각하면 현재의 삶이 우울해집니다.

나이 들어가는 게 괴로운 걸까요? 아니에요. 나이가 좀 들어야 인생의 맛을 알잖아요. 젊었을 때는 미숙했지만, 나이 들면 경험이 많아져서 원숙한 맛이 있습니다. 술도 익어야 제맛이 나고, 된장도 숙성해야 맛이 나고, 밥도 뜸이 들어야 맛이 있듯이 인생도 늙어야 제멋이 난답니다.

노년의 삶은 무미건조하기 쉽습니다. 유머 감각이 뛰어난 친구를 사귀어야 쾌활하고 즐거운 삶을 살 수 있습니다. 노년이 되면 고독이나 우울증에 빠지기 쉽습니다. 긍정적인 친구와 어울려야 밝고 명랑한 생활을 할 수 있습니다. 인생의 반은 나를 위해 살고, 나머지 반은 남을 위해 살라는 말이 있습니다. 봉사하는 친구와 어울리며 다른 사람을 위해 헌신할 때 노년의 삶이 의미 있고 아름다워집니다.

우리의 행복은 무엇보다 건강에 달려 있습니다. 운동, 식생활 등 평소에 건강관리를 잘하는 친구와 어울려야 함께 건강한 삶을 살 수 있습니다. 아내는 청년 시절에는 연인, 중년시절에는 친구, 노년기에는 간호사라는 말이 있습니다. 행복한 노년을 보내고 싶으면 아내(남편)를 가장 친한 친구로 만들어야 합니다.

아내는 80세이고 나는 85세입니다. 지금은 아침저녁으로 어깨를 나란히 하고 걸어가지만, 속으로 다투기도 많이 다툰 사이입니다. 요즘은 망각을 경쟁하듯 합니다. 나는 창문을 열러 갔다가 창문 앞에 우두커니 서 있고, 아내는 냉장고 문을 열고서 우두커니 서 있습니다. 누구 기억이 일찍 들어오나 기다리는 것입니다. 그러나 기억은 서서히 우리 둘을 떠나고 마지막에는 내가 그의 남편인 줄 모르고 그가 내 아내인 줄 모르는 날도 올 것입니다.

'오래된 미래'라는 말이 있습니다. 다가올 시간이지만 이미 충분히 예견된 탓에 낯설지 않은 미래를 이렇게 부릅니다. 노후(老後)야말로 '오래된 미래' 중 하나입니다.

'생로병사(生老病死)'라는 피해 갈 수 없는 외길에서 지금의 이 단계를 지나면 다음 코스에서는 뭐가 나올지 우린 다 압니다. 다 알기 때문에 오래되었고, 그럼에도 아직은 오지 않았기에 미래(未來)인 것입니다.

지난 2019년 봄 평사리 최 참판 댁 행랑채 마당에서 박경리 문학관 주최로 '제1회 섬진강에 벚꽃 피면 전국 시 낭송대회'가 열렸습니다. 60여 명이 참가한 이 대회에서 대상을 수상했던 낭송시가 바로 이생진 시인의 이 작품입니다.

70대 중반쯤 되어 보이는 남성 낭송가의 떨리고 갈라지는 목소리에 실려 낭송된 이 시는 청중들로 하여금 눈시울을 젖게 하였습니다.

좋은 낭송은 시 속의 '나'와 낭송하는 '나'와 그것을 듣는 '나'를 온전한 하나로 만들어주기 때문입니다.

내 몸의 주인인 기억이 하나둘 나를 빠져나가서 마침내 내가 누군지도 모르게 되는 나이.

시인은 차분하게 이 참담한 상황을 정리합니다.

우리의 삶이란 '서로 모르는 사이가 서로 알아가며 살다가 다시 모르는 사이로 돌아가는 세월' 일뿐이라고.

그리고 자책하는 목소리에 담아 우리를 나무라지요.

거창하게 인생이니, 철학이니, 종교니 하며 마치 삶의 본질이 거기에 있기나 한 것처럼 핏대를 올리는 당신들은 얼마나 어리석은가 하고.

진리는 가장 가까운 곳에 있었는데 "우린 너무 먼 데서 살았습니다."

그러므로 '아내와 나 사이'의 거리는 우리의 어리석음을 가시적으로 보여주는 바로미터인 셈입니다.

'아내와 나 사이'에 스쳐가는 것이 바람만이 아닐 것입니다. 그리움도 스쳐서 갔고, 사랑도 스쳐서 갔고, 때로는 슬픔도 스쳐 갔습니다. 그리움은 그리운 대로 놓아두고, 사랑은 사랑대로 놓아두고, 슬픔은 슬픈 대로 놓아두고 가야 할 길들이었습니다.

때로는 돌부리에 넘어지고, 그리움에 넘어지고, 사랑에 넘어지고, 슬픔에 넘어지기도 했습니다. 낙엽 진 산길을 걸어보면 압니다. 우리가 걸어온 길이 꽃길만이 아니라 청산도 걸어서 왔고, 들길과 강길도 걸어서 왔다는 것을... 산길 들길 강길도 다 지났건만, 그대는 지금 어디로 가십니까? 봄길 가을길도 다 지났건만, 그대는 지금 어디로 가십니까?

나는 산길 들길 강길도 다 지나고, 봄길 가을길도 다 지나서 지금은 마음 길을 걸어가고 있습니다. 길은 끝이 없습니다. 사람의 마음도 끝이 없습니다. 모든 것이 내가 살아 있을 때 가능한 것입니다.

부모님과의 길, 가족과의 길, 친구들과의 길, 다 다른 것 같으면서도 다 같은 내 안에 인생입니다. 길은 영원할 것 같으면서도 영원하지 않고, 그것 또한 내가 살아 있을 때 가능한 일이기 때문입니다. 부모와의 이별도, 가족과의 이별도, 친구들과의 이별도 다 다른 것 같으면서도 다 같은 내 안의 고통입니다.

그것이 시련이고 그것이 운명입니다. 영원할 것 같은 길. 시간과 인생은 살아있을 때 가능한 것입니다. 건강할 때 자주 만나고 걸을 수 있을 때 좋은 추억 만들며, 아름다운 관계 이어갑시다. 늙음은 축복(祝福)입니다. 산다는 건 별거 아닙니다. '나' 살아있어도 '나' 건강해야 세상도 존재하는 것이지 떠나고 나면 아무것도 없습니다.

3. 어르신의 생활 자세

"네 아버지와 어머니를 공경하라 이것은 약속이 있는 첫 계명이니 이로써 네가 잘되고 땅에서 장수하리라"(엡 6:2~3).

노년기를 의미 있고 건강하게 보내기 위해서는 적극적인 자세가 필요합니다. 일선에서 은퇴한 후 정신적으로 소극적인 성격을 띠므로 우울증에 빠지는 경우가 많으며 이런 경우는 생활이 비활동적이게 되어 건강을 해치게 됩니다.

활기찬 노년생활을 위해서는 적극적으로 생활하려는 본인의 노력이 필요하며 특히 일상생활에서 자신의 일을 적극적으로 찾아서 해 나가는 것이 바람직합니다.

집안을 청소한다든지 정원을 가꾸는 일을 맡아서 하고 사회활동에도 적극적으로 참여하는 것이 필요합니다. 특히 건강증진을 위해서는 운동을 하거나 취미생활을 하도록 노력하는 것이 좋습니다. 이러한 활동들은 몸과 마음의 건강증진에 큰 도움을 줄 것입니다.

적당한 운동은 심장, 폐, 혈관, 근육 등의 기능을 향상시킵니다.

고혈압, 당뇨병, 동맥경화, 관절염, 심장병 등 각종 노인성 질환들은 심장, 폐, 혈관, 근육과 관계가 깊으며 이러한 신체 각 기관의 기능 발달은 곧 건강증진을 의미합니다. 따라서 운동을 통해 신체기관을 발달시킴으로써 각종 질환들을 예방할 수 있습니다.

나아가 운동을 통한 체력증진 효과는 일상생활을 더욱 효율적이고 활기차게 영위할 수 있게 합니다. 그러나 노년기의 지나친 운동은 오히려 건강에 나쁩니다. 어르신들은 젊은이들과 같은 방법이나 강도로 운동을 하면 건강에 도움을 주기보다는 해가 된다는 점을 항상 명심해야 합니다.

어르신들은 현재 건강 상태와 체력수준을 정확히 파악하고 운동을 실시하는 것이 바람직합니다. 노년기에는 근육과 신경의 기능이 현저하게 떨어지며, 복잡하고 불규칙한 활동에 대처하는 것이 어렵기 때문에 움직임이 불규칙한 운동을 삼가야 합니다. 심장에서 가까운 부위, 즉 팔운동이나 일시적인 강한 힘을 내는 운동은 혈압을 높이기 때문에 삼가야 합니다.

노인과 청춘의 차이점은 새파란 늙은이가 있는가 하면 늘그막에 청춘 같은 이를 봅니다. 생각에 따라 피 끓는 젊은이와 방콕에 늙은이가 구분됩니다. 나의 성실과 노력에 달려있다고 생각하고 일한다면 그는 청춘입니다. 부정적 회의(懷疑)를 갖는 노인이 있는데 내일을 위해 일하는 사람은 맨발의 청춘입니다. 집에서 잡념에 젖어 있으면 노인이 되지만, 생활 속에서 노력하는 매력적인 청춘도 있습니다. 좋은 것과 아름다움에 관심이 없다면 노인이고 사랑을 알고 친구를 찾는다면 청춘입니다.

외로움과 고독을 씹는 사람은 노인이고, 털고 일어나서 세상을 보는 사람은 청춘입니다. 스스로 노인 행세를 하고 포기하면 노인이고, 인생관의 소중함을 알고 희망을 품는다면 청춘입니다. 예전 편견에 사로잡혀 기회를 놓치면 노인이고, 항상 새로운 삶의 활력으로 뛰는 사람은 청춘입니다. 행복을 추구하면서 계산만 하는 사람은 노인이고, 노년의 행복을 꿈꾸며 실천하는 사람은 청춘입니다.

사랑받기만을 원하는 사람은 노인이 되고, 사랑을 주고받을 줄 아는 사람은 청춘입니다. 신뢰보다 불신으로 마음에 쌓아두면 노인이고, 상대방을 믿고 마음조차 신뢰한다면 청춘입니다. 세상을 원망하며 정부에 의존하는 사람은 노인이고, 갈고리로 잡동사니를 메고 세월을 써레질하면 청춘입니다. 날씨가 춥다고 싸매고 방콕에 엎드려 있으면 노인이 되고, 해돋이 가서 새해 소원을 빌어보는 사람은 분명 청춘입니다.

이제는 자식들도 중년의 나이로 아들은 회사에 출근하고, 어느새 딸은 결혼하여 엄마가 되었고, 영원히 함께 있을 것 같던 아이들은 하나 둘 우리 품을 떠나가고 있습니다. 백 년을 살자고 맹세했던 자신의 노년은 그 어느 누구도 대신해 주지 않습니다. 자신의 것을 스스로 개발하고 스스로를 챙겨야 합니다. 당신이 진정으로 후회 없는 노년을 보내려거든 한두 가지의 취미생활을 가져야 합니다. 산에 올라 세상을 한번 호령해 보기도 하고, 물이 좋으면 강가에 앉아 낚시를 해보는 것도 좋습니다.

부부는 오랜 세월을 살아가면서 어쩔 수 없이 늙어가는 서로를 바라보며 노년을 보냅니다. 가족을 너무 의지하지 맙시다. 그렇다고 가족의 중요성을 무시하라는 것은 아닙니다. 움직일 수 있는 한 나 아닌 다른 사람을 의지하는 건 절대 금물입니다.

노년기를 의미 있고 건강하게 보내기 위해 운동을 좋아하면 어느 운동이든 땀이 나도록 하고, 책을 좋아하면 열심히 책을 읽고 글도 써보고, 인터넷을 좋아하면 좋은 정보도 쉽게 알 수 있어 좋습니다. 좋아하는 취미 때문에 식사 한 끼 정도는 걸러도 좋을 만큼 집중력을 가지고 즐기면 그 길이 당신의 쓸쓸한 노년을 의미 있게 보낼 수 있게 하는 중요한 비결입니다.

자식들에게 너무 기대하면 상처받기 쉽습니다. 자식에게서 받은 상처나 배신감은 쉽게 치유 되지 않습니다. 부모를 만족시켜 주는 자식은 그렇게 많지 않습니다. 기대가 큰 자식일수록 부모의 마음을 아프게 할 수도 있기 때문입니다. 따뜻한 말 한마디가 작은 행복을 가져다줍니다. 우리 모두 주안에서 행복한 노년의 삶을 살아가면 참 좋겠습니다.

4. 덕 있는 사람

"너희 믿음에 덕을, 덕에 지식을, 지식에 절제를, 절제에 인내를, 인내에 경건을, 경건에 형제 우애를, 형제 우애에 사랑을 더하라"(벧후 1:5~7).

'천재불용'(天才不用), 재주가 덕을 이겨서는 안 된다는 뜻입니다. 요즘 젊은 엄마들은 너 나 할 것 없이 자식을 천재로 키우려고 합니다. 하지만 세상에 나가 훌륭한 사람이 되는 것은 천재가 아니라 덕이 있는 사람입니다.

오늘날 많은 사람들에게 존경을 받고 지도자의 위치에서 사회를 이끄는 사람은 천재가 아니라 덕이 높은 사람입니다. 사람들은 천재를 부러워하지만 천재는 오래가지 못합니다. 하지만 덕은 영원합니다. 그러므로 머리 좋은 사람으로 키우기 전에 덕을 좋아하고 덕을 즐겨 베풀 줄 아는 사람으로 키워야 할 것입니다.

공자는 '천재불용'(天才不用)이라 하여 덕 없이 머리만 좋은 사람은 아무짝에도 소용이 없다고 했습니다. 이는 공자와 황택(皇澤)의 이야기에서 잘 알 수 있습니다.

어느 날 공자가 수레를 타고 길을 가는데 어떤 아이가 흙으로 성을 쌓으며 놀고 있었습니다. 그런데 수레가 가까이 가도 아이는 비켜줄 생각을 하지 않았습니다.

"얘야. 수레가 지나갈 수 있도록 길을 비켜주겠느냐?"

그런데도 아이는 쭈그리고 앉아 하던 놀이를 계속했습니다. 그러고는 이렇게 말했습니다. "수레가 지나가도록 성이 비켜야 합니까? 아니면 수레가 성을 비켜 지나가야 합니까?" 아이의 말에 공자는 똑똑한 녀석이라고 생각하며 수레를 돌려 지나가려 했습니다. 그러다가 아이에게 이름과 나이를 물어보았습니다. 그러자 이름은 황택이며 나이는 8살이라 했습니다.

이에 공자는 한 가지 물어보아도 되겠느냐고 하며 "바둑을 좋아하느냐"라고 물어보았습니다.

그러자 황택은 "군주가 바둑을 좋아하면 신하가 한가롭고, 선비가 바둑을 좋아하면 학문을 닦지 않고, 농사꾼이 바둑을 좋아하면 농사일을 못하니 먹을 것이 풍요롭지 못하게 되거늘 어찌 그런 바둑을 좋아하겠습니까?"라고 말했습니다.

아이의 대답에 놀란 공자는 한 가지 더 물어도 되겠냐고 하면서 "자식을 못 낳는 아비는 누구냐"라고 물었습니다.

그러자 아이는 "허수아비"라고 대답했습니다.

그러면 "연기가 나지 않는 불은 무엇이냐?"

"반딧불입니다."

"그러면 고기가 없는 물은 무엇이냐?"

"눈물입니다."

아이의 거침없는 대답에 놀란 공자는 입을 다물지 못했습니다.

그 순간 아이가 벌떡 일어서며 "제가 한 말씀 여쭤도 되겠습니까?" 하고 말했습니다.

공자가 그렇게 하라고 이르자 아이는 이렇게 물었습니다.

"아주 추운 겨울에 모든 나무의 잎들이 말라 버렸는데 어찌 소나무만 잎이 푸릅니까?"

공자는 잠시 생각하다가 "속이 꽉 차서 그럴 것이다."라고 대답했습니다.

그러자 아이가 다시 물었습니다.

"그렇다면 속이 텅 빈 저 대나무는 어찌하여 겨울에도 푸릅니까?"

그러자 공자는 "그런 사소한 것 말고 큰 것을 물어보아라."라고 말했습니다.

그러자 아이가 다시 물었습니다.

"하늘에 별이 모두 몇 개입니까?"

"그건 너무 크구나."

"그럼 땅 위의 사람은 모두 몇 명입니까?"

"그것도 너무 크구나."

"그럼 눈 위의 눈썹은 모두 몇 개입니까?"

아이의 질문에 공자는 아무런 대답을 하지 못했습니다. 공자는 아이가 참 똑똑하다고 생각했습니다. 그리하여 아이를 가르쳐 제자로 삼고 싶다는 생각을 잠시 했습니다. 하지만 공자는 아이가 머리는 좋으나 덕(德)이 부족해 궁극에 이르지는 못할 것이라는 사실을 내다봤습니다.

5. 노인의 삶이란?

"우리가 너희와 함께 있을 때에도 너희에게 명하기를 누구든지 일하기 싫어하거든 먹지도 말게 하라"(살후 3:10).

사람이 어찌 늙지 않을 수 있겠습니까! 그러나 자신을 잘 관리하면 훨씬 덜 늙는 일상을 살아갈 수 있습니다. 따라서 누구든지 자기 나름의 건강 비법이 필요합니다. 간헐적 단식, 매일 4km 걷기, 아파트 계단 오르기, 따뜻한 물 샤워 등등 중요한 것은 방법을 잘 찾아 매일 반복하는 것입니다. 그것이 안 늙는 비결이고, 늙더라도 건강하게 익어가는 비법입니다.

독일의 대 문호 괴테는 노인의 삶을 다섯 개의 '상실'(喪失)이라는 단어로 표현했습니다. 그것은 건강, 돈, 일, 친구, 그리고 꿈입니다. 괴테는 이 다섯 가지를 잘 다스리면 죽을 때까지 아름답게 살 수 있다고 했습니다.

첫째, '건강'을 잃지 말아야 합니다.
몸이 건강하지 못하면 세상 온갖 것이 의미가 없습니다. 건강이란 건강할 때, 즉 젊었을 때 다져 놓았어야 합니다. 현대인들은 건강에 지대한 관심을 갖고 있지만, 정작 건강을 지키는 데는 소홀함이 많습니다. 어떤 명예와 지위로도 병을 이길 순 없습니다. 한번 잃으면 되찾기 어려운 것이 건강입니다. 따라서 건강은 건강할 때 신경을 써야 합니다.

둘째, '돈'을 잃지 말아야 합니다.

스스로 노인이라고 생각한다면, 이제는 돈을 벌 때가 아니라 돈을 쓸 때입니다. 돈 없는 노년은 서럽습니다. 그러나 돈 앞에 당당해야 합니다.

셋째, '일'을 잃지 말아야 합니다.

당신은 몇 살부터 노인이 되었는가? 노년의 기간은 절대 짧지 않습니다. 중요한 건 '일'입니다. 죽을 때까지 삶을 지탱해 주는 것은 '사랑'과 '일'뿐입니다. 일이 없으면 그때부터 노인이 됩니다. 일은 스스로뿐만 아니라, 주위 사람들에게도 기쁨을 줍니다.

사도 바울은 말하기를 "우리가 너희와 함께 있을 때에도 너희에게 명하기를 누구든지 일하기 싫어하거든 먹지도 말게 하라"(살후 3:10)라고 하셨습니다.

넷째, '친구'를 잃지 말아야 합니다.

노년의 가장 큰 적은 고독과 소외입니다. 세상에서 누릴 수 있는 복 중에서 가장 으뜸이 되는 복은 '만남의 복'입니다. 배우자와의 만남 다음으로 소중한 것이 친구 간의 만남입니다. 부부는 평생의 동반자이고, 친구는 인생의 동반자입니다. 노년을 같이 보낼 좋은 친구를 많이 만들어 두어야 합니다. 친구 사귀는 데도 시간, 정성, 관심, 때론 돈이 들어갑니다.

다섯째, '꿈'을 잃지 말아야 합니다.

노인의 꿈은 내세에 대한 소망입니다. 꿈을 잃지 않기 위해선 신앙생활, 명상의 시간을 갖고 삶을 풍요롭게 해야 합니다. 자신과 만나는 시간을 자주 가져야 합니다.

괴테는 나를 만나지 못하는 사람은 길이 없다고 했습니다.

노년에 이르면 내면을 바라보며 길을 찾고, 꿈을 향해 걸어가라고 충고합니다. 남이 보기에 아름답게 사는 것을 넘어 스스로 느끼기에 아름다워야 한다는 것입니다.

버튼의 책 속에 사람이 우울해지는 것은 아무 일도 하지 않는 데 커다란 원인이 있다고 했습니다. 아무 일도 하지 않는 것은 정신적으로나 육체적으로도 생명을 단축하는 일이며 사악함의 온상이고 모든 재난의 원인입니다.

한 의사의 말에 병이 낫을 때는 일을 하는 것이 가장 좋은 치료법이며, 가장 위험한 것은 아무 일도 할 수 없는 한가로운 시간이라 하였습니다.

나폴레옹의 버릇 중 뛰어난 것은 장신구(裝身具)의 솜씨를 구경하러 가면 그 장인에게 존경을 표하고 돌아올 때는 깊이 머리 숙이는 버릇이 있었습니다. 나폴레옹이 부인과 걷고 있을 때 하인 몇몇이 무거운 짐을 지고 오는 중이었습니다. 부인이 화를 내며 어서 길을 열도록 하라고 명령을 했습니다.

그러나 나폴레옹은 "그들은 무거운 짐을 지고 나르는 중이요." 하며 주의를 환기시켰다고 합니다.

인생의 중심은 그저 평범한 삶의 의무를 완수하는 데 있습니다. 지위가 있는 사람은 학문의 노예로 전락해 버리고, 지위가 없는 사람은 건방진 태도를 취합니다.

부는 인격을 비뚤어지게 하고 타락을 불러오는 원인이 되는 경우가 많습니다. 그렇기 때문에 인격을 높이기 위해서라면 부는 더더욱 필요치 않습니다. 부와 타락, 사치와 악덕은 서로 밀접한 관계에 있습니다.

외간 남녀와 바람피우는 자도 돈 많고 시간 많으면 한눈팔기 십상입니다. 목적의식이 희박한 사람, 충분한 자제심을 갖지 못한 사람, 감정으로 행동하는 사람이 부를 손에 넣으면 그것은 유혹의 올가미에 불가할 뿐입니다.

즉 자신이 타인에게 이루 헤아릴 수 없는 악영향을 끼치는 원인이 되는 수도 있습니다. 적당한 가난과 최고의 인격은 서로 양립하는 것입니다. 요즘 다반사로 일어나고 있는 아동학대 사망사건, 보육교사, 치사(致死) 사건 등도 밥술깨나 먹는 사람이 하는 짓이 아닌가?

현 세태의 재벌들이나 부유층 사람들의 재산상속 과정을 보면 볼 썽사납기 짝이 없고, 법원의 판결도 약자는 돌보지 않고 강자 편이니 동방예의지국(東方禮儀之國)이란 옛말이 되어버린 듯하여 씁쓸합니다.

부자와 빈자(貧者)는 양날의 칼날 같은 것, 재벌은 상속자만 있고, 효도는 빈자에만 있는 듯하니 돈 많다고 좋아할 일도, 돈 없다고 절망할 일도 아닙니다. 주어진 삶을 모든 사람 사랑하고 이해하며 용서하고 배려하며 살았으면 참 좋겠습니다.

인생은 지금 이 순간에 즐겁게 사는 것이 잘 사는 것입니다.

6. 옛날과 오늘날

"누구든지 그리스도 안에 있으면 새로운 피조물이라 이전 것은 지나갔으니 보라 새 것이 되었도다"(고후 5:17).

한국 교회의 많은 성도들이 '후탁 교인'이라고 합니다. 주일 아침만 되면 성경을 찾아 쌓인 먼지를 '후'불고, 손으로 '탁'친 후 옆에 끼고 교회에 가는 성도를 말합니다. 사람을 만드신 하나님께선 우리 인생의 매뉴얼로 말씀인 성경을 주셨습니다. 성경은 우리 인생에서 일어나는 다양한 것들에 대한 해답을 줍니다.

성경인 하나님의 말씀대로만 살면 인생의 고속도로에서 멈추지 않고 무사히 목적지까지 갈 수 있음에도 많은 성도들이 여러 가지 문제로 고통하며 괴로워하고 있습니다. 인생의 매뉴얼인 성경을 옆에 두고도 말입니다.

"주의 말씀은 내 발에 등이요 내 길에 빛이니이다"(시 119:105).

오늘날 우리가 살아가는 세상을 옛날과 비교해 보면, 참 비교할 수 없을 만큼 좋아졌다는 것을 느끼게 됩니다. 옛날과 오늘날을 비교하면 옛날엔 먼 길을 발로 걸어서도 어른을 찾아뵙지만, 오늘날은 자동차를 타고도 어른을 찾아볼 줄 모릅니다.

옛날엔 병원은 없어도 아픈 곳은 적었지만, 오늘날은 병원은 늘었어도 아픈 곳은 더 많아졌습니다. 옛날엔 사랑은 작게 해도 어린애는 늘어났지만, 오늘날은 사랑은 많이 해도 어린애는 줄고 있습니다.

옛날엔 짧게 살아도 웃으며 행복하게 살았지만, 오늘날은 길게 살지만 불행하게 울상으로 살아갑니다. 옛날엔 대가족이 살아도 싸움을 모르고 살았지만, 오늘날은 소가족이 살아도 싸움을 벼슬로 알고 삽니다. 옛날엔 범죄가 없으니 법이 없이도 살아갈 수 있었지만, 오늘날은 범죄가 많으니 법 없이는 살아갈 수 없습니다.

옛날엔 콩 한 쪽도 이웃과 나누기를 좋아했지만, 오늘날은 이웃의 콩 반쪽도 빼앗기를 원합니다. 옛날엔 어른이 대접을 받고 살았지만, 오늘날은 젊은이가 대접받기를 원합니다. 삼강오륜이 땅에 떨어지고 족보가 거꾸로 물구나무를 선 세상이지만, 눈 한번 질끈 감고 너털웃음을 웃을 수밖에 없는 세상. 오오~~ 통제라.

오늘날 달나라는 가까워졌지만, 마주하는 이웃은 점점 멀어지고 있고, 자식과 부모와의 사이도 소원해지고 있습니다. 젊은이와 노인의 사이에는 경이로움이 사라지고 '어르신들이 무얼 알아?' 하고 무시할 정도입니다. 오늘날 교육의 부재가 아닐까요?

남들은 백세시대라 해서 백세를 살 거라고 하지만, 난 단지 오늘을 살 뿐입니다.

내일은 내일 아침에 일어나 봐야 알뿐이고, 미래는 내 몫이 아닙니다. 미래는 운명일 것이며 내가 어떻게 해 보겠다 장담할 일도 아닙니다. 내가 간섭할 일이 아닙니다.

하루하루가 주어질 때 겸허히 감당하고, 최선을 다하며 사는 것일 뿐입니다. 과거에 잘 살았고 잘못 살았고는 굳이 따지지 맙시다. 지나간 일은 지나간 일일뿐입니다. 쉽고도 어려운 문제지만 늘 감사하며 사는 것이 곧 행복입니다.

오늘 내가 존재함에 감사하고, 오늘 내가 건강함에 감사하고, 오늘 내가 일할 수 있음에 감사하고, 오늘 내가 누군가를 만남에 감사해야 합니다. 오늘 감사할 조건을 찾으면 너무 많습니다. 감사가 넘치다 보면 미래는 저절로 행복해집니다.

우리가 살아가는데 자신에게 엄격하고 남에게 부드러운 사람은 행복하고, 자기에게 후하고 남에게 가혹한 사람은 불행합니다. 마음까지 화장하는 사람은 행복하고, 얼굴만 화장하는 사람은 불행합니다. 자신의 잘못을 곧바로 인정하는 사람은 행복하고, 잘못했다는 말을 절대로 하지 않는 사람은 불행합니다.

가슴을 펴고 당당하게 걷는 사람은 행복한 사람이고, 고개를 숙이고 걷는 사람은 불행한 사람입니다. 누구에게나 배우려는 사람은 행복한 사람이고, 자신이 만물박사라고 생각하는 사람은 불행한 사람입니다. 잘 된 이유를 찾는 사람은 행복하고, 안 될 이유만 찾는 사람은 불행합니다. 공과 사가 분명한 사람은 행복한 사람이고, 공과 사를 구분하지 못하는 사람은 불행한 사람입니다.

겸손과 양보가 몸에 밴 사람은 행복하고, 교만과 거만이 몸에 밴 사람은 불행합니다. 좋아하는 사람이 많은 사람은 행복한 사람이고, 미워하는 사람이 많은 사람은 불행한 사람입니다. 자신의 잘못을 뉘우치는 사람은 행복한 사람이고, 자기의 잘못을 모르는 사람은 불행한 사람입니다.

주님!

어제보다 오늘이 가장 기쁜 날이 되게 하옵소서. 지금 큰 행운이 찾아오지 않아도 존재의 향기가 묵향처럼 번지며 언제나 감사하고, 언제나 기뻐하고, 만나는 사람마다 웃음꽃을 전하는 내 생애 가장 기쁜 날이 되게 하옵소서.

오늘이 가장 인간다운 날이 되게 하옵소서. 멋있는 친구를 핏줄처럼 생각하고, 가난한 사람들을 가족처럼 생각하며, 언제나 먼저 악수를 청하고, 언제나 먼저 포옹하고 나보다 더 힘들 거라며 내 주머니를 털어도 그렇게 사는 것이 바른 삶이라 믿으며 인간다운 인간으로 살게 하옵소서.

어제보다 오늘이 가장 축복받은 날이 되게 하옵소서. 하늘을 향해 절규하는 아픈 삶을 살아도, 가난과 질병 속에 척박한 삶을 살아도 어제보다는 오늘, 오늘보다는 내일을 믿으며 아무리 힘들어도 주님을 내 앞에 모시고 참고 기도하면서 살게 하옵소서. 그리고 오늘이 주님의 사랑을 증거하는 날이 되게 하옵소서.

어제의 증오를 가슴에서 씻어내며, 어제의 분노를 사랑으로 용서하며 그 어떤 금은보화보다, 권력보다 세상은 주님의 사랑 때문에 살만하다고 믿으며 내 모든 것을 나누며, 껴안으며, 실천하는 오늘이 되게 하옵소서. 예수님의 이름으로 기도드립니다. 아멘.

7. 행복에는 투쟁이 따른다

"보라 너희가 금식하면서 논쟁하며 다투며 악한 주먹으로 치는도다 너희가 오늘 금식하는 것은 너희의 목소리를 상달하게 하려는 것이 아니니라"(사 58:4).

행복에는 투쟁이 따릅니다. 행복은 문제를 먹고 자랍니다. 기쁨은 땅에서 데이지가 솟아나고 하늘에서 무지개가 피어나듯 저절로 생기는 게 아닙니다.

인생의 진정한 의미와 성취감은 자신만의 투쟁을 선택해 감내함으로써 얻어야 합니다. 당신에게 부정적 고통을 주는 부정적 경험을 받아들여 적극적으로 대처하는 것입니다. 피하거나 구원을 바라서는 안 됩니다.

행복한 사람은 준 것은 잊어버리고 받은 것을 기억합니다. 그리고 기억하고 있는 것을 감사하게 여깁니다. 불행한 사람은 준 것을 기억하고 받은 것을 잊어버립니다. 그리고 기억하고 있는 것에 대해 불만을 토합니다. 어떤 것을 기억하느냐의 차이가 행복과 불행을 나누는 듯합니다.

건강하게 산다는 것은 위대한 일이고, 생존한다는 것은 지뢰밭처럼 예측할 수도 없으며, 위험성도 매우 큽니다. 정말 인생 80까지 살면 90점이고, 85세까지 살면 100점이라고 평소에 공언해 온 것이 타당했다는 것을 새삼 느낍니다.

오늘도 '평범한 진실'을 다시 한 번 되새깁니다.

1) 기적은 특별한 게 아닙니다. 아무 일 없이 하루를 보내면 그것이 기적입니다.

2) 행운도 특별한 게 아닙니다. 아픈 데 없이 잘 살고 있다면 그것이 행운입니다.

3) 행복도 특별한 게 아닙니다. 좋아하는 사람들과 웃고 지내면 그것이 행복입니다.

하루하루가 하늘이 특별히 주신 Bonus입니다.

1) 오늘은 선물입니다. 하늘이 나에게 특별히 주신 최고의 선물입니다.

2) 오늘은 내가 부활한 날입니다. 어젯밤에서 다시 깨어났습니다. 자다가 돌아가시는 경우를 생각하면 깨어난 것이 부활입니다.

3) 오늘은 Bonus로 받은 날입니다. 70부터는 하루하루가 특별히 받은 날, Bonus는 안 주면 그뿐입니다.

4) 오늘을 인생(人生)의 첫날처럼, 또한 마지막 날처럼 살겠습니다.

저녁때 돌아갈 집이 있다는 것, 힘들 때 마음속으로 생각할 사람이 있다는 것, 외로울 때 혼자서 부를 노래가 있다는 것, 행복은 먼 곳에 있는 게 아니라 아주 가까운 곳에 있습니다. 행복은 남들이 가지고 있는 것이 아닙니다. 행복은 큰 것이 아니라 아주 작은 것입니다. 행복은 눈에 보이는 것이 아니라 마음으로 보는 것입니다. 오늘도 행복은 우리 곁에 있답니다.

행복의 결정 요인에는 무엇이 포함될까요? 대부분은 쉽게 예상 가능한 것들입니다.

리처드 레이어드는 '우리의 가족 관계, 우리의 경제 상황, 우리의 일, 우리의 공동체와 친구들, 우리의 건강, 우리의 개인적 자유, 우리의 개인적 가치관' 등의 7대 요인을 거론합니다. 이 중에 건강과 소득을 제외하면 모두 인간관계의 질과 연관되어 있습니다.

'우리'입니다. '나'도 아니고, '너'도 아니고, '나'와 '너'가 합해지고 '그'와 '그녀'가 더해진 '우리'입니다. 그 '우리'라는 인간관계 속에서, 특히 그 인간관계의 수준과 질 속에서 행복은 결정됩니다. 인간관계가 곧 행복입니다.

아이에게는 신들의 전쟁 즉 부모가 싸우는 모습 그 자체가 공포입니다. 엄마 아빠가 싸우면 아이들은 혹시 부모가 헤어질지도 모른다고 생각합니다. 어린 자녀들은 엄마 아빠를 신적 존재로 여길 뿐만 아니라 행복 충분조건으로 여깁니다. 그런데 이런 엄마 아빠가 자주 싸우면 너무 불안합니다. 마치 전지전능한 신들의 전쟁처럼 여깁니다.

저러다 이혼하면 우리도 엄마 아빠가 없는 고아처럼 된다는 공포와 절망감에 빠지기 쉽습니다. 너무 심하게 싸우지 마세요.

감각을 지닌 존재들은 별과 공기의 비밀스러운 작용이나 모든 자연에서 비롯되는 수천 가지 고통을 감내하는 수밖에 없습니다. 감각적인 존재라면 형태와 색채 속에서 기쁨을 찾게 되어 있습니다. 쏟아지는 빗방울에도 어떤 사람은 지독한 외로움을, 어떤 사람은 한없는 평안함을 느낍니다. 별과 공기, 형태와 색채가 안겨주는 감각은 느끼는 사람에 따라 고통도 주고 기쁨도 줍니다. 그렇다면 기쁨은 어디에서 오는가? 결론은 간단합니다. 별이나 공기가 아닙니다. 자기 마음에서 옵니다.

8. 인간 욕망의 끝은 어디일까?

> "거머리에게는 두 딸이 있어 다오 다오 하느니라 족한 줄을 알지 못하여 족하다 하지 아니하는 것 서넛이 있나니"(잠 30:15).

인간의 욕심은 끝이 없어서 만족할 줄 모르고 다 태워야 꺼지는 불처럼 끝을 보기 전에는 내려놓지 못합니다. 세상은 인간의 욕심 때문에 발전하지만, 결국 그 욕심 때문에 망합니다. 세상이 부요해질수록 사람들은 상대적 빈곤감에 시달립니다. 무슨 일이든지 '열매'와 '보람'은 하나님이 허락하셔야만 얻을 수 있으며 하나님과 상관없는 열심과 애씀은 결국 헛것이 되고 맙니다.

인간은 누구나 어떤 궁극적 헌신의 대상을 찾습니다. 자기 삶에 의미와 목적을 제공할 궁극적 가치, 지고선 같은 것입니다. 그것이 신이든, 사랑이든, 사회정의든 혹은 한 국가나 정당이나 사회단체든, 또는 돈, 명예, 쾌락, 스포츠, 심지어 도박 같은 것이든, 우리의 궁극적 관심과 헌신의 대상이 되는 것은 모두 '종교적' 의미를 지니게 됩니다. 사람은 누구나 사랑의 대상, 헌신의 대상이 필요합니다.

부모, 자녀, 배우자, 멘토, 스타, 신(神) 등등. 그 대상을 위해 모든 것을, 심지어 목숨까지도 바칠 수 있어야 합니다. 나를 텅 비워야 가능한 일입니다. 나를 불태울 수 있어야 하고, 온몸을 풍덩 내던질 수 있어야 합니다. 사랑하고 헌신하는 것은 어떤 결과를 얻고자 하는 것이 아닙니다. 아픔과 상처와 희생을 각오하는 것이며, 그 안에서 평화와 기쁨을 얻는 것입니다. 헌신의 대상을 통해 내가 성장하는 것입니다.

지금 나는 무엇을 위해 열심히 애쓰고 있는지요? 세상의 쓸 데 없는 것에 너무 욕심을 부리다가 하나님나라에 가서 가난하게 사시겠습니까? 무엇보다 하나님께 욕심 있는 성도가 되십시다. 우리는 한세상 왔다 가는 나그네 인생입니다. 가져갈 수 없는 무거운 짐에 미련을 두지 마십시오.

빈 몸으로 와서 빈 몸으로 떠나가는 인생 또한 무겁기도 하건만, 그대는 무엇이 아까워 힘겹게 이고 지고 안고 사시나요? 빈손으로 왔으면 빈손으로 가는 것이 자연의 법칙이거늘 무슨 염치로 세상 모든 걸 다 가져가려 합니까?

발가벗은 몸으로 세상에 태어나서 한세상 살아가는 동안 이것저것 걸쳐 입고, 맛있는 거 골고루 먹고 세상구경 잘 했으면 만족하게 살았지요. 어차피 이 세상 떠날 때 그 재물, 그 권력, 그 탐욕, 그 불만, 그 아집 등 부질없는 욕심 모두 버리고 다 접어야 하는 것 아닌가요? 이승 것은 이승 것. 행여 마음에 두지 말고 떠날 땐 맨몸 덮어주는 무명 천하나만 걸쳐도 손해 볼 것이 없지 않습니까?

건강 잘 챙기세요. 이제 얼마 남지 않은 자투리 시간, 그저 '건강이 행복이다' 하면서 마음 편히 사는 것이 제일입니다. 만족을 아는 사람이 제일 부자입니다. 어제보다 오늘 더 많이 행복한 날 되었으면 좋겠습니다.

남편감을 파는 백화점이 문을 열었습니다. 이 백화점에 가면 마음대로 남편감을 골라 살 수 있습니다. 단 한 가지 규정이 있는데, 그곳은 이미 거쳐 왔던 층으로 되돌아갈 수 없다는 것입니다.

두 처녀가 꿈에 그리던 남편을 사려고 찾았습니다.

1층에는 돈 잘 벌고, 아이들을 좋아하는 남자들이 진열되어 있었습니다. "괜찮군. 1층이 이 정도면 한층 더 올라가 볼 필요가 있겠어."

2층에는 돈 잘 벌고, 아이들도 좋아하며, 아주 잘 생긴 남자들이 진열되어 있었습니다. "흠, 아주 좋아. 더 올라가자."

3층에는 돈 잘 벌고, 아이들을 좋아하고, 아주 잘 생겼고, 집안일도 잘 도와주는 남자들이 있었습니다. "우와, 여기서 멈출 수 없어."

4층에는 돈 잘 벌고, 아이 좋아하고, 잘 생겼고, 집안일 도와주고, 아주 로맨틱한 남자들이 진열되어 있었습니다. "맙소사! 4층이 이 정도면 5층은 상상을 초월하겠지."

5층으로 올라갔습니다. 5층에 올라가니 안내문이 이렇게 적혀 있었습니다. "5층은 비어 있음. 만족을 모르는 당신, 출구는 왼편에 있으니 계단을 따라 쏜살같이 내려가기 바람."

인간 욕망의 끝은 어디일까요? 사람의 욕심은 끝이 없습니다. 모든 강물이 바다로 흐르되 바다를 채우지 못함같이 눈은 보아도 족함이 없고 귀는 들어도 차지 않습니다.

말 타면 종 부리고 싶고, 앉으면 눕고 싶습니다. 자전거 한 대만 있으면 소원이 없겠다던 사람이 막상 갖고 나면 자가용이 눈앞에서 떠나지 않습니다. 단칸방이라도 좋으니 내 집만 있으면 여한이 없겠다고 큰소리쳐도 막상 단칸방 창문 너머 보이는 30평 아파트가 눈이 시리도록 아른거리는 것이 사람입니다.

적당한 욕심은 발전을 가져옵니다. 형편과 처지에 따라 브레이크를 밟을 수만 있다면 적당한 욕심도 필요하겠지요. 그러나 욕심이라는 승용차에는 브레이크가 없습니다. 돈보다 사람을 남기십시오. 끝날 때까지는 끝난 것이 아닙니다. 실패와 좌절도 살아가면서 해야 할 공부입니다.

변하고 싶습니까? 그렇다면 지금의 나를 버리십시오. 처절한 실패가 오늘의 나를 만듭니다. 끈기만큼 드러나지 않은 큰 지혜는 없습니다. 누구보다도 나 자신을 믿어야 합니다. 많이 넘어진 사람만이 쉽게 일어날 수 있습니다. 천천히, 그러나 뒤로는 가지 마십시오. 다른 사람이 아닌 '나의 삶'을 사십시오.

자기를 함부로 주지 마십시오. 아무것에게나 함부로 맡기지 마십시오. 술한테 주고, 잡담한테 주고, 놀이한테 너무 많은 자기를 주지 않았는지 돌아다보십시오.

가장 나쁜 것은 슬픔한테 절망한테 자기를 맡기는 일이고, 더욱 좋지 않은 것은 남을 미워하는 마음에 자기를 던져버리는 일입니다.

그야말로 그것은 끝장입니다.

그런 마음들을 모두 거두어들여 기쁨에게 주고, 아름다움에게 주고, 무엇보다도 사랑하는 마음에게 주십시오. 대번에 세상이 달라질 것입니다. 세상은 젊어지다 못해 어려질 것이고, 싱싱해질 것이고, 반짝이기 시작할 것입니다.

자기를 함부로 아무것에나 주지 마십시오. 부디 무가치하고 무익한 것들에게 자기를 맡기지 마십시오. 그것은 무익한 일이고, 눈 감은 일이고, 악덕이며 죄짓는 일입니다.

가장 아깝고 소중한 것은 자기자신입니다. 그러므로 보다 많은 시간을 자기자신한테 주는데 주저하지 말아야 할 일입니다. 어느 사이에 나를 향한 기도가 바뀌어 갑니다. 원대한 꿈을 꾸며 기도하고 하나님의 뜻을 이루며 살겠다고 기도하던 내가 어느 사이에 가난할 만큼 소박한 기도로 바뀌었습니다.

머리를 감을 때는 마지막까지 이렇게 내 손으로 머리 감게 해 주십사고, 발톱을 자를 때는 마지막까지 내 손으로 발톱 자를 수 있게 해 주십사고, 사랑하는 이들의 얼굴이 떠오르면 마지막까지 이 기억력 가지고 살게 해 주십사고, 자자손손 돌보며 이렇게 마지막까지 짐되지 않고 도움 되게 해 주십사고 기도합니다.

이제는 가난한 마음이 되었습니다. 그냥 건강 하나만으로도 아무것도 부러워하지 않고 감사의 눈물로 가슴이 촉촉이 젖게 되었습니다.

9. 인생무상(人生無常)

"예수께서 이르시되 나는 부활이요 생명이니 나를 믿는 자는 죽어도 살겠고 무릇 살아서 나를 믿는 자는 영원히 죽지 아니하리니 이것을 네가 믿느냐"(요 11:25~26).

죽음은 만민에게 평등합니다. 동서고금, 시간과 장소, 빈부귀천, 남녀노소의 차별 없이 찾아오며 이 죽음은 세상의 부귀와 권세도 이길 수 없는 절대적인 것입니다. 그러나 성도들에게 죽음은 끝과 절망이 아니라 하나님과 영원히 함께하는 새로운 시작입니다. 아침에는 죽음을 생각하는 것이 좋다는 책이 있습니다.

아침부터 죽음을 각오하고 산다면 그리스도인으로서의 합당한 삶을 살아갈 수 있습니다. 오늘은 오늘로서 마지막 날입니다. 이 하루를 헛되이 보내지 않고 매일 종말의 마지막 날이라 생각하고 이 하루를 최선을 다하며 사십시다.

인생이란 희극도 비극도 아닌 것을, 산다는 건 그 어떤 이유도 없습니다. 세상이 내게 들려준 이야기는 부와 명예일지 몰라도 세월이 내게 물려준 유산은 정직과 감사였습니다.

인생은 한 권의 책과 같다고 했습니다. 어리석은 이는 그것을 마구 넘겨 버리지만, 현명한 이는 열심히 읽습니다. 단 한 번밖에 인생을 읽지 못한다는 것을 알고 있기 때문입니다. 인생이 무조건 즐거워야 하는 것은 우리에게 두 번째 인생이란 없기 때문입니다. 돈이 많든 적든, 명성이 높든 낮든 누구나 공평하게 단 한 번의 인생만 살 수 있기에 지나버린 시간은 물릴 수도 없고 되돌릴 수도 없습니다.

그러니 '왜 나는 부자가 아닐까?', '왜 나는 유명해 지지 못할까?' 라고 고민하기보다 '왜 나는 지금 즐겁지 않은가?'에 대해 더 많이 고민해야 합니다. 하루하루를 즐겁게 사는 사람들을 보면 몇 가지 공통점이 있습니다.

이들은 반드시 돈이 많거나 사회적으로 성공한 사람들이 아닙니다. 오히려 평범하고 소박하지만, 자신의 삶을 소중하게 여기는 사람들이 삶에 대한 만족과 행복을 더 많이 느낍니다.

이들은 쉽게 자신의 삶과 다른 사람의 삶을 비교하지 않고, 먼 미래에 있을지도 모를 행복이 아니라 지금 이곳에서 행복하게 지내는 것이 중요하다는 사실을 잘 알고 삶을 즐기는 사람들입니다.

인생을 즐기는 사람들은 또한 지금 자신이 하고 있는 일이 가장 소중한 일이며, 정성을 쏟은 만큼 반드시 자신에게 돌아온다는 믿음을 갖고 있습니다. 이 믿음 덕분에 마음의 평온과 즐거운 삶을 덤으로 얻을 수 있는 것입니다.

반면 자신의 삶에 만족하지 못하고 항상 자신보다 높은 곳만을 바라보는 사람은 흔들리는 바위에 앉은 것처럼 요동치는 욕망과 불안 속에서 살 수밖에 없는 것입니다.

자기 인생의 주인으로 삽시다. 목적의식을 갖고, 다른 사람들과 조화롭게 어울리며 자연과 더불어 감사하면서 삽시다. 일과 놀이의 균형점을 찾으며 웃으며 삽시다. 이 즐거운 인생을 잘 실천하면서 살 수 있다면 우리 인생은 '숙제'가 아니라 '축제'의 무대가 될 것입니다. 매일매일 축제처럼 살 것이냐 끙끙거리며 숙제하듯이 살아갈 것이냐는 바로 우리 마음먹기에 달려 있는 것입니다.

"인생 예순은 해(年)로 늙고, 일흔은 달(月)로 늙고, 여든은 날(日)로 늙고, 아흔은 때(時)마다 늙고, 백세가 되면 분(分)마다 늙는다."라고 말했습니다.

불지 않으면 바람이 아니고, 늙지 않으면 사람이 아니고, 가지 않으면 세월이 아닙니다. 세상엔 그 어떤 것도 무한하지 않아 아득한 구름 속으로 아득히 흘러간 내 젊은 한때도 그저 통속(通俗)하는 세월의 한 장면뿐입니다.

흐르는 물은 다시 돌아오지 않고, 떠도는 구름은 다시 볼 수 없습니다. 늙은이의 머리 위에 내린 흰 눈은 봄바람이 불어와도 녹지를 않습니다. 봄은 오고 가고 하건만, 늙음은 한 번 오면 갈 줄을 모릅니다. 봄이 오면 풀은 저절로 나건만 젊음은 붙들어도 머물지 않습니다. 꽃은 다시 피는 날이 있으나, 사람은 다시 소년이 될 수 없습니다. 산색은 예나 지금이나 변하지 않으나, 사람의 마음은 아침과 저녁으로 변합니다. 꽃의 향기는 백 리를 가고, 사람의 향기는 만 리를 간답니다.

세상에는 벗들 때문에 행복해하는 사람이 있습니다. 세상에는 벗들 때문에 살맛난다고 하는 사람이 있습니다. 세상에는 벗이 있어 위안이 되고 감사해 하는 사람이 있습니다. 그러므로 벗은 귀한 존재입니다. 세상은 노력 없이는 관계가 이뤄지지 않습니다.

노후의 친구는 첫째 가까이 있어야 하고, 둘째 자주 만나야 하며, 셋째 같은 취미면 더 좋습니다. 우리 가끔은 생각나는 사람으로 삽시다. 적당히 걱정도 해주며, 궁금해 하기도 하며, 무슨 생각을 하는지, 어디에 있는지, 아주 가끔은 생각하며, 네가 있는 그곳에는 눈이 오는지, 가장 힘들 때면 누가 많이 생각나는지, 보고 싶은 사람이 있을 때는 어떻게 하는지, 괜스레 서로 물어보고 싶어지도록 생각나는 사람으로 살았으면 좋겠습니다.

바람 부는 날대로, 비 오는 날대로, 눈이 오면 더욱 그리운 날대로 생각하며 스치는 세상사에 하고 많은 인연이 아니라 하나님이 주신 필연적인 만남이라 믿으며 서로에게 생각나는 사람으로 삽시다. 가던 길 잠시 멈추고 뒤돌아보니, 걸어온 길 모르듯 갈 길도 알 수가 없습니다.

살아오며 삶을 사랑했을까? 지금도 삶을 사랑하고 있을까 붙잡고

싫었던 그리움의 순간들, 매달리고 싶었던 욕망의 시간도 겨울 문턱에 서서 모두가 놓치고 싶지 않은 추억입니다.

이제는 어디로 흘러갈 것인가 걱정하지 말고, 아쉬움도 미련도 그리움으로 간직하고 노년이 맞이하는 겨울 앞에 그저 오늘이 있으니 내일을 그렇게 믿고 갑시다.

어디쯤 왔는지! 어디쯤 가고 있는지? 아무도 알 수가 없는 노년의 길, 오늘도 어제처럼, 내일은 또 오늘처럼, 그냥 지나가다 세월이 무심코 나를 데리고 갈 것입니다.

사람의 관계란 우연히 만나 관심을 가지면 인연이 되고, 공을 들이면 필연이 됩니다. 우연은 10%, 노력이 90%입니다. 아무리 좋은 인연도 서로의 노력 없이는 오래갈 수 없고 아무리 나쁜 인연도 서로 노력하면 좋은 인연이 됩니다. 그러기 위해서는 서로를 이해하고 배려하는 마음이 있어야 합니다.

그리고 사랑하는 사람이 되어 주고, 따뜻한 사람이 되어 주어야 합니다.

좋은 사람으로 만나, 착한 사람으로 헤어져 그리운 사람으로 남아야 합니다. 꼭 쥐고 있어야 내 것이 되는 인연은 진짜 내 인연이 아닙니다. 잠깐 놓았는데도 내 곁에 머무는 사람이 진짜 내 인연입니다.

인생은 아무리 건강해도 세월은 못 당하고 늙어지면 죽습니다. 이빨이 성할 때 맛있는 것 많이 먹고, 걸을 수 있을 때 열심히 다니고, 베풀 수 있을 때 많이 베풀고, 즐길 수 있을 때 마음껏 즐기고, 사랑할 수 있을 때 많이 사랑하며 살아가는 것이 행복의 길입니다. 사랑이 있는 곳에 행복한 그 시간도 있습니다.

지금 우리 세대를 일컬어서 컴맹, 폰맹의 마지막 세대라고 합니다. 검정 고무신에 책 보따리를 어깨에 메고 뛰어 놀던 마지막 세대, 굶주림이란 질병을 아는 마지막 세대, 힘든 보릿고개의 마지막 세대, 부모님을 모시는 마지막 세대, 성묘를 다니는 마지막 세대, 제사를 모시는 마지막 세대, 삼강오륜과 주자십회훈을 배우고 실천하려고 노력하던 마지막 세대입니다.

자녀들로부터 독립 만세를 불러야 하는 서글픈 첫 세대가 될 것 같습니다. 울어야 할지(눈물), 웃어야 할지(방긋) 세상이 사람을 변하게 하는지, 사람이 세상을 바꿔 가는 건지? 알아서 악착같이 건강하고 즐겁게 살다 가도록 노력합시다. 어제 같은 오늘이 아니고 오늘 같은 내일이 아닌 항상 발전하는 날이 되시길 소망합니다.

10. 70~80대 노인 별곡

> "하나님이 말씀하시기를 말세에 내가 내 영을 모든 육체에 부어 주리니 너희의 자녀들은 예언할 것이요 너희의 젊은이들은 환상을 보고 너희의 늙은이들은 꿈을 꾸리라"(행 2:17).

'하면 된다'라는 능력주의 풍조가 만연한 지금, 원하는 목표를 이루지 못했다고 스스로 자책하지 마십시오. 눈앞에 보이는 풍경과 옆에서 곤히 자고 있는 소중한 사람을 가만히 바라보십시오. 어릴 적 원했던 꿈을 이루지 못했더라도, 돈을 많이 벌지 못하더라도, 사회적으로 존경받지 못해도 당신은 충분히 아름다운 사람입니다. 소소하지만 온전한 행복을 오롯이 누릴 자격이 있습니다.

'대기만성'(大器晩成)이란 말이 있습니다. 닳아 없어지는 것이 녹슬어 없어지는 것보다 낫다고 합니다. '소크라테스'의 원숙한 철학은 70세 이후에 이루어졌고, 철인 '플라톤'은 50세까지 학생이었고, 르네상스의 거장 '미켈란젤로'가 시스티나 성당 벽화를 완성한 것은 90세 때였으며, '파데레프스키'는 70세 때에 피아노 연주회를 가졌다고 합니다. '베르디'는 오페라〈오셀로〉를 80세에 작곡했고, 〈아베마리아〉

를 85세에 완성했습니다.

미국의 부호 '벤더 필트'는 70세 때에 상업용 수송선 1백 척을 소유했으며, 83세 죽을 때까지 13년 동안 1만 척으로 늘렸습니다. 문호 '괴테'는 대작 〈파우스트〉를 60세에 시작하여 82세에 완성했으며, 미국의 현대 화단에 돌풍을 일으킨 '리버만'은 사업에서 은퇴하고 장기나 두려던 차에 어떤 아가씨의 충고를 받아들여 단 10주간 그림 공부를 한 후에 그림을 그렸는데, 그때가 81세였습니다. 그는 101세에 스물두 번째 개인전을 가졌는데, 평론가들은 그를 '원시적 눈을 가진 미국의 샤갈'이라고 극찬했습니다.

'모세'는 80세에 하나님의 부름을 받아 민족 해방의 일선에 섰습니다. 자신에게 주어진 마지막 시간까지 최선을 다해 살았던 사람들은 결코 후회하지 않았습니다.

'조지 잘 로키'는 60세에 은퇴한 후, 유럽에서 ACN을 시작하여 지금 73세가 훨씬 넘었으나 연봉이 100억 대 육박하여 ACN에서 최고의 수입을 올렸습니다.

사람들은 모두 각자의 인생 시계를 가지고 있습니다. 암흑 같은 새벽 4시, 기대와 열정의 시간 오전 9시, 빛이 찬란한 오후 1시, 노을의 시간 저녁 7시, 그리고 인생의 마무리 시간.

인생이라는 시계의 시간은 다 똑같지가 않고 각자의 시간 속에서 흘러갑니다. 그러나 분명한 것은 어두운 새벽이 있어야 태양이 떠오르고, 찬란한 시간이 지나면 노을이 찾아옵니다.

나의 인생시계는 지금 몇 시인가요? 사도 바울처럼 떠날 시각이 가까웠을 때 선한 싸움을 다 싸우고 믿음을 지킴으로 석양의 노을을 멋지고 아름답게 물들일 수 있을는지요?

인생의 후반은 마무리하는 시간입니다. 정리하고 즐기며 마무리해야 한다는 마음가짐이 중요합니다. 아는 것도 모르는 척, 보았어도 못 본 척 넘어가고, 내 주장 내세우며 누굴 가르치려 하지 마십시오. 너무 오래 살았다느니, 이제 이 나이에 무엇을 하겠느냐는 등등, 스스로를 죽음으로 불러들이는 어리석은 짓들도 하지 말기 바랍니다.

살아 숨 쉬는 것 자체가 생의 환희 아닌가요? 아무것도 이룬 것이 없더라도 살아있는 인생은 즐거운 것입니다. 가족이나 타인에게 서운한 마음이 있더라도 그 책임은 나의 몫이라고 생각하고 노인의 절약은 더 이상 미덕이 아닙니다. 있는 돈을 즐거운 마음으로 쓸 줄 알아야 따르는 사람이 많은 법입니다.

"사람이 뭔가를 추구하고 있는 한 절대로 노인이 아니다."

- 진로 스탠드 -

70대 삶을 위한 조언

첫 번째, 멋진 삶이란 건강과 미소와 여유와 운동입니다. 아프면 즉시 병원에 가서 건강을 회복할 일입니다.

두 번째, 가족한테 올인하지 마십시오. 그들도 당신한테 올인하지 않습니다.

세 번째, 데이트할 때 맛집 앱 보지 마십시오. 나이 70이 되도록 단골 집 없으면 인생 헛산 것입니다. 삼시 세끼 먹고 뭐했나?

네 번째, 멘토 놀이하지 마십시오. 제 앞가림이나 잘하십시오.

다섯 번째, 세상이 정해준 목표에 연연하지 마십시오. 세상이 정해준 길을 따라서 70년 이상을 살았습니다. 나머지 세월은 당신이 원하는 대로 살 수 있습니다.

여섯 번째, 친구를 잊지 마십시오. 70대에 곁에 있는 친구가 죽을 때까지 함께 할 친구입니다.

일곱 번째, 어디 가서나 원칙을 논하지 마십시오. 다들 당신보다 더 똑똑합니다.

여덟 번째, 아이들의 미래를 책임지려고 하지 마십시오. 요즘은 정보화 시대라서 기성세대보다 많이 알고 머리도 영민합니다.

아홉 번째, 고독을 두려워하지 마십시오. 70대는 무한 책임, 무한 부담, 무한 고독의 3무 세대입니다.

열 번째, 결혼했으면 이혼하지 말고, 이혼했으면 재혼하지 마십시오. 아가씨는 제발 잊으십시오. 아저씨 소원 안 들어줍니다.

열한 번째, 남의 여자에게 쓸데없이 정 주지 마십시오. 상대는 미동도 않는데 혼자 추한 꼴 부질없는 짓입니다.

어느 노부부가 큰아들은 짚신 장사를 하고 작은 아들은 우산 장사를 하였는데 비 오는 날은 큰아들의 짚신이 안 팔릴까 걱정을 하고, 비가 안 오는 날은 작은 아들의 우산이 안 팔릴까 걱정을 하며 살다가 죽었다는 얘기도 있습니다. 물론 요즘 짚신 장사는 없지만, 이 말을 유추해석을 하면 의미가 있는 말입니다. 한 평생의 인생 항로에서 나이 80세가 넘었으면 자식 걱정은 가능한 하지 않아야 합니다.

물론 자식이 어려움에 있으면 자식 걱정을 않는 부모가 없겠지만, 80이 넘은 노부모가 걱정한다고 어려움이 해결될 가능성은 거의 없으며, 더욱이 요즘 젊은이들은 부모의 충고를 싫어하기 때문에 자식이 충고를 요청하기 전에는 충고하지 말라는 말도 있습니다. 자식 걱정을 않는다고 자기 자식을 포함해서 주변 사람들이 비판하는 사람은 거의 없습니다.

80이 넘은 사람은 여생을 자신을 위해서 살아가도 대부분의 사람들이 인정을 합니다. 인생은 생로병사(生老病死)입니다. 이 자연의 섭리는 아무도 거역할 수 없습니다. 인간을 포함하여 모든 생명체는 태어나서 성장과 성숙과정을 거쳐 소멸하게 되어 있습니다. 이러한 자연의 법을 존중하면서, 이 좋은 세상에서 건강하게 가능한 오래 자기의 인생을 즐기며 살다가 하나님께서 부르시면 가는 것입니다.

가까이 멀리 그리고 때로는 아주 멀리 보이지 않는 그곳에서라도 생각나고 아롱거리며 그리워지는 사람이 있다는 건 아직은 내가 감성도 메마르지 않고 살아 있다는 느낌을 주는 기쁜 일이기도 합니다.

언제나 생각만 해도 좋은 사람, 그 사람을 생각만 해도 마음이 설레며 가슴이 콩닥거리는 사람, 만나자고 약속을 하면 하루 전부터 설렘 가득하여 잠 못 이루더라도 힘이 생기는 사람, 간혹 우리가 살아가면서 생각나는 사람이 있다는 건 얼마나 향기로운 일이며, 보고 싶은 사람이 있다는 건 즐거운 일입니다.

세상을 휘돌아 멀어져 가는 시간들 속에서 그리워지는 사람이 있다는 건 얼마나 다행스러운지 모릅니다. 그로 인하여 비어가는 인생길에 그리움 가득 채워가며 살아갈 수 있다는 것은 정말로 반갑고 고마운 일입니다.

그런 그대가 있으매 나의 황혼 길이 삭막한 외로움과 쓸쓸함에 힘들지 않고 삶의 활력이 일어나고 환희로운 삶에 콧노래 흥얼거리며 더욱 풍성하고 아름다워지는 것 같은 느낌으로 난 오늘도 그런 사람과의 무언의 대화를 이어가나 봅니다.

그러기 위해 매일같이 운동하는 것을 게을리하지 말고 성경책도 많이 읽고 쓰면서 건전한 생각으로 주안에서 황혼을 아름답게 보내시기 바랍니다.

11. 바보와 머저리

"무엇이든지 남에게 대접을 받고자 하는 대로 너희도 남을 대접하라 이것이 율법이요 선지자니라"(마 7:12).

"이름대로 된다."라는 말이 있습니다. "호랑이는 죽어서 가죽을, 사람은 이름을 남긴다."라는 말도 있습니다. 사람은 물론 상품 하나도 그 이름에 따라 흥망이 갈리기도 합니다. 그래서 이름을 잘 지어야 합니다.

하지만 더 중요한 것은 이름값을 스스로 하는 것입니다. 끝까지 명예롭게 살면 그 사람의 이름도 저절로 명예로워집니다.

영국 속담에 "바보가 맨 끝에 하는 일을 현명한 자는 처음에 한다."라는 말이 있습니다. 우리나라 고사성어와 같은 '시기식변'이란 말과 상통합니다. 적절한 시기를 알고 사태의 변화를 식별하여 대응한다는 뜻입니다.

어리석은 사람과 지혜로운 사람 양쪽이 똑같은 일을 하지만, 유일한 차이는 각각 일을 하는 시기가 다르다는 점입니다. 즉, 지혜로운 사람은 적절한 시기에, 어리석은 사람은 적절하지 않은 시기에 일을 합니다.

예를 들면, 어떤 일은 머리(핵심)를 때려야 하는데, 그 발목(엉뚱한 곳)을 잡고, 오른쪽에 놓아야 할 것을 왼쪽에 놓는 이러한 사람이 하는 행동은 모두 미숙합니다.

반면 지혜로운 사람은 빠르든 늦든 반드시 해야 할 일을 즉시 알아보고 자진해서 그 일을 하고, 적절한 시기에 일을 합니다. 그래서 명예를 얻습니다.

어느 면접관이 면접시험에서 얼굴이 말처럼 긴 응시자에게 이렇게 엉뚱한 질문을 하였습니다.

"여보게, 자네는 지금 마치 넋 나간 사람 같은 얼굴을 하고 있는데 얼굴이 무척 길구먼. 혹시 머저리와 바보가 어떻게 다른지 아는가?"

그 면접관은 이 말을 들은 청년이 얼굴을 붉히고 화를 낼 줄 알았습니다.

그러나 청년은 태연하게 이렇게 대답하였습니다.

"네! 결례되는 질문을 하는 쪽이 머저리이고, 그런 말에 대답을 하는 쪽은 바보입니다."

이렇게 기막힌 대답을 한 이 청년은 결국 최종 합격자가 되었습니다.

긍정과 신뢰의 힘을 믿으십시오.

부르는데 있거든 무조건 달려가십시오. 불러도 머뭇거리거나 안 가면 다음부터는 부르지도 않습니다.

아내와 50여 년을 함께 살면서 참으로 무심하게 살았나 봅니다.

어느 날 아내에게 "당신 꿈이 무엇이오?" 물으니 준비된 듯 서슴없이 "당신 꿈이 제 꿈이지요!"라고 했습니다. 이 세상에서 가장 미안하고 고마운 말입니다. 가장 어렵고도 소중한 관계가 어쩌면 부부 사이가 아닌가 싶습니다.

가까이 있으면서도 속마음을 놓칠 때가 많습니다. 서로의 마음을 읽어내야 비로소 서로의 꿈이 보입니다. 아내의 꿈이 남편의 꿈이 되고, 남편의 꿈이 아내의 꿈이 됩니다. 부부의 꿈은 사랑 안에서 하나입니다.

여자와의 말싸움은 무조건 피하십시오. 여자에게는 말로써 이길 수도 없고 혹 이겼다면 그 결과는 뻔합니다. 그것은 100% 소탐대실입니다. 일어설 수 있다면 무조건 걸으십시오. 걷기를 게을리 하면 일어서지도 못하게 되는 날이 생각보다 훨씬 빨리 찾아옵니다.

남의 경조사에 갈 때는 제일 좋은 옷을 차려 입고 가십시오. 내 차림새는 나를 위한 뽐냄이 아니라 남을 위한 배려입니다. 더 나이 먹기 전에 할 수 있는 일은 뭐든지 도전하십시오. 지금이 제일 젊은 때입니다. 옷은 좋은 것부터 입고, 말도 좋은 말부터 하십시오. 좋은 것만 골라 하여도 다 할 수 없고, 그나마 할 수 있는 날도 얼마 남지 않았습니다.

누구든지 도움을 청하거든 무조건 그를 도우십시오. 나 같은 사람에게 도움을 청하는 사람이 있다는 것에 감사하십시오.

안 좋은 일을 당했을 때는 '이만해서 다행이다.'라고 생각하고, 믿었던 사람에게 배신을 당했다면 '오죽했으면 그랬을까.'라고 생각하고, 젊은 사람에게 무시를 당했다면 '내 탓이니 그러려니'하고 살아가십시오. 이것이 범사에 감사하며 사는 삶이며 가장 현명한 삶입니다.

나이가 들었어도 인기를 바란다면, 입은 닫고 지갑은 여십시오. 어떤 경우에 처하더라도 즐겁고 행복하게 사십시오. 보고 싶은 사람은 미루지 말고 전화해서 약속을 잡아 만나고 '오늘이 마지막 일 수도 있다.'라고 생각하십시오.

"돈을 사랑함이 일만 악의 뿌리가 되나니 이것을 탐내는 자들은 미혹을 받아 믿음에서 떠나 많은 근심으로써 자기를 찔렀도다"(딤전 6:10).

그리스도인은 이중 국적자입니다. 이 땅과 동시에 하늘의 국적자입니다. 이중국적자의 삶은 고달픕니다. 두 나라의 질서와 법을 다 지켜야 하기 때문입니다. 그러나 천국 시민이 된 그리스도인은 땅의 질서를 더 잘 지킴으로 하늘의 질서가 이 땅에 이루어지도록 하는 것이 우리의 소명입니다. 땅의 질서는 권력의 질서이자 돈의 질서입니다.

그리스도인은 세상에서 돈이 필요하지만, 돈을 사랑해서는 안 됩니다. 돈을 사랑함이 일만 악의 뿌리이기 때문입니다. 우리에게 사랑의 대상은 오직 하나님과 이웃 사람들입니다.

몹시 추운 12월의 어느 날, 뉴욕시에서 실제로 있었던 일입니다.

열 살 정도 된 작은 소년이 브로드웨이의 신발가게 앞에 서 있었습니다. 맨발인 소년은 치아를 부딪칠 정도로 심하게 떨면서 진열장 안을 들여다보고 있었습니다. 길을 가던 한 부인이 그 모습을 측은하게 지켜보고 소년에게 다가가 물었습니다.

"꼬마야! 진열장을 그렇게 뚫어져라 쳐다보는 이유라도 있는 거니?"

소년은 "저는 지금 하나님에게 신발 한 켤레만 달라고 기도하고 있는 중이에요."라고 했습니다.

부인은 소년의 손을 잡고 가게 안으로 들어갔습니다. 부인은 우선 여섯 켤레의 양말을 주문하고 따뜻한 물이 담긴 세숫대야와 수건을 요구해서 가게 뒤편으로 소년을 데리고 가서 앉게 하고는 부인이 무릎을 꿇고 소년의 꽁꽁 언 차가운 발을 씻긴 뒤 수건으로 물기를 닦아 주었습니다. 부인은 점원이 가지고 온 양말 중에서 한 켤레를 소년의 발에 신겨주었습니다.

소년의 차가운 발에는 이윽고 따뜻한 온기가 살아나고 몸을 심하게 떨던 소년은 떨기를 멈추었습니다. 그리고 나서 부인은 따뜻한 겨울 신발 한 켤레와 허름한 외투를 한 벌 더 사 주었습니다.

신고 남은 다섯 켤레의 양말은 잃어버리지 않도록 끈으로 묶어 소년의 손에 꼭 쥐어 주었습니다. 그리고 소년의 어깨를 가볍게 두드리며 말했습니다.

"꼬마야, 하나님을 의심하지 마라. 자! 기분 좀 나아졌니? 이제는 춥지 않지."

소년은 엷은 미소를 띠고 말없이 고개를 끄덕일 뿐이었습니다. 부인도 살짝 소년에게 웃음을 지어 보이며 소년을 꼭 껴안았습니다. 그리고 부인은 가던 길을 가기 위해 가게 문을 나가려는 순간 소년이 부인의 손을 잡고는 얼굴을 가만히 쳐다보는 것이었습니다. 눈에 눈물을 가득 머금은 소년이 부인에게 묻습니다.

"아줌마가 하나님의 부인이에요? 하나님의 부인님, 감사합니다."

12. 말년을 보람 있게 보내는 삶

"또 어려서부터 성경을 알았나니 성경은 능히 너로 하여금 그리스도 예수 안에 있는 믿음으로 말미암아 구원에 이르는 지혜가 있게 하느니라"(딤후 3:15).

누구의 삶이든 자신의 삶에 기쁨을 가져다주는 게 있다면 아마도 보람 있는 삶이라고 봐야 합니다. 크고 작은 일에 정성된 노력을 기울이는 일을 많이 할수록 보람을 많이 느낄 수 있기 때문입니다. 만약 자신의 삶에 보람을 느낄 수 없다면 허무의 감정이나 공허의 의식이 마음을 사로잡고 있기 때문일지도 모릅니다. 그러나 자신의 일에 보람을 느낀다면 일상생활에서도 밝고 긍정적인 생활을 하지 않을까 합니다.

자신의 일에 기쁨과 보람을 느낄 수 없다면 결코 인생에서 행복할 수 없습니다. 행복한 생활을 원하거든 먼저 생의 보람을 찾아야 하고 자기 생활에 만족할 수 있어야 합니다. 사람에 따라 다르겠지만 행복하다는 건 대부분 자기 생활에 만족을 많이 느낀다는 뜻입니다. 만족이라 하는 것도 그냥 순간적으로 느꼈다가 금방 사라지는 피부

감각적 만족이 아니라, 한 인격으로서 삶 전체에 대하여 느끼는 지속적인 만족이 돼야 합니다.

부러워할 정도의 좋은 조건을 갖추고 살아간다 하더라도 만약 그 사람 자신이 자기의 삶에 대해서 뭔가 모를 불만을 느끼면서 웃음을 찾을 수 없다면, 그를 행복한 사람이라고 볼 수 없습니다. 이를테면 자기의 삶에 대해서 끊임없이 계속적으로 만족을 느낀다 하더라도, 장차 일이 실현될 수도 없는, 현실성으로 바뀔 수 없는 헛된 생각이나 공상에 사로잡혀 있는 것이라면, 우리는 그 사람을 진실로 행복하다고 볼 수 없다는 뜻입니다.

인간의 행복은 삶의 보람에 대한 조용한 음미에서 나타나는 기쁨이라고 봐야지 그럴듯한 겉치레에서 잠시 동안 나타났다 사라져가는 그러한 행복이 되어서는 안 됩니다. 겉만 보기 좋게 꾸미는 겉치레를 중요시한다는 건 그 사람의 일종의 버릇일 수밖에 없습니다.

겉으로 보기에 화려하게 드러나는 것을 행복이라 생각하고 겉치장에 꾸밈을 다하는 사람들, 삶의 알맹이는 제쳐놓고 오직 겉으로 화려한 것만을 생각하며 살아간다면 과연 그를 보고 보람 있는 삶이며 행복한 사람이라고 어느 누가 말할 수 있겠습니까?

보람이란 목적한 바를 이루기 위한 그 과정이나 또 이루었을 때 나타나는 만족의 감정일 수밖에 없습니다. 보람은 행복의 핵심 원리로써 일의 성취에는 반드시 기쁨이 나타나기 마련입니다. 성취는 일하는 자에게 주어지는 선물이며 노력하는 자에 대한 보답이기도 합니다. 새로운 것을 생각해 낼 수 있는 자에 대한 축복이며, 땀 흘린 자가 거두어들이는 흐뭇한 열매이기도 합니다. 우리는 보람 있는 그 무엇을 위해서 하루하루를 그냥 보내서도 안 되며, 자신이 가진 그 무엇으로 하루하루를 꼭 채워갈 수 있는 삶이길 바랍니다.

말년에 보람 있는 삶을 잘 보내기 위해 노력해야 합니다. 노후는 인생의 마지막 황금기입니다. 누구나 값지게 보내십시오. 나이가 듦은 죄가 아닙니다. 배움에는 정년이 없습니다. 쉬지 말고 배우십시오. 즐거운 마음으로 하루를 시작하고 마감하십시오. 그래야 여한 없이 살게 됩니다. 좋은 친구와 만나십시오. 외로움은 암보다 더 무섭습니다. 비상금을 가지고 있어야지 무일푼이면 서러움을 당합니다. 좋은 사람이 모여들고 하루하루가 값지게 됩니다.

좋은 말을 사용하십시오. 말은 자신의 인격입니다. 누가 뭐래도 미움과 섭섭함은 잊어버리십시오. 그래야 마음에 평화가 옵니다. 좋은 글을 읽으십시오. 몸은 늙어도 영혼은 늙지 않습니다. 내 고집만 부리지 마십시오. 노망으로 오인받습니다. 모든 것을 수용하십시오. 배타하면 제명대로 살지 못합니다. 병과 친해지십시오. 병도 친구는 해치지 않습니다. 날마다 샤워를 하십시오. 몸이 깨끗해야 손자들이 좋아합니다. 틈만 있으면 걸으십시오. 걷는 것 이상 좋은 운동이 없습니다.

나만 옳다는 생각을 버리십시오. 고집 센 사람 모두가 싫어합니다. 자녀에게 이래라저래라 간섭하지 마십시오. 그러다가 의만 상합니다. 물을 많이 마십시오. 물처럼 좋은 보약도 없습니다. 콩과 멸치,

마늘을 많이 드십시오. 최고의 건강식품입니다. 낙천가가 되십시오. 하루가 즐거우면 열흘이 편안합니다. 어제를 잊고 내일을 설계하십시오. 어제는 이미 흘러갔습니다. 시간 관리를 잘하십시오. 주어진 시간이 끝나면 쉬고 충분한 수면을 취하십시오. 수면에 비례해서 수명도 늘어납니다.

매일 맨손 체조를 하십시오. 돈 안 들이는 최고의 건강법입니다. 욕심은 버리고 세상을 아름답게 보십시오. 보는 것만 내 몫입니다. 작은 배려에도 감사의 표현을 하십시오. 그래야만 존경받습니다. 주어진 날들을 즐겁게 지내십시오. 세상은 즐기기 위해 나온 것입니다. 적극적인 자세를 잃지 마십시오. 무엇을 하기에 늦은 나이란 없습니다.

쉬지 말고 움직이며 여행을 즐기십시오. 하루하루가 즐거움의 연속입니다. 사람을 믿으십시오. 내가 믿으면 그도 나를 믿습니다. 사랑의 눈으로 만물을 보십시오. 사랑이 가득한 세상이 펼쳐집니다. 취미를 살리십시오. 취미는 삶의 활력소입니다. 말년에 보람 있는 삶을 잘 보내시기를 주님의 이름으로 기원드립니다.

13. 한 해를 보내면서

"누구든지 이런 것에서 자기를 깨끗하게 하면 귀히 쓰는 그릇이 되어 거룩하고 주인의 쓰심에 합당하며 모든 선한 일에 준비함이 되리라" (딤후 2:21).

금 그릇이라도 쓰레기를 담으면 쓰레기통이고, 나무 그릇이라도 보석을 담으면 보석함이 됩니다. 우리는 무엇으로 만들어졌는가에 더 관심을 갖지만, 주님은 그 그릇에 담긴 것을 보십니다. 우리가 어떤 그릇으로 태어남은 하나님의 주권이기에 내가 선택할 수 없지만, 그 안에 담는 것은 내가 선택할 수 있습니다.

지금 내 마음의 그릇에는 무엇이 담겨 있는지요?

시간도 뛰어가고 마음도 뛰어가는 듯 어느덧 올 한 해가 저물어 가고 있습니다. 지난날을 회고해 보면 남을 이해하기보다는 비판에 앞섰고, 덮어 주기보다 들추기를 즐겼으며, 싸매주기보다는 아픈 데를 건드렸고, 별것 아니면서 잘난 체하였습니다. 내 인생에 폭풍이 있었기에 주님 품으로 돌아갈 수 있었습니다. 가끔 십자가를 지게 해 주셨기에 주님의 마음을 배울 수 있었음을 감사합니다.

한 해를 뒤돌아보면 속상하고 아쉬웠던 일들도 많았습니다. 때로는 슬픔의 순간도 있었습니다. 절망감에 낙심하여 포기하고 싶었던 때도 있었습니다. 남몰래 눈물을 훔친 시간도 너무 힘겨워 주저앉고 싶었던 때도 있었습니다.

어려움도 많았지만, 귀하고 소중한 인연의 좋은 친구가 있었기에 서로에게 믿음이 되고 힘이 되고 위로가 되어 함께 이어온 시간들이 행복했습니다.

나를 사랑해 준 사람에게 감사하고, 나를 공격해 준 사람에게도 감사합니다. 그래서 나를 더 너그러운 인간으로 만들어 주심에 감사드립니다. 때때로 가시를 주셔서 잠든 영혼을 깨워 주셨고, 한숨과 눈물도 주셨지만, 그것 때문에 진정한 행복이 무엇인가도 배웠습니다. 실수와 실패도 감사합니다. 그래서 겸손을 배웠습니다.

날마다 평범한 생활 속에서 감사를 발견하는 지혜를 주셨고, 음악을 들을 수 있는 귀와 아름다움을 볼 수 있는 눈과 편리한 세월에 태어난 것과 세어도 끝이 없는 그 많은 감사를 알게 해 주셔서 감사합니다.

한 해를 결산하며 우리는 얼마나 많은 이윤을 남겼을까를 또한 생각합니다. 정당하게 노력한 결과로 좋은 열매가 있다면 영광스러운 것입니다.

또 한편 살펴야 할 것이 있습니다. 그것은 얼마나 많은 사랑과 격려와 이해의 말을 한 해 동안 남겼는가 하는 것입니다. 어쩌면 많은 이들은 한 해 끝에 비난과 비판으로 인하여 되돌아온 화살을 맞고 신음하거나 후회할 수도 있습니다.

지금이라도 그 비난과 비판의 해독제를 보내시기 바랍니다.

"미안합니다!" "죄송합니다!" "잘못했습니다!"라고.

만일 실행에 옮기지 못하면 세월과 함께 그 화살의 독이 퍼져 영혼과 육신이 썩고 인생이 병들어 버리고 말지도 모릅니다. 직접 말할 용기가 없다면 주님께 고백하십시오. 그리고 이후에는 사랑과 격려와 이해의 말을 하십시오. 새해와 함께 인생의 새날이 시작될 것입니다.

이 세상에서 내가 진정 사랑해야 할 사람은 현명한 사람, 덕 있는 사람, 순수한 사람입니다. 인생의 3가지 후회는 좀 더 참을 걸, 좀 더 즐길 걸, 좀 더 베풀 것입니다. 살아가는 데 가장 가치 있는 것은 사랑과 자신감과 긍정적 사고입니다.

성공적인 사람을 만들어 주는 것은 근면, 진실성, 헌신과 집념입니다. 실패하는 사람을 만들어 주는 것은 술(폭주), 자만(잘난 척), 화냄입니다. 인생에서 한 번 무너지면 다시 쌓을 수 없는 것은 존경과 신뢰와 우정이라고 합니다.

한 해를 위한 기도

주님!

1월에는 내 마음을 깨끗하게 하옵소서. 그동안 쌓인 추한 마음 모두 덮어 버리고 이제는 하얀 눈처럼 깨끗하게 하시고, 일어나게 하옵소서.

믿음이 일어나고, 정의가 일어나고, 의인이 일어나고, 대한민국이 일어나게 하옵소서. 그리하여 우리 모두가 일어나 새 일을 행하게 하옵소서. 1년 내내 이 기도의 응답으로 충만케 하옵소서. 새해에는 주님과 함께하는 삶으로 영혼이 잘되고 범사가 잘 되며 강건하게 하옵소서. 가정과 사업 위에 주님의 한없는 축복이 임하게 하옵소서.

주님!

2월에는 회복되게 하옵소서. 예배가 회복되고, 경제가 회복되고, 건강이 회복되고, 관계가 회복되게 하옵소서. 주님을 예배하는 모든 교회에 성령의 은혜가 충만히 임함을 믿습니다. 굳어진 우리의 얼굴에 기쁨이 회복될 줄 믿습니다. 닫힌 우리의 마음이 치유됨을 믿습니다. 세상만 바라보던 우리의 눈이 주님의 나라를 바라보게 하옵소서. 막혀 있던 우리의 귀가 열려 주님의 말씀을 깨닫게 하옵소서. 겸손하고 정직하며 회개하는 마음으로 주 앞에 나아가게 하옵소서.

주님!

3월에는 해결되게 하옵소서. 묶인 것이 풀리고, 닫힌 것이 열리고,

막힌 것이 뚫리고, 문제들이 해결되게 하옵소서. 그리고 내 마음에 믿음이 찾아오게 하옵소서. 의심을 버리고 믿음을 가짐으로 삶에 대한 기쁨과 확신이 넘치게 하옵소서.

주님!

4월에는 채워지게 하옵소서. 사랑이 채워지고, 은혜가 채워지고, 행복이 채워지고, 필요가 채워지게 하옵소서. 4월에는 내 마음이 성실의 의미를 알게 하옵소서. 작은 일, 작은 한 시간이 우리 인생을 결정하는 기회임을 알게 하옵소서.

주님!

5월에는 타오르게 하옵소서. 사랑이 타오르고, 열정이 타오르고, 의욕이 타오르고, 부흥이 타오르게 하옵소서. 그러므로 내 마음이 사랑으로 설레게 하옵소서. 우리 삶의 아름다움은 사랑 안에 있음을 알고, 사랑으로 가슴이 물들게 하옵소서. 가정의 회복을 위해 기도하는 이들과 진로와 취업을 놓고 간구하는 이들을 인도하옵소서. 힘겨운 세상살이에 지친 이들에게 성령의 위로하심으로 지켜 주옵소서. 우리 사회 곳곳에 복음이 전파되게 하옵소서.

주님!

6월에는 내 마음이 겸손하게 하옵소서. 남을 귀히 여기고, 자랑과 교만에서 내 마음이 멀어지게 하옵소서. 세상에서 살아가지만, 하나님의 자녀답게 살아가게 하시고, 하나님의 말씀이 내 안에 살아 움직이게 하여 주옵소서. 6월은 하늘은 맑고 구름은 가장 아름다운 그림을 펼쳐 놓고 있습니다. 하늘을 바라보며 하나님을 묵상하게 하옵소서. 나를 바라보시고 지켜주시는 하나님의 역사하심을 기억하며 이 땅에서 힘차게 살아가게 하옵소서.

주님!

7월에는 내 마음이 인내의 가치를 알게 하옵소서. 어려움을 참고 오랜 기다림이 없는 열매는 좋은 열매가 아님을 알게 하옵소서. 언제나 향기로운 사람으로 살게 하옵소서. 좋은 말과 행동으로 본보기가 되는 사람, 냄새가 나는 향기를 지니게 하옵소서. 타인에게 마음의 짐이 되는 말로 상처를 주지 않게 하옵소서. 상처를 받았다기보다 상처를 주지는 않았나를 먼저 생각하게 하옵소서.

주님!

8월에는 내 마음에 쉼을 주옵소서. 건강을 지키고 나와 남을 여유있게 볼 수 있는 쉼을 갖는 시간을 허락해 주옵소서. 8월 한 달도 열정적으로 뜨겁게 살아내게 하시고, 더 주님을 사모하는 한 달 되게 하옵소서. 무더위 속에서도 하나님 말씀으로 영적 전쟁터인 세상에서 승리하게 하여 주옵소서.

주님!

9월에는 내 마음이 평화를 느끼게 하옵소서. 마음의 평화는 내 의지로 되는 것이 아니라 내가 성숙할 때 함께 자라는 것임을 알게 하옵소서. 하나님이 주시는 순결하고 평화를 사랑하고 너그럽고 양순하고 자비와 선한 열매가 가득하고 편견과 위선이 없는 지혜를 배우게 하옵소서.

주님!

10월에는 내 마음이 은혜를 알게 하옵소서. 나의 오늘이 있게 한 모든 이들의 은혜가 하나하나 생각나게 하옵소서. 무슨 일이든 감사하는 마음으로 살게 하옵소서. 아픔이 따르는 삶이라도 그 안에 좋은 것만 생각하게 하시고, 건강 주시어 나보다 남을 돌볼 수 있는 능력을 주옵소서. 10월에는 많은 사람을 사랑하며 살아가게 하옵소서. 더욱 넓은 마음으로 서로 도와가며 살게 하시고, 조금 넉넉한 인심으로 주위를 돌아 볼 수 있는 여유 있는 마음을 주옵소서.

주님!

11월에는 내 마음에 욕심을 버리게 하옵소서. 아직도 남아 있는 욕심과 미움과 갈등을 버리고 빈 마음을 바라보면서 만족하게 하옵소서. 살아가며 고통이 따르지만, 변함없는 마음으로 한결같은 믿음을 줄 수 있는 사람으로 살아가게 하옵소서. 나보다 남을 먼저 생각하게 하시고 마음에 욕심을 버리고, 마음 문을 활짝 열어 남의 말을 끝까지 경청하게 하옵소서.

주님!

12월에는 내 마음에 감사가 일어나게 하옵소서. 열한 달을 보내고 나머지 한 달을 맞이했습니다. 외로움, 쓸쓸함보다는 다정한 한 달이 되게 하옵소서.

덧없이 흘러가는 세월 속에 천년의 세월을 살 것처럼 앞만 보고 살아왔는데 가는 세월 속에서 기껏해야 백 년을 살지 못하는 삶임을 알았습니다. 그렇게 멀리만 보이던 노년이었는데 세월은 나를 어느덧 노년으로 만들어 가고 있습니다.

부질없는 탐욕으로 살아온 세월이 가슴을 텅 비우게 했고, 머릿속만 어지럽게 살아온 시간들이었습니다. 이제 남은 세월은 머리를 비우고 가슴을 채워가는 세월이기를 간절히 소망합니다. 추억 속에 사는 삶이 아닌 희망 속에 사는 삶으로 가꾸게 하옵소서.

사랑의 하나님

한 해의 마지막 날입니다. 코로나19로 인하여 어느 때보다도 전염병의 긴 터널 안에서 힘들었던 한 해였습니다. 터널의 끝이 보이지 않는 오늘의 상황이지만, 그 속에서 하나님의 뜻을 깨닫고 하나님의 사랑을 발견하는 시간이었습니다. 당연했던 것들이 모두 주님의 은혜였음을 알게 된 한 해였습니다. 하나님이 아니시라면 한시도 살 수 없음을 고백합니다.

한 해 동안 지켜주신 주님의 은혜에 감사드립니다. 또 내년 한 해를 주님께 의탁합니다. 코로나 바이러스가 어서 빨리 소멸하여 마스크도 벗고, 보고 싶은 얼굴 서로 보며 웃으면서 많은 행복을 나누게 하옵소서. 좋은 사람들과 함께 인생을 살아간다는 것은 참으로 행복합니다. 복은 나누면 나눌수록 더 커진다고 합니다. 살아있는 동안 주님을 위해 할 수 있는 모든 일을 하게 하옵소서.

세월을 아껴 의미 있는 삶을 향하여 주저하지 않고 가게 하옵소서. 혼탁한 세상에서 말씀에 굳게 서서 분별하는 신앙을 갖게 하옵소서. 내년에는 더욱 주님 앞에 자랑스러운 자녀가 되겠습니다. 말씀에 굳게 서겠습니다. 아낌없이 주님께 드리겠습니다. 기쁜 것도, 슬픈 것도 서로 이해하며 명품인생으로 살겠습니다.

주님! 이 시대를 치유케 하는 절대적 헌신, 절대적 가치인 복음으로만 이 병든 시대를 치유할 수 있습니다. 정치가 걱정인 시대, 교회가 세상의 염려 거리가 된 시대입니다. 언론이 교회를 꾸짖고, 필부(匹夫)가 정치인을 무시하는 시대입니다. 나라를 회복시켜 주옵소서. 나의 모든 것 되시는 예수 그리스도의 이름으로 기도드립니다. 아멘.

참고문헌

국내문헌

1. 이왕재, 「비타민 C 이야기」, 라온누리 출판사.
2. 변정자, 「행복하려거든 먼저 감사하라」, 한국문서선교회, 2010.
3. 변정자, 「참된 그리스도인의 삶」, 한국문서선교회, 2012.
4. 박효완, 「명심보감」, 해동한자 어문회, 2013.
5. 박효완, 「고사성어 및 사자성어」, 해동한자 어문회, 2013.
6. 김유숙, 「가족치료」(이론과 실제), 서울: 학지사, 1998.
7. 박성수, 「상담이론」, 서울: 한국방송통신대학, 1989.

국외문헌

1. Biblesoft's New Exhaustive Strong's Numbers and Concordance with Expanded Greek-Hebrew Dictionary. CD-ROM. Biblesoft, Inc. and International Bible Translator, Inc., s.v. kaleo(NT 2564).
2. Strong's s.v. barak(1288).
3. Strong's s.v. eulogia(2127).
4. Strong's s.v. miseo(3404).
5. Strong's s.v. poleo(4160).
6. Biblesoft's New Exhaustive Strong's Numbers and Concordance with Expanded Greek-Hebrew Dictionary. CD-ROM. Biblesoft, Inc.

and International Bible Translators, Inc., s.v. yawad(NT 3259).

7. Biblesoft's New Exhaustive Strong's Numbers and Concordance with Expanded Greek-Hebrew Dictionary. CD-ROM. Biblesoft, Inc. and International Bible Translators, Inc., s. v. pneumas(NT 4151).

8. Biblesoft's New Exhaustive Strong's Numbers and Concordance with Expanded Greek-Hebrew Dictionary. CD-ROM. Biblesoft, Inc. and International Bible Translators, Inc.(5319).

9. Strong's, potamos(4215).

10. Biblesoft's New Exhaustive Strong's Numbers and Concordance with Expanded Greek-Hebrew Dictionary. CD-ROM. Biblesoft, Inc. and International Bible Translators, Inc.(3306), logos(3056), rhema(4487).

11. Strong's 7363.

12. Biblesoft's New Exhaustive Strong's Numbers and Concordance with Expanded Greek-Hebrew Dictionary. CD-ROM. Biblesoft, Inc. and International Bible Translators, Inc., biadzo(1971).

13. Biblesoft's New Exhaustive Strong's Numbers and Concordance with Expanded Greek-Hebrew Dictionary. CD-ROM. Biblesoft, Inc. and International Bible Translators, Inc., tsavah(6680).

14. Strong's, pletho(4130).

15. Strong's, alethia(225).

16. Biblesoft's New Exhaustive Strong's Numbers and Concordance with Expanded Greek-Hebrew Dictionary. CD-ROM. Biblesoft, Inc. and International Bible Translators, Inc., topos(5117).

17. Strong's, marturia(3141).

18. Biblesoft's New Exhaustive Strong's Numbers and Concordance

with Expanded Greek-Hebrew Dictionary. CD-ROM. Biblesoft, Inc. and International Bible Translators, Inc., eulogia(5117).

19. Strong's, parakletos(3875).

20. Biblesoft's New Exhaustive Strong's Numbers and Concordance with Expanded Greek-Hebrew Dictionary. CD-ROM. Biblesoft, Inc. and International Bible Translators, Inc.(1618).

21. Strong's, ekkopto(1581).

Dr. 김 홍 석

약력

- 대구 출생
- 대구 계성고등학교 졸업
- 대구 경북대학교 의과대학 및 동대학원 졸업
- 대구 파티마병원 수련 및 전문의 획득
- 울산 기독병원 산부인과 과장 겸 병원장 역임
- 울산 동강병원 수련부장 및 병원장 역임
- 대구 경북대학교 의과대학 교수 역임
- 대구 서대구산부인과 병원장 역임
- 대구 서부연합의원 병원장 역임
- 현 대구 김신요양병원 병원장

저서

- 나의 건강 지키는 법 1권, 2권(천금출판사)
- 성공적인 삶(한국문서선교회)
- 행복한 삶(한국문서선교회)
- 축복받는 자의 삶(둘셋손잡고)
- 하나님은 당신을 찾으십니다(한국문서선교회)
- 참 좋으신 나의 예수님(한국문서선교회) 외 다수

명품인생

2022년 4월 30일 초판 1쇄 발행

지은이 | 김 홍 석
펴낸이 | 황 성 연
펴낸곳 | 한국문서선교회
주 소 | 경기도 파주시 광탄면 혜음로 883번길 39~32
주문처 | 하늘물류센타
전 화 | 031-947-8838
팩 스 | 0505-365-0012
정 가 | 21,000원

ISBN 978-89-8356-303-3-03230